大卫·李嘉图全集

第 8 卷

通信集
（1819年—1821年6月）

〔英〕 彼罗·斯拉法　主编
　　　M.H.多布　助编

寿进文　译
胡世凯　校

商务印书馆
The Commercial Press
2013年·北京

edited by
Piero Sraffa
with the collaboration of
M. H. Dobb
**THE WORKS AND CORRESPONDENCE
OF
DAVID RICARDO**
Volume VIII
Cambridge University Press
1952
根据英国剑桥大学出版社1952年版译出

《大卫·李嘉图全集》出版说明

大卫·李嘉图(1772—1823)是英国著名的政治经济学家,西方古典经济学的杰出代表人物之一。向中国读者全面介绍李嘉图的经济思想,无疑是十分必要和有益的。商务印书馆在上世纪七八十年代曾经陆续出版了李嘉图的著作和通信集,依据的是英国经济学家彼罗·斯拉法主编、M. H. 多布助编的权威版本。其中第一卷《政治经济学及赋税原理》和第三卷《论货币问题》收录于商务印书馆的"汉译世界学术名著丛书",发行较广。其他卷册则由于年代久远,市面上难以见到。为了便于读者研读,我们现将李嘉图的作品重新整理,形成系统,作为《大卫·李嘉图全集》出版。

为了全集体例的统一,我们在原有基础上对个别卷册做了修改和补充。各卷册原有的前言、序言等,虽然带有时代的印迹,但都是出自名家之手,对读者理解李嘉图的思想很有帮助,因此都予以保留,供读者参考。另外,我们对照英文版《李嘉图著作和通信集》,将英文版页码作为边码标出,以便读者在各卷册之间相互参见时对照使用。

这套全集中一定还有许多错漏和不足之处,请读者们给予批评指正。

商务印书馆编辑部
2012 年 11 月

中 译 本 前 言

陈岱孙

本卷是斯拉法所编的《李嘉图著作和通信集》第八卷的中译本。《李嘉图著作和通信集》全书共十卷；第六、七、八、九卷是通信集，所以本卷实际上是通信集的第三卷。它刊载了李嘉图从1819年1月至1821年6月间和友人来往的书信，共一百三十七封。

本卷基本上开始于李嘉图成为英国议会下议员之时，但本卷所收书信涉及议会内部事务者极少，它和其他各卷通信集一样，以绝大部分篇幅讨论有关经济学的学术问题。涉及的面较广，包括金价、汇率、利润、税收、公债、偿债基金等等。但最突出的内容，是在经济停滞的原因和普遍生产过剩的可能性问题上李嘉图和马尔萨斯发生争议的经过。二人在这个问题上的分歧早已存在，但争议的强化则开始于马尔萨斯《政治经济学原理》的出版。

马尔萨斯的《政治经济学原理》是针对李嘉图《政治经济学及赋税原理》中若干理论观点的一本论战性著作。

在这本书的最后一章，马尔萨斯以几乎占全书三分之一的篇幅着重地提出和论证了和李嘉图相反的观点，认为在市场上存在着商品生产普遍过剩的可能性，因而资本积累过多是危险的。在马尔萨斯《原理》出版后不足半年，李嘉图写了《马尔萨斯〈政治经济学〉评注》一书（在《李嘉图著作和通信集》中列为第二卷），全面地批驳了马尔萨斯的观点。本卷为这一论战的经过提供了一个线索。

马尔萨斯的《政治经济学原理》出版于1820年4月。就在出版前夕,李嘉图和特罗尔、麦克库洛赫通信时,都提及这本书迫近出版,并表示关切。麦克库洛赫在4月2日给李嘉图的信中更提出,希望在马尔萨斯的书出版后,李嘉图能把他对其中论点的评语写给他,并说这个评语他不会让任何他人看到。李嘉图在4月8日的复信中表示,在看到马尔萨斯的书中有和他的学说对立的段落时,将会把意见告诉麦克库洛赫;又说,"我向马尔萨斯先生本人也将自由地评论那些段落。既然我们彼此了解,我们总是自由地讨论彼此的意见"的。

马尔萨斯的书出版后,李嘉图、麦克库洛赫、特罗尔、托伦斯等人都立即阅读。李嘉图在5月2日给麦克库洛赫的信中谈了他对这本书的初步印象。他认为,"书中最引起反对的一章,也许是关于资本积累过多的不良效果,及其导致对产品需求的短缺那一章。"李嘉图在5月4日给马尔萨斯的信中同样指出,他对于马尔萨斯书中的资本积累章,仍然如以前一样,有同样多的意见,并说,"我却怀疑你的推论是否正确。在我看来,鼓励非生产性消费是不智的。"在通信中,李嘉图还告诉马尔萨斯,麦克库洛赫在《苏格兰人》报上发表了对马尔萨斯《政治经济学原理》的短评,托伦斯也在《旅行者》晚报上发表了评语。李嘉图承认这一次阅读是匆匆而断断续续地进行的,所以,在给麦克库洛赫的信中说,他只能提出不多的意见。明显的是,李嘉图在马尔萨斯的书初发表时,还没有对之进行全面、系统的批判的意思,更没有为之出一批判专著的想法。

在大约三个月之后,李嘉图仔细地读了马尔萨斯的书。在7

月27日给詹姆斯·穆勒的信中,他说他发觉应加以评论的段落"比我预料的要多。如果我要回答我认为该书论述中存在错误的段落,我将写出一本比他自己的书还厚的书来。"李嘉图产生对马尔萨斯的《原理》进行系统批判的想法也许是在这时候开始的。再过三个月,李嘉图就在10月14日给詹姆斯·穆勒的信中明确地提出,"我利用一切空闲时间写我给马尔萨斯的答复。……并说了我想说的一切。"在11月16日给穆勒的信中,李嘉图宣称他对马尔萨斯书的评注工作已经完成。他说不敢把书稿寄给穆勒看,因为怕花时太多。但他却想把它寄给麦克库洛赫看,这显然是因为麦克库洛赫一直对李嘉图和马尔萨斯之间的论战有很大的兴趣。

李嘉图在写作《马尔萨斯〈政治经济学〉评注》的过程中,似乎没有把他的计划告诉马尔萨斯。在1820年9月4日给马尔萨斯的信中,他只说:"我已经第二次极为注意地阅读了尊著,但我与你的分歧仍同以前那样根深蒂固。……你根本错误的主要论点,是萨伊在其信件①中所攻击的那一点。"但在《马尔萨斯〈政治经济学〉评注》完成后不几天的1820年11月24日,他却写信告诉马尔萨斯:"我给尊著中我有争议的每个段落都作了评注,想由我自己来为尊著出一个新版本,并擅自在每页下端对有关段落作出评注。实际上,我引用一句话的三四个字,注明页数,然后加上我的评论。我最反对的是尊注的最后部分。你为非生产性消费者的需求的有用性提出的理由,我看不出有什么正确性。我承认我不能发现,在

---

① 指萨伊不久前写给马尔萨斯的信,信中谈论若干经济学问题,尤其是关于商业普遍停滞的原因。

任何可能的情况下,不进行再生产,他们的消费怎么能对一个国家有利。"这里顺便指出,在1820年10月14日给穆勒的信中,李嘉图说:"我可能不打算发表它"。但在11月24日写的那封信中,他却说想由他来为马尔萨斯的书出一本加上他所作的《马尔萨斯〈政治经济学〉评注》的新版。要么是从一开始他就没有把出版一事完全置之度外,要么是他在写作完成时改变了以前"不打算发表"的意思。

马尔萨斯在11月27日给李嘉图的回信中说,他希望能来李嘉图家作客并看《马尔萨斯〈政治经济学〉评注》稿。由于马尔萨斯临时有事,不能如期赴约,李嘉图将书稿寄给了麦克库洛赫。12月下旬马尔萨斯来李嘉图家,没见到书稿,但和李嘉图进行了口头讨论。为了使马尔萨斯能及时看到书稿,李嘉图于1821年1月17日致函麦克库洛赫索取书稿,1月底寄给马尔萨斯。但在1821年4月25日给麦克库洛赫的信中,李嘉图说:"自从您把我的《马尔萨斯〈政治经济学〉评注》还我以后,他(指马尔萨斯——引者)已经得到了它们,但我担心这些评注不会给他留下什么印象。"这封信是本卷中有关这一争论的最后一封。因此,本卷涉及争论者只是对马尔萨斯《政治经济学原理》的出版在李嘉图及其友人间所引起的兴趣和为李嘉图《马尔萨斯〈政治经济学〉评注》写成的经过提供了线索。至于李嘉图和马尔萨斯对于《马尔萨斯〈政治经济学〉评注》内容的进一步争议,由于如上面所讲的,马尔萨斯在得到李嘉图的《马尔萨斯〈政治经济学〉评注》稿后,到是年6月底,没给李嘉图写过信,则要在第九卷才见分晓了。

目 录

1819、1820 和 1821 年(1—6 月)日历 ………………………… 1

1819—1821 年 6 月书信

300. 李嘉图致麦克库洛赫　1819 年 1 月 3 日 …………… 7
301. 李嘉图致默里　1819 年 1 月 3 日 …………………… 10
302. 李嘉图致穆勒　1819 年 1 月 13 日 …………………… 11
303. 穆勒致李嘉图　1819 年 1 月 14 日 …………………… 13
304. 特罗尔致李嘉图　1819 年 1 月 17 日 ………………… 17
305. 李嘉图致普莱斯　1819 年 2 月 17 日 ………………… 21
306. 夏普致李嘉图　〔1819 年 2 月 25 日〕 ……………… 22
307. 李嘉图致特罗尔　1819 年 2 月 28 日 ………………… 23
308. 李嘉图致麦克库洛赫　1819 年 4 月 7 日 …………… 25
309. 麦克库洛赫致李嘉图　1819 年 4 月 18 日 …………… 28
310. 李嘉图致麦克库洛赫　1819 年 5 月 8 日 …………… 31
311. 特罗尔致李嘉图　1819 年 5 月 21 日 ………………… 33
312. 李嘉图致特罗尔　1819 年 5 月 28 日 ………………… 35
313. 李嘉图致特罗尔　1819 年 6 月 1 日 ………………… 38
314. 麦克库洛赫致李嘉图　1819 年 5 月 30 日 …………… 40
315. 李嘉图致麦克库洛赫　1819 年 6 月 22 日 …………… 42

316. 特罗尔致李嘉图　〔1819年7月4日左右〕……………… 45
317. 李嘉图致特罗尔　1819年7月8日 ………………………… 48
318. 李嘉图致穆勒　1819年8月10日 …………………………… 51
319. 穆勒致李嘉图　1819年8月14日 …………………………… 54
320. 穆勒致李嘉图　1819年〔8月〕24日 ………………………… 57
321. 李嘉图致穆勒　1819年9月6日 …………………………… 58
322. 穆勒致李嘉图　1819年9月7日 …………………………… 61
323. 李嘉图致穆勒　1819年9月9日 …………………………… 63
324. 马尔萨斯致李嘉图　1819年9月10日 ……………………… 67
325. 穆勒致李嘉图　1819年9月11日 …………………………… 69
326. 李嘉图致普莱斯　1819年9月18日 ………………………… 71
327. 特罗尔致李嘉图　1819年9月19日 ………………………… 72
328. 李嘉图致马尔萨斯　1819年9月21日 ……………………… 75
329. 李嘉图致穆勒　1819年9月23日 …………………………… 78
330. 李嘉图致特罗尔　1819年9月25日 ………………………… 80
331. 麦克库洛赫致李嘉图　1819年9月25日 …………………… 83
332. 穆勒致李嘉图　1819年9月28日 …………………………… 85
333. 李嘉图致麦克库洛赫　〔1819年10月2日〕
　　（对麦克库洛赫的文章《汇兑》的评注）………………… 87
334. 布朗致李嘉图　1819年9月25日
　　（10月10日收到）………………………………………… 95
335. 布朗致李嘉图　1819年9月28—29日
　　（10月10日收到）………………………………………… 97
336. 李嘉图致布朗　1819年10月13日 ………………………… 101

337. 穆勒致李嘉图 〔1819年10月13日〕 …………… 105
338. 马尔萨斯致李嘉图 1819年10月14日 ………… 107
339. 特罗尔致李嘉图 1819年10月26日 …………… 110
340. 边沁致李嘉图 1819年10月28日 ……………… 114
341. 李嘉图致普莱斯 1819年11月1日 …………… 118
342. 普莱斯致李嘉图 1819年11月1日 …………… 123
343. 李嘉图致普莱斯 1819年11月3日 …………… 124
344. 麦克库洛赫致李嘉图 1819年11月2日 ……… 125
345. 李嘉图致马尔萨斯 1819年11月9日 ………… 128
346. 李嘉图致特罗尔 1819年11月12日 ………… 131
347. 萨伊致李嘉图 1819年10月10日
    （11月22日收到） ……………………………… 134
348. 麦克库洛赫致李嘉图 1819年12月5日 ……… 136
349. 李嘉图致麦克库洛赫 1819年12月18日 ……… 138
350. 李嘉图致希思菲尔德 1819年12月19日 ……… 142
351. 李嘉图致特罗尔 1819年12月28日 …………… 144
352. 李嘉图致萨伊 1820年1月11日 ……………… 147
353. 格伦维尔勋爵致李嘉图 1820年1月11日 …… 148
354. 李嘉图致特罗尔 1820年1月28日 …………… 150
355. 李嘉图致麦克库洛赫 〔1820年〕2月28日 …… 153
356. 萨伊致李嘉图 1820年3月2日 ………………… 158
357. 李嘉图致特罗尔 1820年3月13日 …………… 159
358. 麦克库洛赫致李嘉图 1820年3月19日 ……… 161
359. 李嘉图致麦克库洛赫 1820年3月29日 ……… 164

360. 麦克库洛赫致李嘉图　〔1820年〕4月2日 …………… 169
361. 李嘉图致麦克库洛赫　1820年4月8日 ………… 171
362. 李嘉图致麦克库洛赫　1820年5月2日 ………… 173
363. 李嘉图致马尔萨斯　1820年5月4日 …………… 178
364. 李嘉图致辛克莱　1820年5月11日 ……………… 181
365. 李嘉图致内皮尔　1820年5月15日 ……………… 182
366. 麦克库洛赫致李嘉图　1820年5月15日 ………… 183
367. 李嘉图致边沁　〔1820年〕5月18日 …………… 185
368. 李嘉图致麦克库洛赫　1820年6月13日 ………… 186
369. 边沁致李嘉图　1820年6月17日 ………………… 191
370. 李嘉图致穆勒　1820年7月3日 ………………… 192
371. 特罗尔致李嘉图　1820年7月5日 ……………… 193
372. 麦克库洛赫致李嘉图　1820年7月16日 ………… 196
373. 李嘉图致特罗尔　1820年7月21日 ……………… 198
374. 李嘉图致穆勒　1820年7月27日 ………………… 203
375. 李嘉图致麦克库洛赫　1820年8月2日 ………… 205
376. 特罗尔致李嘉图　1820年8月13日 ……………… 209
377. 麦克库洛赫致李嘉图　1820年8月24日 ………… 213
378. 马尔萨斯致李嘉图　1820年8月28日 …………… 215
379. 李嘉图致马尔萨斯　1820年9月4日 …………… 217
380. 李嘉图致特罗尔　1820年9月15日 ……………… 221
381. 李嘉图致麦克库洛赫　1820年9月15日 ………… 227
382. 穆勒致李嘉图　1820年9月16日 ………………… 230
383. 李嘉图致穆勒　1820年9月18日 ………………… 232

384. 特罗尔致李嘉图　1820 年 9 月 20 日 …………… 234
385. 穆勒致李嘉图　1820 年 9 月 23 日 ……………… 239
386. 李嘉图致穆勒　1820 年 9 月 25 日 ……………… 241
387. 李嘉图致特罗尔　1820 年 9 月 26 日 …………… 243
388. 马尔萨斯致李嘉图　〔1820 年〕9 月 25 日 ……… 247
389. 穆勒致李嘉图　〔1820 年 9 月 26—27 日〕 ……… 250
390. 特罗尔致李嘉图　1820 年 9 月 29 日 …………… 251
391. 李嘉图致特罗尔　1820 年 10 月 3 日 …………… 257
392. 李嘉图致马尔萨斯　1820 年 10 月〔9 日〕……… 262
393. 萨伊致李嘉图　1820 年 8 月 10 日

　　（10 月 14 日收到）……………………………… 265
394. 李嘉图致穆勒　1820 年 10 月 14 日 …………… 266
395. 马尔萨斯致李嘉图　〔1820 年〕10 月 26 日……… 270
396. 格伦费尔致李嘉图　〔1820 年 11 月 10 日〕 ……… 271
397. 特罗尔致李嘉图　1820 年 11 月 12 日 ………… 272
398. 穆勒致李嘉图　1820 年 11 月 13 日 …………… 275
399. 穆勒致李嘉图　〔1820 年 11 月 14 日〕 ………… 278
400. 李嘉图致穆勒　1820 年 11 月 16 日 …………… 279
401. 李嘉图致麦克库洛赫　1820 年 11 月 23 日 ……… 282
402. 李嘉图致马尔萨斯　1820 年 11 月 24 日 ……… 284
403. 李嘉图致特罗尔　1820 年 11 月 26 日 ………… 287
404. 马尔萨斯致李嘉图　〔1820 年 11 月 27 日〕 …… 292
405. 李嘉图致马尔萨斯，1820 年 11 月 29 日 ……… 294
406. 麦克库洛赫致李嘉图　1820 年 11 月 28 日 ……… 296

通信集(1819年—1821年6月)

407. 李嘉图致麦克库洛赫　1820年12月14日 ……… 298
408. 马尔萨斯致李嘉图　1820年12月7日 ………… 301
409. 李嘉图致麦克库洛赫　1820年12月13日 ……… 302
410. 特罗尔致李嘉图　1820年12月11日 …………… 303
411. 马尔萨斯致李嘉图　1820年12月12日 ………… 307
412. 麦克库洛赫致李嘉图　1820年12月25日 ……… 308
413. 穆勒致李嘉图　1820年12月28日 ……………… 310
414. 李嘉图致穆勒　1821年1月1日 ………………… 312
415. 李嘉图致特罗尔　1821年1月14日 ……………… 314
416. 李嘉图致麦克库洛赫　1821年1月17日 ………… 317
417. 麦克库洛赫致李嘉图　1821年1月22日 ………… 320
418. 李嘉图致麦克库洛赫　1821年1月25日 ………… 323
419. 特罗尔致李嘉图　1821年2月16日 ……………… 326
420. 李嘉图致特罗尔　1821年3月2日 ……………… 329
421. 麦克库洛赫致李嘉图　1821年3月13日 ………… 332
422. 李嘉图致麦克库洛赫　1821年3月23日 ………… 335
423. 特罗尔致李嘉图　1821年4月1日 ……………… 340
424. 麦克库洛赫致李嘉图　1821年4月2日 ………… 343
425. 图克致李嘉图　〔1821年4月19日〕 …………… 345
426. 李嘉图致特罗尔　1821年4月21日 ……………… 347
427. 图克致李嘉图　〔1821年4月22日〕 …………… 350
428. 李嘉图致麦克库洛赫　1821年4月25日 ………… 351
　　　马尔萨斯致西斯蒙第　1821年3月12日 ………… 354
429. 麦克库洛赫致李嘉图　1821年4月23日
　　（4月26日收到） …………………………………… 357

430. 李嘉图致萨伊 1821年5月28日 …………… 358
431. 麦克库洛赫致李嘉图 1821年6月5日 ………… 360
432. 李嘉图致辛克莱 1821年6月15日 …………… 364
433. 李嘉图致麦克库洛赫 1821年6月18日 ………… 365
434. 麦克库洛赫致李嘉图 1821年6月21日 ………… 369
435. 特罗尔致李嘉图 1821年6月24日 …………… 371
436. 李嘉图致麦克库洛赫 1821年6月30日 ………… 373

通信者索引 1819年—1821年6月 ………………… 378
人名译名对照表……………………………………… 381

1819、1820 和 1821 年(1—6 月)日历

1819

	一月						二月					三月				
日	—	3	10	17	24	31	—	7	14	21	28	—	7	14	21	28
一	—	4	11	18	25	—	1	8	15	22	—	1	8	15	22	29
二	—	5	12	19	26	—	2	9	16	23	—	2	9	16	23	30
三	—	6	13	20	27	—	3	10	17	24	—	3	10	17	24	31
四	—	7	14	21	28	—	4	11	18	25	—	4	11	18	25	—
五	1	8	15	22	29	—	5	12	19	26	—	5	12	19	26	—
六	2	9	16	23	30	—	6	13	20	27	—	6	13	20	27	—

	四月						五月					六月				
日	—	4	11	18	25	—	2	9	16	23	30	—	6	13	20	27
一	—	5	12	19	26	—	3	10	17	24	31	—	7	14	21	23
二	—	6	13	20	27	—	4	11	18	25	—	1	8	15	22	29
三	—	7	14	21	28	—	5	12	19	26	—	2	9	16	23	30
四	1	8	15	22	29	—	6	13	20	27	—	3	10	17	24	—
五	2	9	16	23	30	—	7	14	21	28	—	4	11	18	25	—
六	3	10	17	24	—	1	8	15	22	29	—	5	12	19	26	—

	七月						八月					九月				
日	—	4	11	18	25	1	8	15	22	29	—	5	12	19	26	
一	—	5	12	19	26	2	9	16	23	30	—	6	13	20	27	
二	—	6	13	20	27	3	10	17	24	31	—	7	14	21	28	
三	—	7	14	21	28	4	11	18	25	—	1	8	15	22	29	
四	1	8	15	22	29	5	12	19	26	—	2	9	16	23	30	
五	2	9	16	23	30	6	13	20	27	—	3	10	17	24	—	
六	3	10	17	24	31	7	14	21	28	—	4	11	18	25	—	

	十月						十一月					十二月				
日	—	3	10	17	24	31	—	7	14	21	28	—	5	12	19	26
一	—	4	11	18	25	—	1	8	15	22	29	—	6	13	20	27
二	—	5	12	19	26	—	2	9	16	23	30	—	7	14	21	29
三	—	6	13	20	27	—	3	10	17	24	—	1	8	15	22	28
四	—	7	14	21	28	—	4	11	18	25	—	2	9	16	23	30
五	1	8	15	22	29	—	5	12	19	26	—	3	10	17	24	31
六	2	9	16	23	30	—	6	13	20	27	—	4	11	18	25	—

1820

	一月					二月					三月				
日	—	2	9	16	23	30	—	6	13	20	27	—	5	12	19	26
一	—	3	10	17	24	31	—	7	14	21	28	—	6	13	20	27
二	—	4	11	18	25	—	1	8	15	22	29	—	7	14	21	28
三	—	5	12	19	26	—	2	9	16	23	—	1	8	15	22	29
四	—	6	13	20	27	—	3	10	17	24	—	2	9	16	23	30
五	—	7	14	21	28	—	4	11	18	25	—	3	10	17	24	31
六	1	8	15	22	29	—	5	12	19	26	—	4	11	18	25	—

	四月					五月					六月				
日	—	2	9	16	23	30	—	7	14	21	28	—	4	11	18	25
一	—	3	10	17	24	—	1	8	15	22	29	—	5	12	19	26
二	—	4	11	18	25	—	2	9	16	23	30	—	6	13	20	27
三	—	5	12	19	26	—	3	10	17	24	31	—	7	14	21	28
四	—	6	13	20	27	—	4	11	18	25	—	1	8	15	22	29
五	—	7	14	21	28	—	5	12	19	26	—	2	9	16	23	30
六	1	8	15	22	29	—	6	13	20	27	—	3	10	17	24	—

	七月					八月					九月				
日	—	2	9	16	23	30	—	6	13	20	27	—	3	10	17	24
一	—	3	10	17	24	31	—	7	14	21	28	—	4	11	18	25
二	—	4	11	18	25	—	1	8	15	22	29	—	5	12	19	26
三	—	5	12	19	26	—	2	9	16	23	30	—	6	13	20	27
四	—	6	13	20	27	—	3	10	17	24	31	—	7	14	21	28
五	—	7	14	21	28	—	4	11	18	25	—	1	8	15	22	29
六	1	8	15	22	29	—	5	12	19	26	—	2	9	16	23	30

	十月					十一月					十二月				
日	1	8	15	22	29	—	5	12	19	26	—	3	10	17	24	31
一	2	9	16	23	30	—	6	13	20	27	—	4	11	18	25	—
二	3	10	17	24	31	—	7	14	21	28	—	5	12	19	26	—
三	4	11	18	25	—	1	8	15	22	29	—	6	13	20	27	—
四	5	12	19	26	—	2	9	16	23	30	—	7	14	21	28	—
五	6	13	20	27	—	3	10	17	24	—	1	8	15	22	29	—
六	7	14	21	28	—	4	11	18	25	—	2	9	16	23	30	—

1821

	一月					二月					三月				
日	—	7	14	21	28	—	4	11	18	25	—	4	11	18	25
一	1	8	15	22	29	—	5	12	19	26	—	5	12	19	26
二	2	9	16	23	30	—	6	13	20	27	—	6	13	20	27
三	3	10	17	24	31	—	7	14	21	28	—	7	14	21	28
四	4	11	18	25	—	1	8	15	22	—	1	8	15	22	29
五	5	12	19	26	—	2	9	16	23	—	2	9	16	23	30
六	6	13	20	27	—	3	10	17	24	—	3	10	17	24	31

	四月					五月					六月				
日	1	8	15	22	29	—	6	13	20	27	—	3	10	17	24
一	2	9	16	23	30	—	7	14	21	28	—	4	11	18	25
二	3	10	17	24	—	1	8	15	22	29	—	5	12	19	26
三	4	11	18	25	—	2	9	16	23	30	—	6	13	20	27
四	5	12	19	26	—	3	10	17	24	31	—	7	14	21	28
五	6	13	20	27	—	4	11	18	25	—	1	8	15	22	29
六	7	14	21	28	—	5	12	19	26	—	2	9	16	23	30

1819—1821年6月书信

300. 李嘉图致麦克库洛赫①

〔答290和299〕

盖特科姆庄园,1819年1月3日

我亲爱的先生：

我很高兴地阅读了您惠寄给我的、为下期《爱丁堡评论》写的论通货的文章。在我看来,这篇文章才华横溢、条理清楚、令人信服,而有些人无疑还会继续拒不同意这样精确地论证了的学说,他们的固执己见将使我困惑不解。

您对我一再赞扬,使我愧不敢当。我请您相信,您对我的想法的好评,使我颇引以为荣。

我在阅读这篇文章时,力图吹毛求疵,但除了一二个对论证毫无影响的微不足道的论点以外,我无法找出任何瑕疵。那些微不足道的论点如下。第56页倒数几行,您说:"如果市场的供给为通常的一半,它(商品价格)将增加一半"。显然,您是指商品价格将增加一倍。②

在第64页,您使读者们有理由推论,英格兰银行在支付国债利息时增发纸币；现在我相信,这实际上是绝不会发生的。有某些税收是用来向国家债权人作担保的,这些税收向财政部缴纳,再由财政部转交英格兰银行,而从来不归大臣们支配。可是,您的论点

---

① 信封上写着:"爱丁堡 学院街 约·拉·麦克库洛赫先生"。
② 参阅本书第87—88页,关于麦克库洛赫犯了相反的错误。

并不受这一事实的影响；因为除了通过贴现发行的纸币以外，英格兰银行和政府可以借助于直接贷款和在市场上用它们的钞票购入国库券，来发行它们乐于发行的任何数量的纸币。

在第66页，您说："在互通贸易的国家之间，金币和银币在价值上发生的一切差别，一般局限于把金银条块从一国运往他国的运费。"对汇兑的这一看法是正确的，差别绝不能高于运费，但是我并不认为贵金属的价值也同样如此。法国的衣料或帽子的价值或价格①，可能比英国贵得多，它不仅可以支付出口它们的衣料商和帽商的费用和利润，而且还可以支付它们从法国销往英国所得的货币的额外运费。黄金作为一种商品，服从这同一规律。我在拙著中，从第174页②到该章结尾，力求阐明这个问题。在您的论文中，这个问题并不重要，但现在更要使我向您提起它，因为您应当在您打算写的论汇兑的文章中防止造成误解。我的意见到此为止。我没有看到别的说法我可加以挑剔了。

在第74页上您从拙著援引的引文中，结束时您用了"实施"这样的词。在参阅我的小册子第25页③时，我在我的一册第二版中发现，那句话是"它们已被如此有利地应用"，第一版的那个词是不准确的，虽然我可能是由于疏忽而使用了它。

选择哪种金属作为本位的问题，我认为是无关紧要的。总地说来，我对现行的铸造法规是完全满意的。第一，要是没有很明显

---

① "或价格"字样是后加的。
② 参见英文版《李嘉图著作和通信集》第一卷，第144页。
③ 参见英文版《李嘉图著作和通信集》第四卷，第65页。麦克库洛赫是从第1版援引的。

的优点，我是不喜欢改变的；第二，我们有信心期待，银矿采用了现有的最完善的机器，可以大大降低那种金属的价值。如果是这样，白银是不宜作为本位的。同样的反对意见就不能用于黄金。

劳德戴尔勋爵在其演说词中和几位作者在《泰晤士报》上力求表明，如果英格兰银行用黄金支付，由于铸造法规，黄金将全部流出这个国家，尽管在支付40先令以上时只有黄金才是法偿币。① 这是非常荒谬的，如果您曾表明它是这样，我会感到高兴，因为现在它是为继续实施限制而辩护的口实了。

如果您认为我看一下您论汇兑的那篇文章的清样对您有用，我将非常乐于这样做，但从我已经看过的来说，您会使它成为它应有的那样。据我尽力回忆，穆歇特在后来的版本中改正了他的表。② 我手头没有他的书。

我注意到您提出的关于把拙著加以改进的若干建议。您把消灭我国的国债看得如此轻而易举，我不能表示同意。我不赞同其他消灭国债的办法，而只赞同偿还的办法，这将使我们消除您所列举的许多坏事，如鼓励赌博等等。我们对于坏事是意见一致的，而对于补救办法却意见不一致。我在旧版中已经提到过布坎南，现

---

① 关于劳德戴尔，参见英文版《李嘉图著作和通信集》第一卷，第371页。这一论点是在署名"丹尼尔·哈德卡斯尔"致《泰晤士报》的一封信中提出的，该信的日期是1818年12月12日。这封信和后来的信，都用作者的真姓名以小册子的形式重印：《丹尼尔·哈德卡斯致〈泰晤士报〉编者的信，关于对银行的限制、铸造法规等问题，附有注释和增补》，理查德·佩奇著，伦敦，为著者印刷，1819年。

② 穆歇特并没有作出麦克库洛赫提到的修正；参见英文版《李嘉图著作和通信集》第三卷，第169页注②。李嘉图的回忆或许是关于更早的修正，与英文版《李嘉图著作和通信集》第三卷，第166—167页所述的穆歇特的修正不同。

在我不能不同样地提到他,特别是因为他的反对意见都是流行的反对意见,像这样的意见我是要回答的。我将同默里商量,从您表示赞许的那本小册子中援引数页。

数日前,默里把拙著在伦敦的唯一法文译本送给我,书中附有萨伊先生的评注①。萨伊对我深表尊重,但不同意我的学说,看来他没有理解我的意思。他试图表明,没有不支付地租的土地,于是以为我被驳倒了,而从未注意到我最强调的另一论点,即在每个国家中,都有一部分资本投入业已耕种的土地,对这些土地是不支付地租的,或者不如说,不因为投入这部分追加的资本而支付追加的地租②。请相信我,我亲爱的先生。

您忠实的
大卫·李嘉图

这封信很凌乱,但我是仓促写成的,不能把它重写一遍。

301. 李嘉图致默里

明钦汉普顿,盖特科姆庄园,1819年1月3日

亲爱的先生:

下期《爱丁堡评论》将对我论《一种经济的通货》的小册子加以评介,它对我在小册子中提出的计划将与好意称赞。我希望看到,或者不如说,麦克库洛赫先生希望看到③,这项计划将被插入拙著

---

① 参见英文版《李嘉图著作和通信集》第七卷,第361页,注①。
② 参见英文版《李嘉图著作和通信集》第一卷,第412—413页。
③ 参见英文版《李嘉图著作和通信集》第七卷,第353页。

的现在这个版本。关于这个问题,前些时候我曾写信给您①,提到如果您认为可取,可以把那几页插入。为了使您能更好地判断,从前的小册子提到的那几页,究竟是插入还是删去好,我认为应当让您知道,《评论》将对这个问题加以评介,并予以推荐,这自然势必使它在一个时期内成为众所周知的事,那时在英格兰银行恢复支付现金这件事情上,它将被有利地采纳。

穆勒先生写信告诉我②,他对于您把萨伊先生的评注借给他甚为感激,而他对这些评注是很不欣赏的。

亲爱的先生,

您忠实的

大卫·李嘉图

302. 李嘉图致穆勒③

〔303 回答〕

盖特科姆庄园,1819 年 1 月 13 日

我亲爱的先生:

兹将我对格雷勋爵在纽卡斯尔的演讲的一些想法寄上。④ 我不记得究竟是《信使报》还是《泰晤士报》,似乎认为这是辉格党的

---

① 这封信尚付阙如。
② 第 297 号信。
③ 信封上写着:"威斯敏斯特 皇后广场 詹姆斯·穆勒先生"。
④ 在纽卡斯尔的福克斯宴会上的演讲,对激进的改革者进行了抨击;载于 1819 年 1 月 7 日《泰晤士报》。李嘉图的文稿尚未发现。

意见的声明。如果是这样,我并不认为这将增强这些意见在我国的分量和影响,因为在我看来,它显得空洞、软弱和虚假,不能使人指望该党将会热衷于提出一种合理的改革,而我根据报纸上发表的一些看法,曾希望他们会这样做。

科贝特在他与 F. 伯德特爵士的书信往来中,显得他是一位多么可鄙的人物。弗朗西斯爵士给他的信,使我感到非常高兴。①

麦克库洛赫先生寄给我即将在下期《爱丁堡评论》上发表的一篇文章的油印本,它论述我关于一种经济的通货的建议。他像往常那样,对我推崇备至,并写了一篇非常出色的文章,论述整个通货问题,极力推荐我的建议。他费了相当力气详细论述通货的数量调节其价值,通货的价值也调节其数量。他附带提出的命题,能够稍加反对的,也不会超过一两个。在这个问题上,没有什么非常新颖的东西可以谈,但把它安排得很巧妙,却是一件值得称道的工作。

我希望您已完全恢复健康,并希望您能在再下一个星期同我一起散步,那时我期待有在伦敦见到您的快乐。

在校订默里送给我的清样时,我注意到我从萨伊著作第一版第352页中援引的一段,②请您看一下。我认为您将会同意我的意见,这一段同他在法文译本中所作的一些注释的精神是很不一致的。

我自从上次给您写信以来,一直在读书,但我担心并不比往常

---

① 涉及科贝特的未偿债务的信中,载 1819 年 1 月 4 日《泰晤士报》。
② 参见英文版《李嘉图著作和通信集》第一卷,第 256 页。

获益更多。我的记忆力坏极了,找不到补救办法。对写作总是感到乏味,我是在勉为其难,当我把稿纸放在面前时,我的一切想法都消失了。至于演讲,我是绝不要讲的。

现在时间正在很快来临,那时我将会知道,我是否要出席下议院。如果我不出席,我所赞同的那个政党就将毁约,这种情况我认为并不是非常罕见的。我受到的教育使我对守约抱着宗教般的尊重,所以,如果这项约定不能履行的话,那不是我的过错。

您真诚的

大卫·李嘉图

303. 穆勒致李嘉图①

〔答 298 和 302〕

威斯敏斯特,1819 年 1 月 14 日

我亲爱的先生:

您谈到再下一个星期将在城里,使我感到激动,我一定要在您到来之前再写封信给您。因为休姆带信给我,他可能今天要到这里来,我也将有一个免费寄信给您的机会。

您的所有来信我都已收到;对这些来信我向您致以最诚挚的祝贺。这些论点不能不被认为是异常困难的;因为很少人能对它们有清楚的概念,并且前后一致地加以推论。然而,您把它们彻底

---

① 信封上写着:"格洛斯特郡　明钦汉普顿　盖特科姆庄园　大卫·李嘉图先生"。

弄清楚了，并且极其清晰地阐述了您自己的见解所根据的理由，以及对它们的反对意见；并最后作出了结论性的回答。这就是您的全部论点的总的特征。我们将对它们一一加以研究；它们将在我们散步时为我们提供有趣的话题。由于您没有指示我就您给托伦斯的答复做什么事，我断定您已送了一份副本给该杂志，所以等您来了再说吧。①

您对格雷勋爵演讲的评论使我感到很满意，因为同我的意见恰相一致。您对他的演讲洞察一切，并且非常准确地阐述了它的全部含义和性质，以及它的手法和覆盖在它上面的薄薄的一层光泽。您深为演讲的伦理道德所打动。由于我早已衷心信服辉格党的伦理道德，所以我对其聪明才智更为诧异。当然，这是对伦理学相当大胆的引申，要使一切政治上的伦理道德都支持辉格党，以组成内阁；正如您描述他正在从事的那样。可是，我对格雷勋爵的想法并不像我对其理智上的弱点感到那样诧异，他竟以为其他人也会有同样的想法。您把这篇演讲恰当地描绘为通篇不一致和前后矛盾。当一个人所向往的是他不愿意直接说出来的事情的时候，就必然会发生这种情况。他认为自己被迫说了一些他并不真正想说的话。当他这位老爷希望人民相信一切政治上的伦理道德会把辉格党抬举到应有地位的时候，他不敢明说，并认为他自己不得不在他演讲的开头说他赞成改革，虽然演讲的整个其余部分倾向于表明他并不赞成改革。

他们的另一手法是呼吁紧缩开支。他们离开议会的改革，而

---

① 李嘉图的答复从未发表，手稿尚付阙如。

代之以紧缩的呼吁。他们认为这将使他们深得人心;那些天真地希望减轻赋税的人们,将会参加进来,呼吁目前浪费的大臣们退出,而让他们这些紧缩的大臣们进入内阁! 现在使人诧异的是这篇演讲的理智。这篇演讲不过是理智的呼吁而已,请你们同我们一起努力,来改变结果而不要改变原因! 用一切可能的手段获得一种不同的结果;但要用同样的原因得到这个结果! 极为浪费的开支自从革命以来就已经存在,现在他们呼吁说,我们对紧缩开支有难以用言语形容的需要。造成那种极为浪费的开支的原因究竟是什么呢? 当然,这是有原因的。并且,这个原因当然不是受到掠夺的人民的意愿。这个原因就是赞成掠夺的议会的利益。我们将以有效的改革来终止构成掠夺原因的那种利益吗? 啊,不! 绝不! 看在上帝面上,千万不要那样想! 那是胡思乱想! 过分! 无礼! 绝不要想改变原因:只去想改变结果,而不改变原因! 不就是这种逻辑么! 任何比白痴高明的人,竟硬使自己走得这么远,以至于使他们的理解让位于这种不近情理的事情,并且期望别人也从中得出同样的结果,这不是令人难以置信吗? 如果我们没有这么多的经验,当具有同样利益的人集合在一起,而且他们几乎完全习惯于只互相谈论这些利益时,他们简直不可能不去接受任何有利于他们利益的结论,无论这种结论是多么不合理。

  我很乐于听到麦克库洛赫又在《爱丁堡评论》上谈论您。我相信,在下一期上也将有我。① 我看了一下您所指出的引自萨伊著

---

 ① 1818年12月号:第一篇文章是对穆勒的《英属印度史》的评论(W.库尔森作);第三篇文章是对李嘉图的《既经济又安全的通货》的评论(麦克库洛赫作)。

作的那一段,毫无疑问,他是前后不一致的。我担心他不过是个可怜虫。随着尊著新版的问世,这对您是有利的,所有一切都是必要的。无可争议,您现在是居于政治经济学的首位。这不能满足您的雄心吗?谁预言过这一切呢?告诉我吧!谁责骂过您是个懦夫呢?告诉我吧!

我于星期一在鲍和摩西·李嘉图先生一起进餐,我感到非常欢乐,非常愉快。所有这一切可以向您证明,我已好多了,所以不用担心散步,散步将完全治好我的病。

我的意思不是说别墅将会发生什么问题。他们也一定会讨价还价。我理解,这件事要到 H. 帕内尔爵士到来时才能办,他很快就要来了,那时事情将会了结。我想起,拉尔夫先生告诉过我,您的律师尚未得到地契的另外副本;但我断定,这不过是糟糕的律师的惯常拖沓而已。

关于您从读书中获益,这我毫不怀疑。记忆力不好!为什么每个人都记忆力不好?我也记忆力不好,同您一样。但我能记得我尽力记住的事情,所以您也能这样做。记忆是一种结果;您不能有其果而无其因;虽然格雷勋爵对紧缩开支另有想法。至于演讲,您一定要讲。因此,关于这个问题我没有更多的话可说了。

谨向李嘉图夫人衷心问候,并向您周围其余的人,特别是我的朋友奥斯曼夫人问候。由于她喜欢卢梭,我想把他非常美好的、在许多方面很有教益的论述教育的著作送给她。

您最真诚的

詹·穆勒

304. 特罗尔致李嘉图①

〔答295—由307回答〕

戈达尔明　昂斯特德伍德，1819年1月17日

我亲爱的李嘉图：

上函收到，深表感谢。我从来信中欣悉，尊著的第二版正在印刷中。何时可以出版？若有时间，我将重看我读这本书时所作的若干评注，看看是否有什么地方值得引起你注意。这并不是说，我深信我所作的观察，而是说，在一段文章或一个论点有时会使读者得到不同于作者得到的印象时，我将向你指出这一切。顺便说一下，我已经参加了一场论战来支持你的学说，即地租并非价格的一个组成部分。你已经解释得这样清楚，现在对这个问题要是还有意见分歧，实在使我感到惊异。我的对手的论点，除了使我对于我所持的意见的正确性看得更为清楚以外，并无其他结果。我很高兴看到你是赞同我对这个问题的看法的。

可是，我不能提供更多的地方来讨论其他事情，因为我急于回答你来信中提出的论点。我的好友，你会记得，在这次讨论的开头，我曾说过，在我们进而讨论改革问题之前，先有一个问题要考虑，那就是，哪种政府形式最符合人民的利益？我们一致同意，"像我们这种由君主、贵族及平民构成的混合政体是最好的政府形式"，这些都是你的语言，你还说，"让我们根据这个假定来考虑议

---

① 信封上写着："格罗夫纳广场　上布鲁克街　大卫·李嘉图先生"。

会改革问题"。① 你怎么能像你在上函中那样说："在研究可能产生良好政府的一些措施时,我们切不可局限于研究议会改革是否会危害国王、贵族平民这种体制"。你怎么能说,"必须认为这种体制仅仅是达到一种目的的手段"。在我们同意这是最好的政府形式的时候,我们就已把它作为目的,而在目的上我们却发生了争论。这是否就是达到所指望的目标的最好手段,完全是一个可以讨论的问题;但这是一个截然不同的问题,凡是已经同意这是最好的政府形式的人们就不能再提出这个问题。我理解,问题的这种情况必然使得我们在考虑改革的问题时,必须始终考虑到效果,即建议进行的改革对建立的政府所产生的效果;如果发现改革危及被宣称为最好的政府形式的安全时,我们也一定要同我们的意见始终一致,甚至仅仅因为这个原因而放弃曾经加以考虑的改革。我承认,这些意见在我看来是不言而喻的。如果是这样,我看不出我怎么在拒绝承认(凭良心讲我相信将会破坏宪法的)某种改革时,就是"犯了一种偏执罪"。我将欣然接受任何与维护宪法相一致的改革和宪法据以制定的原则。但是,任何打算改善人民的状况而将危及这种宪法的改革,只要我继续认为那种政体是最好的,我就不能始终如一地承认那种改革。我认为,如果我能够表明,建议进行的议会改革要是具有危及政体的效果(用破坏权力均衡来危及,而权力均衡是政体的存在所必需的),我就一定要(那些同我意见一致,认为那种政体是最好的人,也都一定要)反对它。

你怎么能说,"我似乎改变了讨论的主题"。(你说)"这不再是

---

① 参见英文版《李嘉图著作和通信集》第七卷,第 320 页。

研究使人民幸福的最好手段,而是研究保存君主和贵族这两个部门的最好手段。"摆在我们面前的唯一问题是效果,议会改革将对政体产生的效果。

在我看来,政体的维护有赖于各部门的权力保持适当的均衡,而政体正是由这些部门构成的。这些部门就是国王、贵族和平民。这些权力当中的每一种权力的影响,必须各自取决于国家的总的情况。显然,这些情况一定会有不断改变的趋势,特别是政体中属于人民的部分,必将随着财富的增长和知识的传播而增强其力量。这种权力因社会进步而增大的影响,必然要减少其他两个部门的相对力量。所以,结果是,在那时存在的情况下,原来分配给各部门的、需要保持适当均衡的权力的分配,在不同的情况下,可能不足以产生希望的效果,并使一种不同的分配成为必要。这类情况已经发生过,已经给我们政体中的人民部分增加了分量,这在政体最初构成时是没有考虑到的,对此我没有任何怀疑。我深信,为了保持不同权力的相对力量,那个增加的分量需要有抵消的力量来对付。如果对增加的力量不这样去对付,如果下议院的全部席位都向人民开放,他们的影响一定会占优势,其他部门的发言权实际上会被湮没。

许多人可能认为这种改变是非常合乎心愿的,但那些希望保持我们的混合政体的人,肯定不会坚决要求这种改变。那时政体在实质上将是共和政体,而上议院和君主将变成仅仅是无效的东西。我相信我在上函中说过,你所抱怨的那种影响,对于保持那种均衡和使君主及贵族得到在政体中的份额是必要的,这种份额对于政体的安全是重要的,而公众就不能像关于政体的理论所指出的那样,有利地获得他们的份额。除非政体全部属于人民,其他部门对于各式各样可能出现的问题,就必须有行使他们的判断和权力的权利。如果它们不行使这些权利,它们必定经常与平民的判断不一致。如果它们因此而公然反对下议院的措施,并抛出它们的议案,显然马上会出现一种情况,这种情况是政体的支持者所不希望有的。为了补救这种弊病,为了弥补政体理论中的这种缺点,作为理论正确性的真正考验的实践已经提出了一种办法,政体的这些部门可以用这种办法来施加影响,而不会有我列举的这些弊病。毫无疑问,这种影响可以健康地施加到何种程度,一定总是个问题;这必须按照情况来决定。但这只是我们的混合政体总要发生的问题:各部门的均衡适当保持到什么程度,任何一个部门占优势到什么程度。这也是一个必定出现的关于政体中人民的部分以及其他部门的权势范围的问题。我承认,我认为留心观察事态的发展,一定会使我们继续注视人民的部门将来会有过分的权力优势。过分是对保持我们的混合政体来说的。

你说,"如果你不把选举权局限于最最小的范围内,就不能选出好的代表,你愿意这样限制它。"这样期待它合乎人的本性吗?对于人类的实际状况,不要让我们自己欺骗自己。智慧和美德都不是天生就有的,它们都是教育的产物。你期望在未受教育和依附他人的人民当中找到选出好的代表所必需的条件,就好像期望从未经开垦的土地上取得好的收成一样。如果人类都像他们所应有的那样(在他们堕落之前他们可能有的那样!),你会安然找到必需的条件。但是,这些条件实际上并不存在;甚至在有最自由的政体会促使其出现的地方也找不到。看看美国的状况,和费伦先生最近的著作①中对它的政治组织和感情的非常有趣的描写就可以知道了。但是我必须停笔,并且必须为这封信的反常的、我担心是不可原谅的长度道歉。我将把这封信寄往伦敦,我认为你很可能在那里,我希望不久又在那里见到你的快乐,因为我们将于3月初在诺丁汉广场作短暂停留。

特罗尔夫人和我向李夫人及全家竭诚问好。

你非常真诚的

哈奇斯·特罗尔

305. 李嘉图致普莱斯

亲爱的先生：

戴维斯先生②向我提起办一个评论刊物的计划,在那个刊物上可以自由地讨论改革的原则,那些原则是我们其他评论所很不感兴趣的。穆勒先生办理这种事情的才能,没有人比我予以更高的评价了。对于这样一项计划,我乐于捐款赞助。③

---

① H.B.费伦：《横贯美国东部和西部诸州行程五千英里旅行记；包括向39个英国家庭所作的8次报告,作者于1817年6月受他们委托,要查明美国是否有哪些地方适宜他们居住。附有对伯克贝克先生的"注释"和"信件"的评论》,伦敦,朗曼书店,1818年。

② 尚未查明,可能是T.H.戴维斯上校,代表武斯特的议员。

③ "需要创办一个激进刊物来带头反对《爱丁堡》和《季刊》(那时正是它们最享盛誉的时期),曾成为他(詹姆斯·穆勒)和边沁先生之间多年以前(1824年创办《威斯敏斯特评论》以前)谈话的主题,并成为他们的'空中楼阁'的一部分——我的父亲任编辑；但这个想法从未成为现实"。(约·斯·穆勒：《自传》,第91页。)

亲爱的先生，

你非常真诚的

上布鲁克街

大卫·李嘉图

1819年2月17日

306. 夏普致李嘉图①

布鲁克斯，星期三上午，〔1819年2月25日〕

亲爱的李嘉图：

此刻亨利·帕内尔爵士告诉我，书面命令已于22日由都柏林发出，当然一定会在今晨到达伦敦的大法官法庭国玺部。

明天是将要讨论高利贷法的日子。②

我劝你早晨就派人去大法官法庭巷的大法官法定国玺部（靠近上诉法院），查问书面命令是否已经到达，但不管是否查到，你应当在3点半钟到下议院去，找些代表同你到户外去宣誓，那时你必须交上你的资格证书。你必须在4点钟以前宣誓，并取得你在下议院的席位。

你永久的朋友

理·夏普

----

① 李嘉图于1819年2月20日被选为代表波塔林顿的议员，接替夏普，夏普于1818年7月大选中被选为代表该区的议员，后来辞去议员职务；这封信的日期是由此推断的。

② 2月26日高等律师翁斯洛的废除高利贷法议案的报告时期推迟到4月26日。《泰晤士报》的报道，1819年2月27日。）

你一取得席位,我想我就要付出1,050镑。

我认为你在3月6日举行的宴会,①是对陛下的"俱乐部之王"的不忠诚的反对,该俱乐部总在每月的第一个星期六聚会。

格伦费尔先生希望你于明天11点钟到查尔斯街去访问他,谈席位问题。

307.李嘉图致特罗尔②

〔答304〕

伦敦,1819年2月28日

我亲爱的特罗尔:

你上次惠函我不应久不答复,但我生性懒惰和有大量工作要做使我稽延作复。此外,你通知我,你将于3月间来伦敦,使我的玩忽在我看来不那样不好了。可是,在3月份实际开始以前,我必须向你保证,我将又在伦敦见到你的快乐,并且我希望你尽早在9点半我们进早餐的时间到达布鲁克街,以此宣告你的到来。那时

---

① "1819年3月6日。——晚上在李嘉图先生家。每个人尽力想着巴林先生向上议院委员会提出的证词。原则是令人羡慕的;但谈到恢复支付现金的可行性时,谈出了各种困难;并且暗示,没有四五年是办不到的。每个人都认为,这是把这件事情给扼杀了;并且认为,这样延宕时间等于什么事都不干。夏普(即理查德·夏普)声称,他打算明天同亚历克斯·巴林作两小时的谈话,让你懂得他将教他更好的原则。但我的好友夏普先生没有做到那个地步。李嘉图看来茫然若失。"(J.L.马利特的日记手稿)。

② 信封上写着:"戈达尔明 昂斯特德伍德 哈奇斯·特罗尔先生",并写上"伦敦,1819年3月1日,大卫·李嘉图"而免费邮寄。

你肯定可以找到我,但在其他时间,我可能忙于现在吸引我注意力的许多事情而不在家。

我的努力终于获得了胜利,现在我是下议院的一名议员了。由于宣誓仪式并不很可怕,我被介绍给议会一点也不使人感到讨厌,我的朋友们对我表示欢迎使我感到十分自在。我担心我不会成为一个很有用的议员。

对我国通货和汇兑情况的质询,在上下两院进行得非常令人满意。我和两院的几个委员会已作过多次谈话——和格伦维尔勋爵、兰斯多恩侯爵、金勋爵、赫斯基森先生、F.刘易斯先生、格伦费尔先生以及其他人。① 所有的人都对这个问题具有非常完善的知识,而且大家都同意,公众对这个问题的理解已经取得很大的进展。英格兰银行董事们本身已有进步,但他们还大大落后于所有其他人。我深信正在采取的措施会使我国的通货处于令人满意的状况。我得到通知,我将接受审查。

相信我是,

亲爱的特罗尔,

你非常真诚的

大卫·李嘉图

---

① "李嘉图先生……曾在早晨与格伦维尔勋爵及格伦费尔先生在密室商谈,讨论了那个重要问题的各个部分。"(1819年2月13日,J.L.马利特的日记手稿记录了曾和李嘉图一起在马塞特参加过一个宴会。)

308. 李嘉图致麦克库洛赫

〔由309回答〕

伦敦，上布鲁克街，1819年4月7日

亲爱的先生：

自从愉快地收到来信以来，为时已久。由于我不愿使我们的通信完全停止，我现在写信，而没有什么您认为值得写一封信的事情可说。为了使您对我的情绪好些，我开头就要告诉您，上一期《爱丁堡评论》[①]中您论述货币的文章，受到了普遍的赞美。有资格评判这个问题的人一致公认，这是对政治经济学这一部门的一个正确的和卓越的看法。我可以肯定地说，您是向两院各委员会的许多委员们提供最有益的教导的途径。[②] 至于我自己，我非常感激您，因为如果您不把我的计划从被人遗忘中拯救出来，并为它说了比我自己所能说的更多的好话，它可能还处于沉睡状态，或已经被人忘却了。您将高兴地获悉，对采纳该项计划的可能后果进行调查研究，或对计划作些修改，已成为两院的委员会进行审查的主要题目之一。从皮尔先生以及坎宁先生和兰斯多恩侯爵的发言看来，[③]我毫不怀疑，在两院的报告中它将被推荐作为临时措施，如果不作为永久措施的话。要是这样，我们将有至少加快恢复到

---

① 参见英文版《李嘉图著作和通信集》第七卷，第354页，注③。
② 关于恢复支付现金。
③ 发言在4月5日，那时两委员会的第一次报告提交议会（《议会议事录》，第39卷，1399—1401，1411—1412和1397页。）

21 一个健全的、没有波动的通货制度的功绩,因为我不可能向您描述英格兰银行董事们在想到为此目的提供硬币时的惊恐——他们正式宣布,除平常的储备以外,还必须有不少于3,000万的储备;他们还极力赞同认为这一规定并不必要的方案。自从上届的委员会①开会以来,英格兰银行的董事们,除了两三个很显著的例外(他们是年轻人②),在货币这个问题的正确思想方面没有进步。他们虽然不以个人身份出现,仍然作为一个董事会,却不相信汇兑的升降同他们发行的钞票数量有关。他们依旧强调,金银条块以贬值的媒介计算的高价,意味着金银条块以所有其他东西计算的高额交换价值是同一回事。他们依旧强调,他们的发行额与其说是过多,不如说是太有节制了。③ 幸而两委员会得到了更多的情报。我认为我们可以预先写一个报告,就货币而论,承认这门科学的所有重要原理。

您已经看到,我已获得了下议院的席位。我担心我在那里起不了什么作用。我已尝试演讲了两次,但我感到很窘,我没有希望克服我听到自己声音时所感到的惊慌。

22 人家答应我们写两本政治经济学的著作,一本出自马尔萨斯先生的笔下,另一本出自托伦斯上校的笔下。④ 这两位先生的意

---

① 1810年的金银条块委员会。

② "近来普遍发现年轻人赞成合理和开明的看法。哈尔迪曼德和沃德这两位英格兰银行的董事是那个团体中最年轻的人;他们的证词赞成支付现金。"(J. L. 马利特的日记手稿,记入时的标题是"1819年会议"。)

③ 见英格兰银行董事会1819年3月25日决议,刊印在"(下议院)委员会关于恢复支付现金的第二次报告"中,1819年,"证词记录",第262—264页。

④ 马尔萨斯的《政治经济学原理》,1820年,托伦斯的《论财富的生产》,1821年。

见我都很熟悉。虽然我认为他们会帮助传播许多正确的原理，可是我认为他们过于坚持他们旧有的联想，以致不能在这门科学上作出非常有决定性的进展。您是应该给我们提供政治经济学完整体系的人，政治经济学要写得那么通俗，使一般读者都容易懂，没有人能够做得更好了，所有那些读过您在《评论》上的两篇文章和您论谷物贸易的论文的人，将能证明这一点。

昨天在上议院里，詹姆斯·麦金托什爵士把我介绍给西斯蒙第先生，他正在对我国进行一次短暂的访问。他刚刚出版了一本关于政治经济学的书，①他在书中力图表明我的意见的谬误。他告诉我说，他也同萨伊的意见不一致。我怀有极大的好奇心要看他的这本书，因为凭我们之间交谈的寥寥数语，看来他不同意我们已知的任何一位作者。

您也许已经听到，舍弟拉尔夫已经结婚，并且放弃了他的旅行计划。他早就想结婚，但推辞了这样久，以致他所有的朋友都认为，以单身汉终其一生将是他的命运了。他有一个年轻的妻子，而且住得很舒适，离伦敦的距离适中，只有10英里。②

我希望不久就能愉快地收到您的来信，我猜想我不能期望目前在国内见到您，但愿我能和您见面，您的来访将给我以很大的满足。

相信我是，
亲爱的先生，
您非常真诚的
大卫·李嘉图

---

① 《政治经济学新原理，或论财富同人口的关系》，共2卷，巴黎，德洛内书店，1819年。

② 拉尔夫·李嘉图已于3月30日与夏洛特·洛布结婚，住在钦福德。

309. 麦克库洛赫致李嘉图

〔答308——由310回答〕

爱丁堡,1819年4月18日

我亲爱的先生:

您在本月7日的来信中,愉快地注意到我对于改进这门科学所作的努力,您是这门科学的大师,您的友善和夸奖的态度使我特别高兴,而且远远超出了我可能得到的所有其他表示。我还非常高兴地得知,各委员会都讨论了您的使银行券可以兑换成金银条块的计划的优点。无论英格兰银行的董事们多么无知,他们肯定不能对他们自己的利益视而不见,以致看不到,同被迫恢复支付硬币相比,采纳您的方案将对他们有莫大的利益。采纳您的计划,将是政治经济学这门科学所取得的最大胜利。您将具有无可置疑的功绩,同任何其他私人相比,您能够使国家得到更大的直接利益。

在写《评论》中的那篇文章①时,我简直不知怎样恰当地叙述铸币的费用。我深信,如果那篇文章给读者留下了什么印象的话,要是我能够说出,自威廉三世统治时期大量重铸硬币以来,在金币和银币上花费的准确金额,印象就会更强烈得多。也许您能在议会里提议,编制一份自从铸币厂于1695年建立迄今的全部费用的账目,当然要把铸造金币的费用同铸造银币的费用区别开来,等等。我想,这样的提议会被欣然同意的;它将有助于显示铸造金币

---

① 《爱丁堡评论》1818年12月号上论货币的文章。

的巨额费用,从而不但会促使他们接受您的方案,对于进行其他探讨也将是极为有用的。既然我已冒昧地向您提出了一项提议,我认为我还可以冒犯您的耐心而提出另一项提议。我注意到一份关于爱尔兰银行从1797年到1819年的发行额账目已经放在下议院的桌上;但为了使这份账目完整起见,还必须提供伦敦和都柏林之间、伦敦和贝尔法斯特之间;以及都柏林和贝尔法斯特之间的一份汇兑行情表。您知道,爱尔兰银行纸币的相对大量发行所产生的后果是降低了都柏林对伦敦的汇价。您还知道,在爱尔兰银行停止扩大发行后,随着英格兰银行纸币的增加,汇价变得有利于爱尔兰了。可是,这一切从一份官方报告里得出就更好了,我想这份报告得来是不难的。

我已经看过您提到的西斯蒙第的著作,他这个公认的具有非凡才能的人竟出版这样一本著作,老实说,我是感到惊异的。他采纳了斯密博士的理论中您的大作认为是错误的所有部分,并试图推翻他的被公认为是正确的结论。西斯蒙第是一个过分的感伤主义者,以致不能成为一个好的政治经济学家。一个严肃的哲学家建议所有的阶级都结婚,同时却又告诉他们,在有了两三个孩子之后过独身生活乃是他们的责任,这确实不是个小小的笑话!我不知道这种学说是否会使西斯蒙第博得伦敦妇女们的欢心,但我确信在这里不会有这种倾向。①

您对斯特奇斯·伯恩先生的贫民教育议案的看法,使我特别

---

① 第二天(1819年4月19日),西斯蒙第在伦敦和麦金托什的小姨杰西·艾伦结婚。

高兴。① 您的看法完全揭露了那一措施的有害倾向;如果下议院能够适当地评价您那么卓越地阐明的事情,他们就不会再促进如此荒谬的方案了。

请代我祝贺令弟的结婚之喜。您可以告诉他,我知道有一本著作在印刷中,在这本书里他的一些朋友显得有点可笑。我想这本书的出版是聪明的。这是《布莱克伍德杂志》的编者出版的,它将是嘲弄、下流话和保守主义的混合物②。

我感到非常遗憾,我不能在本季度访问伦敦,或者我不如说,不能来拜访您,因为对我来说,后者比前者更有无限的吸引力。这是一种愉快,尽管我多么不愿意,却必须等待另一次机会。与英格兰银行有关的任何有决定性意义的事情一经发生,我希望您能立即让我知道。我相信,您力求改进和完善我国货币制度的成就,将如它应有的那样完满。我可以肯定,在这种场合,您的朋友当中没有人会比我更真诚地赞赏您的胜利了。

我亲爱的先生,
我是,怀着极大的敬意,
您忠实的
约·拉·麦克库洛赫

---

① 参见英文版《李嘉图著作和通信集》第五卷。
② 《彼得致其亲属的书信集》,第2版,共3卷,爱丁堡,布莱克伍德书店,1819年(J.G.洛克哈特著,用"莫里斯博士"假名发表)。1819年7月17日《苏格兰人报》的一篇评论,把它描述为"不过是《布莱克伍德杂志》上最单调、最无聊和有害的文章的重版"。

310. 李嘉图致麦克库洛赫

〔答309—由314回答〕

伦敦，1819年5月8日

我亲爱的先生：

  本星期三在下议院宣读的银行委员会报告的内容，报纸当已使您获悉，比我所能做的好得多。① 由于我知道您会从那个来源得到正确的消息，所以在我确知委员会建议的那个计划后，我没有立即写信给您。委员会在两点上偏离了原来提出的计划：他们认为英格兰银行用来兑换钞票的金条，应当在铸币厂测定和盖印；他们还建议，至迟，在1823年以后，我们应当恢复支付硬币的旧制度。在这两种情况下，也许他们是做得对的，因为英格兰银行坚持对他们进行最坚决地反对。他们必须在金条上盖印，这样金条就可以合法地被称为大面值的货币，而且银行就不能吵吵嚷嚷地反对他们，说他们强要银行有义务用金条支付，而银行说银行的特许执照使它不承担这项义务。在第二点上，他们得同公众的偏见作斗争，也许还得同他们自己爱好硬币的先入之见作斗争。如果今后5年内这项计划的实施没有造成什么不方便，英格兰银行就将站在最前列，坚决主张应当把它作为永久的制度而加以采纳。

  英格兰银行的垄断地位使它有机会获取巨额利润，而它的盈余资本却不超过500万，这使我感到很惊讶。它的业务一定经营

---

① 据《议会议事录》，第40卷，第152页，这个报告是在5月6日星期四宣读的。

得颇为不善。如果经营良好,它拥有的盈余资本应当是那个金额的两倍。

英格兰银行一致坚决认为,它没有发行过多的纸币。1814年8月,单是它给政府的贷款,就达到3,500万的巨大金额,这简直使人难以相信。1816年2月,贷款降至2,000万左右,此后难得少于2,700万到2,800万,到今年,贷款又降至2,300万。

在上议院的报告的附录中,将公布一份关于从乔治三世56年(1816年)到1819年1月铸币厂所铸金币和银币数量的账目,还有一份关于这样铸造货币的费用的账目,① 从中可以得出任何特定年份或任何年数的造币费用的相当准确的估计。我担心大臣们不会给我一份像您所提议的那样详细的账目。

感谢您使我认识了莱斯利先生②。然而我只和他见面几分钟。

我没有什么消息提供给您,简直不值得麻烦您来读我的信,但我已尽力而为了,所以您一定不要抱怨。

感谢您寄给我各期《苏格兰人报》,但我请您今后不要再这样麻烦了,因为我在布鲁克斯③从来没有中断阅读它们,那里订有这份报纸。我收到您寄来的报纸以前,已经阅读了4月17日的报

---

① 第一份账目已在附录 D.1 和 2 中公布;第二份账目没有公布。

② 约翰·莱斯利(1776—1832年),爱丁堡大学的数学教授,后来是自然哲学教授,《爱丁堡评论》和《英国百科全书补编》的撰稿人。他发明的人工冷冻机在英文版《李嘉图著作和通信集》第四卷,第249页上提到过。

③ 反对派俱乐部。经埃塞克斯勋爵提议和霍兰勋爵附议,李嘉图于1818年3月13日被选为成员。(《布鲁克斯的回忆录》,伦敦,1907年,第92页。)

纸,感到非常高兴。我可以肯定,这篇文章是不能答复的。① 我注定要时常在下议院听到关于农业利益和有必要进一步限制谷物进口来支持农业利益的问题的十分显著的谬论。但愿我有运用我的舌像您运用您的笔那样好的才能,来驳斥这些荒谬论调。那时它们就不能不受到回击了。

相信我是怀着极大敬意的
您非常诚挚的
大卫·李嘉图

311. 特罗尔致李嘉图②

〔由 312 回答〕

昂斯特德伍德,1819 年 5 月 21 日

亲爱的李嘉图:

自从欣接来信以来,虽然为时已久,然而我看到你积极参加我国的重大会议,使我时常想起你。我必须祝贺你在议会的努力所获得的成就,并且我想听到你说,这些成就在多大程度上满足了你自己的期望。至少有一件事情是可以肯定的,在那种庄严的会议上,无论你多么不愿意听到自己的声音,当你想发表意见时,你并没有让不愿意的心情妨碍你发表意见。实践最终会保证发言流畅的。你关于英格兰银行和金银条块事务的意见终于获得了完全胜

---

① 这篇主要文章是:"论外国谷物的进口"。
② 信封上写着:"格罗夫纳广场 上布鲁克街 议员大卫·李嘉图先生"。

利,我为你感到欢欣鼓舞。听到你的意见不仅为高级当局所批准,而且被采纳,这是十分可喜的。我希望并且相信,议会将按照委员会的建议行动起来。伦敦商界试图提出的反对意见,同样是不恰当和可鄙的;我认为毫无疑问,这将以那些最初发起反对的人蒙受耻辱和造成混乱而告终。① 财政大臣在同英格兰银行的交往中,显得多么可怜;大臣们不把这样一个人排除出去使我感到奇怪,他对他们做了这么多不名誉的事情,他实质上已经损害了他们的事业。

我非常急于看到两委员会的报告,如果你能为我弄到副本,我将感激不尽。

我认为你们这些先生们对待可怜的斯特奇斯·伯恩很不好,对待他的议案那么傲慢。② 毫无疑问它有缺点,也许是大缺点,但肯定可加以改进,议案里面有些好的东西,可以在委员会里使之更臻完善。可是,以你对待伯恩的议案为例,你对于一项这样好的事业中的劳动、努力和忧虑,却几乎没有加以鼓励。

所以,我们得借另一笔贷款!③ 如果大臣们相当坚定和有决心,他们会靠赋税来筹集这笔钱。如果他们对国家有信心,他们会得到支持的。要是人民不愿负担所得税,那就让必需品课税,这样

---

① 商人们于5月18日在伦敦酒家开会,以(老)罗伯特·皮尔爵士为主席,托伦斯少校为发言人之一,抗议两委员会关于英格兰银行的报告;起草了向议会的请愿书,由劳德戴尔于5月21日呈交上议院(1819年5月19、21和22日《新时代》)。

② 斯特奇斯·伯恩的"贫民居留议案"于5月10日的报告时期被下议院否决,这个议案规定,只要居住三五年就可取得居留权。

③ 6月9日订立了贷款1,200万镑的契约;李嘉图作为与罗思柴尔德竞争的投标人,未获成功。

这笔钱就容易筹集了。试图向奢侈品课税来筹集巨款是愚蠢的,然而现在议会里的呼声是,一定不要向必需品课税,因为它们将落在穷人头上;因此,他们要使我们丧失剩下的几种丰裕的税收。至于节约,你尽力而为,你愿意削减多少开支就削减多少(你应当尽可能去做),然而它能达到多少呢?也许一年不到100万!在涉及偿债基金时,如果大臣们怕影响公债的价格,他们可以尝试有条件地侵占那笔神圣的存款!让这句话被人理解为,超过一定的价格,专员们便不购买公债,让年终尚未投资的余额转入拨款账户。但我必须停止我的推测。顺便说一下,我注意到你有一张参加贷款的名单,我希望把我的名字列入其中。从你们使公债的价格受到剧烈震动来看,我认为你们这些先生们已为这次贷款作好准备了。

请代我们向李嘉图夫人和全家问候,并相信我是,我亲爱的李嘉图。

你非常诚挚的

哈奇斯·特罗尔

312. 李嘉图致特罗尔①

〔答311〕

伦敦,1819年5月28日

我亲爱的特罗尔:

我利用下议院事务中的短暂休息奉告你,已经收到尊函,而且

---

① 信封上写着:"戈达尔明 昂斯特德伍德 哈奇斯·特罗尔先生"。

我每天为科学和真理对偏见和谬误取得胜利而越来越感到满意。你会从报上看到,议会终于决定,我们应当恢复健全的通货。① 在争论点上,英格兰银行董事们的微弱抵抗是易于克服的。我有勇气使自己站在斗争的最前列,而且我得到下议院的广泛支持,这使我说完我的话而没有很大的恐惧或慌张。我希望在下两周内,我们将给予抽象的英镑这一理论以致命的打击。伦敦商界普遍感到惊慌是不可理解的。② 这一定是英格兰银行向政府轻率地说通货减少会带来巨大的危险而引起的。③ 我懊悔委员会没有采取措施,责成英格兰银行按 3 镑 17 先令 6 便士购买黄金,无论何时有人按这个价格出售时就购买。恢复支付硬币在我看来是不必要的,似乎也不会带来任何利益。

我由马车寄给你上议院的报告,因为我有两份,一份来自上议院,因为我向上议院提供了证词,另一份则因为我是下议院的一员。但下议院委员会的报告我只有一份,这份报告我乐于借给你,但我必须保存它作为有价值的文件。告诉我,是否要把它寄上。

我认为对济贫法的居留议案有非常强烈的反对意见。它将使城镇的负担很重,特别是某些住在矿山附近的人。为什么不提出

---

① 皮尔的恢复支付现金的决议案,已于 5 月 26 日经下议院同意。
② "刚一知道上议院一致通过决议,赞成李嘉图先生的新颖而不切实际的方案,证券交易立即就发生了实际的恐慌"。(《新时代》,1819 年 5 月 24 日。)
③ 英格兰银行董事们向财政大臣提出建议,他们对委员会提出的措施表示关切,"他们不能不认为这些措施充满着很大的不稳定和风险";这项建议是在 5 月 21 日向上议院提出的。(《议会议事录》,第 40 卷,第 600 页及以下各页。)

更有效的措施呢？我认为事实是，在下议院，没有一个党派敢于提出或支持任何会使他们不受人民欢迎的计划。这是党派的坏作用之一；公众的利益被漠视了。

我同意你的意见，我们不应靠贷款来增加我们的债务，我们应当坚定地增加赋税，来弥补现在可能需要弥补的不足之数。我们的偿债基金已成过去，我不愿为了再让大臣们来支配它而筹措新的偿债基金。你愿意怎么办就办好了，他们对此是不会重视的，几年后我们的债务将仍像过去那么多。如果为了一劳永逸地还清债务，我赞成强有力的赋税制度。但我可以肯定，大臣们绝不会重视任何基金，它是要按复利积累起来的。由于基金对财政的压力最轻，它将被从它已被指定的用途转移到别的方面去。

埃尔温先生在伦敦。星期二我看到他片刻。他看来很好。

李嘉图夫人和我一起衷心问候特罗尔夫人。

我亲爱的特罗尔，
相信我永远是，
你非常真诚的
大卫·李嘉图

我忘记说了，在我们准备名单时，将记住列入你的名字。我没有为了贷款而出售任何公债，因为我认为，自从价格是 74 以来，价格是低的。①

---

① 统一公债在 1818 年 12 月是 80，此后价格逐步下跌，这时是 $66\frac{1}{2}$。

313. 李嘉图致特罗尔①

伦敦,1819年6月1日

我亲爱的特罗尔:

我毫不稽延地写信给你,是要把我对于按现在价格投资于英格兰银行股票的意见告诉你。下降的幅度是大的,②但我认为还不像我们现在知道的事实所保证和证明的那样大。据我计算,英格兰银行有比委员会告诉我们的大得多的盈余资本。这种资本据称是500万,我认为它比加倍还多,如果董事们以应有的才干和节约来管理托付给他们的企业,盈余资本就会是这样。

让我们试试,我们是否能够确定,在良好的管理制度下,现在英格兰银行的利润应当是多少,然后再让我们斟酌一下英格兰银行的事务在现在的董事们领导下将获得的管理。

储蓄(见委员会的报告)	5,000,000 镑
经过必要的减少后的流通中银行券,估计	23,000,000
公私存款,估计	6,000,000
	34,000,000
减去准备提取的库存	4,000,000
	30,000,000

---

① 信封上写着:"戈达尔明 昂斯特德伍德 哈奇斯·特罗尔先生。"
② 英格兰银行的股票从1819年1月的272下降到5月的210。

313. 李嘉图致特罗尔

假定这 3,000 万平均按 4% 贷出,如果和平继续保持下去,它将每年获得的金额,这是并不太低的估计	1,200,000
按 3% 把资金贷给政府的利息	440,604
国债的经营	280,000
	1,920,604
开支和印花税	465,304
10% 的红利	1,455,300
	1,920,604

如果英格兰银行有 2,300 万流通额,并且把业务经营得很好,它就可以继续按 10% 支付红利,直到 1833 年,那时它的特权就将满期。它为了重新恢复它的特权——如果恢复的话——就不得不付出代价,因而红利必须减少。如果不恢复特权,它可以每 100 镑股票大概分红 130 或 140。但是,它能在流通中保持 2,300 万吗?如果恢复支付硬币,它肯定不能。那种情况很可能使流通额下降到 1,500 万,这时它支付的红利就不能多于 8% 了。①

看完这些说明以后,你就能够〔判〕断,〔购买〕英格兰银行股票是否有利了。我认为把我的股票售〔出〕②是对的,实际上并不多(2,500 镑),因为我深信这价格太高了,稍加认真考察后可知价格要下降的。③

---

① 在恢复支付硬币以后,流通额于 1822 年 5 月底降至 1,700 万,红利从 10% 减至 8%。
② 在这里和上面,手稿破损;博纳和霍兰德的推测是"一些"。
③ 在以后几年内,价格只在狭小的范围内变动。

你的兄弟今晨来访,我和他谈了我对这个问题的看法。

匆匆草上,

我亲爱的特罗尔,

你真诚的

大卫·李嘉图

314. 麦克库洛赫致李嘉图

〔答 310—由 315 回答〕

爱丁堡,1819 年 5 月 30 日

我亲爱的先生:

请允许我就政治经济学的正确原理在议会取得的显著胜利向您祝贺。委员会赞同恢复支付硬币的想法使我感到遗憾;但我毫不怀疑,如果英格兰银行把您的计划进行正当的试验,就将有助于把金币排除出流通范围。就我调查舆论所知,在这里和格拉斯哥,您的计划几乎得到普遍赞同。在您的小册子里,这项计划的确制订得很好,在结构上如此简单,而且显然甚为有益,它竟遭到自命熟悉这门科学的人们反对,使我感到惊讶。我极为满意地读了《泰晤士报》和《晨报》上对您的演讲的报道;[①]这与其说是因为它表明了反对这一措施的那些意见是无效的,并且给董事们上了有益的一课,不如说是因为我认为这证明,您已经克服了您初次向下议院

---

① 5月24日的演讲;参见英文版《李嘉图著作和通信集》第五卷。

致词时可能会遇到的小小困难。

在看附在下议院报告上的账目时,我没有看到自从限制兑换以来银行券平均每年流通额的任何说明。在第271页上,有每年2月26日和8月26日流通额的账目;但我推想这个平均数并不是真正的每年平均数。我认为这样的账目非常需要,如果您同意这一意见,我想它是容易弄到的。我认为还需要一份每年平均给政府的垫款和每年平均贴现的账目。也许上议院的报告里会有某些这类账目,但我没有看到这个报告;我特别请求您惠寄给我一本上议院的报告。我相信邮寄是不花什么费用的。

我仍认为,为了您的计划得到最后胜利,取得一份关于金币和银币的全部费用以及铸币厂自从1695年建立到现在的费用的账目,是很重要的。下议院报告中与铸币厂有关的账目,并无这种资料。

关于我论汇兑的文章,①我写得很慢,而且我担心质量不高。我认为这篇文章的理论部分是行的,但我作不出有关实际问题的推论。如果不占用您太多宝贵时间的话,我恳求您将伦敦买卖汇票的实际情况的简短说明寄给我,或者请您告诉我何处可以找到这种资料。

您在尊著第二版中,②对我的论谷物法的文章大加夸奖,并寄下一册给我,请允许我向您深表谢意。除了得到您的好评和不负您的厚望以外,我的内心别无他求。

---

① 为《英国百科全书补编》写的文章。
② 参见英文版《李嘉图著作和通信集》第一卷,第267和368页。

当您得悉我们的著名小说家司各脱(他是《韦弗利》等书的作者,这是无可怀疑的)近来病得很厉害时,您会感到惋惜。可是,据我了解,目前他好多了。他有一本新小说正准备出版。① 要是政治学著作与富有想象力的作品具有同样的价格,那就会比现在有更多的去耕耘它的诱因。

请问,您看过西斯蒙第的书吗?② 这是我手头有过的最离奇的作品。我认为,在这两位经济学家当中,您的同乡珀维斯博士是较好的一位。③

原谅我写这封信来打扰您;并相信我怀着最大的敬意。

你最忠实的

约·拉·麦克库洛赫

315. 李嘉图致麦克库洛赫

〔答 314〕

伦敦,1819 年 6 月 22 日

我亲爱的先生:

尊函稽复已经为时过久,但我一直很忙;过去两三周内下议院

---

① "我的地主的新故事",第 3 辑,包括《拉默穆尔的新娘》和《蒙特罗斯的传奇》,共 4 卷,将于 6 月 21 日星期一出版"。(《苏格兰人报》的广告,1819 年 6 月 12 日。)

② 见本书第 27 页,注①。

③ "法学博士乔治·珀维斯"是西蒙·格雷的假名。他用真名出版了《国家的幸福……》,伦敦,1815 年,4 开本(第 2 版,1819 年),然后把它分成两本书,用假名出版,即《所有阶级都生产国民财富……》,伦敦,朗曼书店,1817 年,以及《格雷对马尔萨斯,对人口和生产的原理的考察……》,同上,1818 年。

的事务迫使我忙到深夜,这确实使我的精力受到一点损害。

我希望您已经收到上议院关于英格兰银行事务的报告,这是我邮寄给您的。报告中有一份20多年来银行券每年平均流通额的账目,我想这正是您希望看到的文件。①

感谢您极力鼓励我在向下议院致词时要有信心。他们宽容地接待了我,这在某种程度上使演讲的任务对我来说较为容易,但在我成功的道路上还有许多可怕的障碍,我担心其中有一些几乎不可克服,我认为自己满足于秘密投票将是明智和谨慎的。

两个委员会里许多最有知识的人士,有意采纳我的通货计划作为永久的法规,但他们认为将它试行几年之后,它将有更多机会找到支持者。我有同样的意见,而仅仅反对刚刚通过的议案,因为这个议案硬要英格兰银行负责购买黄金,并准备在1821年支付硬币,虽然这种支付绝不是必要的。

我担心不能得到您提到的这样长时期的铸币厂费用的账目。我可以肯定,大臣们会反对提供账目,而我这个议员太年轻,不能在不预先知道它将获准的情况下就提议这样做。

汇票是由经纪人在交易所里买卖的,他们都熟悉供求情况。汇票的价格因收票人和开票人而不同,他们的信用都是无可怀疑的。还有些中间人,他们主要靠预测汇价的涨跌而买进或卖出汇票,他们这样做并非根据任何以前的交易,而是靠对汇票将来的供求的预期。我相信,实际情况就是这样。经纪人周旋于各种商人之间,弄清他们究竟是汇票的买方还是卖方。他们中间最有影

---

① 《附录》,B.2。

响的人判断买方和卖方之间的关系,提出一个价格,那天的所有交易都按这个价格结算。个别汇票由于它们的信用很高或很低,可以容许偏离规定的价格。在向委员会提供的证词中,您可以看到,信用最好的商人一般都按照比开价更好的条件转让他们的汇票。

我希望,或者我相信,沃·司各脱爵士已经康复。他最近的小说刚刚出版,但现在我家里有那么多人要读这部著作,所以我还没有看过。等我到乡间以后,我再读它。那时我还将读西斯蒙第的最近著作,我准备从中确实找到您对它的描述,即这部著作在异乎寻常方面并不亚于珀维斯博士的著作,如果真有这样的人存在的话。

您可能已经听到,穆勒先生已在东印度公司得到一个非常可敬的职位。考虑到他那么坦率地向印度政府提出的意见,这项任命是董事们的巨大光荣。①

---

① 在 1819 年 12 月 13 日致杜蒙的一封信中,穆勒对这一任命提供了一些细节。在谈到他的《英属印度史》第一版"现在已经全部售完,我们正在积极印行第二版"以后,穆勒继续写道:"使您更为惊奇的是,上述书已成为使我在东印度公司任职的主要原因。您大概知道,东印度公司的所谓检查员办事处是这样的机构,同印度政府除军事部门外所有各部门的通信联系,都是在这里进行的。我被安置在该办事处的主要部门之一中当首脑。我的薪水是开始时每年 800 镑;但因为董事们正在逐渐增加公司主要职员的薪水,不要很长时间我的薪水可望大为增加。办公时间是从 10 时到 4 时,共 6 小时;工作虽然很吃力,但对我来说是很有兴趣的。这就是我必须与之打交道的 6,000 万人民的内部统治的实质。如您所知,统治印度是靠通信进行的;我是唯一的人,他的业务(或他的时间)是要掌握分散在大量通讯中的事实,一个正确的决定必须依靠这些事实来作出。您可以想象,对于我所在部门的事务作出实际的决定,在多大程度上取决于处在我的职位上的人。"(未发表过,手稿在日内瓦大学和公共图书馆,杜蒙手稿 33,第 3 卷,第 41 页。)

同我非常亲密的马尔萨斯先生充满信心地谈到,明春要出版 41 他的政治经济学著作。我们在见面时,展开积极的争论,但尽可能以最好的脾气来对待对方。他的每一项意见都要受到我们之间生气勃勃的讨论的严峻考验。我对他说,在这方面他比我大占优势。实际情况是他太胆怯,而我太莽撞了。

我大概将在 7 月中旬离开伦敦去盖特科姆庄园。无论在那里还是在伦敦,我总是乐于听到您的消息的。

相信我是怀着最大敬意的,

您非常真诚的

大卫·李嘉图

316. 特罗尔致李嘉图①

〔由 317 回答〕

戈达尔明,昂斯特德伍德

〔1819 年 7 月 4 日左右〕②

我亲爱的李嘉图:

由于议会的议程即将结束,而且大热天即将到来,我断定你在开始想离开城里。毫无疑问,你充当演员的新舞台使你不得不依然留在比较靠近伦敦的地方。的确,你若专心致志于任何其他事项将使我感到可惜。你对真理和科学事业所作的努力获得

---

① 信封上写着:"格罗夫纳广场 上布鲁克街 议员大卫·李嘉图先生。"
② 伦敦邮戳,1819 年 7 月 5 日。

的成就,以及看到那些常被当作危险和不切实际的理论,现在被公认为是无可争论的公理,并按照它来行动,一定使你感到非常满意。

不,还不是无可争论的,像我的朋友萨缪尔·特纳就攻击过你,并大胆公开宣布他的意见,反对从事这门科学的所有教授!也许他希望在他认为是错误的东西的废墟上建立起政治经济学的新学派来!关于他的小册子,你说些什么,你听到人家说些什么?①毫无疑问,在英格兰银行的周围它是受欢迎的。我一定要为他说句公道话,他反对大臣们而为董事们辩护,既生气勃勃,又十分成功。至于其余方面,他并没有对银行券作出许多改进,却在每个场合把银行券描绘为具有类似减低铸币成色的效果!

我从报纸上看到,金银条块的价格与铸币厂价格相差不到1先令!所以,补救办法一经采纳,立即就可以复原,这对那些感到惊慌的人来说,毫无危险或不便之处。

唉!谁会料到你竟成为推进欧文先生方案的委员会的一名委员!!我以为你接受这项任命,是为了更有效地抵制他的不高明的方案!把费用问题看作管理贫民的关键,岂不是对贫民非常狭隘和非常不明智的看法吗?把整个国家变成一座大工厂,甚至要加以很好的管理,这能说是一种改进吗?当然,为了贫民的健康、幸福和道德,伟大的目标不是把他们大批地集中起来(在任何

---

① "致被任命来考虑英格兰银行状况的、秘密委员会的已故主席、尊贵的罗伯特·皮尔等等的一封信,关于在法律规定的时期恢复支付现金的权宜办法",皇家学会会员萨缪尔·特纳著,伦敦,为著者印刷,1819年。

管理制度下,对这样做都会有无数反对意见的),而是把他们分成许多小的、不互相联系的社会。不把他们集中到大城镇,而把他们分散到遍布全国的小村庄和孤零零的小屋里。把他们这样分开,住在乡间的每一位绅士就有机会产生同情,并在他们中间施加影响,这种感情和感情的影响不能不产生最愉快的效果。我并不想否认,个别慈善家的不屈不挠的和人道主义的努力,可能成功地把幸福,道德和良好行为灌输到他的一大群依附者当中去,而那种幸福、道德和良好行为并非那一群人的自然产物。但我认为,他若因此而期望能在处于不同情况下的人民大众中产生相似的效果,这一论断尚未为经验所证明,也未为常识所证实。我注意到你被提名为委员会委员的资格,所以你不赞同欧文先生的看法,我是有思想准备的,但我仍然宁愿你在表面上也不要赞成他的妄想。我将乐于听到你对这个问题要说些什么。关于我们的朋友格里诺的书,①地质学家们说些什么?他的文体是特别的,但他的页数表明他在这个问题上收集的资料的广度。特罗尔夫人和我一起向李嘉图夫人和全家竭诚问好,我仍是,我亲爱的李嘉图。

你非常诚挚的
哈奇斯·特罗尔

在文艺界有什么新鲜的或有趣的事吗?

---

① 《地质学基本原理的批判性研究;论丛》,G. B. 格里诺,地质学会会长,伦敦,朗曼书店,1819年。

317. 李嘉图致特罗尔

〔答316〕

伦敦，1819年7月8日

我亲爱的特罗尔：

你预测对了。我将在数日内离开伦敦去盖特科姆。在我第一次参加的议会选举运动中，我并未因为进餐不准时和睡得晚而健康状况恶化。虽然对我的健康来说不是必要的，再去看看绿色的田野和格洛斯特郡的群山，将使我得到很大的满足。这些目标总是使我高兴的，但把我抽得出的一点空闲时间同我近来度过的忙忙碌碌的生活相对照，现在它们会使我感到更高兴。每天出席下议院，浏览大量分发的报告和文件所需要的时间，更不必说各委员会早晨要开会了，这都使一个议员没有空闲时间来阅读每天的即使是分量不大的出版物，所以我对《蒙特罗斯的传奇》①还一无所知，上一期《季刊》和《爱丁堡评论》上的文章，已经读过的也不超过两三篇。

这次会议期间，科学和真理在国家这一级的许多大会上所取得的胜利，使我感到很满意，看到金银条块和外汇价格的现状，使我更加满意。我相信，黄金是每盎司3镑18先令，白银是按照铸币厂价格，汇兑则非常接近平价。最近采取的措施的最好支持者不能期望他们受到的压力比迄今受过的要小，我认为希望金银条块的价格永久稳定在现在的比率上是合情合理的，不会使我们已

---

① 见本书第42页，注①。

经感受到的微小困难增加很多。我们的反对者的预言已全部被证明是没有根据的,现在他们说,我们的运气很好——事态的自然发展对我们有利,他们愿意承认一切,就是不承认我们的原理是正确的。劳德戴尔勋爵关于铸币厂法规的理论,要求银价绝不能低于5先令6便士,他把这一价格称为铸币厂价格。就连他也认为,现在白银的市场价格是反常的和混乱的价格,不能持久。① 关于特纳先生的小册子,我已听得很多,但我没有看到这本书。我没有买它,因为主张他的同样学说的出版物我已经有许多了,我认为不值得为了购买它而作出微小的牺牲来增加已有的出版物。我在《新时代》上看到它的摘要,该报对他吹捧之高,正如对我谴责之深一样。

我并不是一个推进欧文先生计划的委员会的成员,任命这个委员会的目的是审查而不是通过那些计划。我参加了那次会议,②已经非常成功地拒绝了要把我的名字列入委员会的一切请求,直到受到肯特公爵和约翰·史密斯先生的攻讦时为止。我抗议说,我同欧文先生提出的所有主要原理都有分歧,可是那没有用,我被告知,不要去反对,因为我只是去审查,而不是非赞同不可。我终于极不愿意地答应了,并参加了第一次会议,在那次会议

---

① 劳德戴尔争辩说,按照议会的所有法令,白银有价值的标准,而黄金则不是。因此,白银对黄金的铸币厂比价是14比1,而市场比价则是$15\frac{1}{2}$比1,现在银行券与黄金几乎等价,比它们与白银的比价高出10%。(见劳德戴尔勋爵在1819年6月25日的演说,《议会议事录》,第40卷,1,159—1,163页,并参阅他的《署名"老商人"的……三封信》,1819年,参见英文版《李嘉图著作和通信集》第五卷。)

② 6月26日在共济会会堂;参见英文版《李嘉图著作和通信集》第五卷,第467页。

46 上我相当详细地说明了我不同意欧文先生一切结论的理由。审查这个方案主要是为了建立一个济贫机构或一个管理完善的习艺所,但是就连这项有限的计划,也遭到不可克服的反对。欧文本身是个仁慈的热心人,愿意为他喜爱的目的作出巨大的牺牲。他的伟大支持者肯特公爵也应该因为这种慈善的意图而受到赞扬,但在我看来,他对于应作为管理济贫院的一切原则全然无知。他听到过马尔萨斯的学说,对它有反感,却不了解这个学说据以创立的理由,或者他的困难怎样可以排除。他、普雷斯顿先生和欧文先生,似乎只想到土地,而没有想到生产所必需的一切,也没有想到拥挤的居民的幸福。我们有土地;可以使它有更大的生产力,所以我们不会有人口的过剩。一个通情达理的人能像欧文那样相信,在一个他设计的那样的社会里,如果人们是由对社会的关心,而不是由对他们私人利益的关心,来刺激他们努力,靠同样的人数就能比过去繁荣和生产更多的东西吗?许多世代的经验岂不是同他所想的相反吗?除了一两个几乎不能作为证明的社会的例子(这些社会根据商品社会的原理繁荣起来,但人民处在宗教狂热的权势之下)以外,他举不出什么事例来反对这一经验。我曾希望威廉·德·克雷斯皮尼爵士给我一个机会,在下议院简短地陈述我对这个问题的意见,但他认为撤销他的设立委员会的动议是适宜的,因此我不得不保持沉默。①

---

① 7月2日,李嘉图从上布鲁克街写信给 J. H. 威尔金森:"我现在正要去下议院。我正在考虑作一次关于欧文先生的计划的演讲,如果今晚我有机会就这个问题讲几句话。我担心我会把事情搞糟。昨晚我就有点想讲(关于伯德特的改革议会的动议),但我没有勇气"。(H. R. 威尔金森牧师保存的手稿。)

李嘉图夫人同我一起衷心问候特罗尔夫人和你。请相信我永远是,

我亲爱的特罗尔,你非常真诚的

大卫·李嘉图

托伦斯告诉我,他正在写他的政治经济学著作。① 马尔萨斯曾和我一起逗留了几天。他打算在年底出版他的书。穆勒似乎对他在东印度公司的新职位非常满意。边沁先生的心和笔现在正用于阐明治理的原则和扩大代议制的安全。

318. 李嘉图致穆勒②

〔由319回答〕

我亲爱的先生:

我自从来到这里,就决定不要迟迟不给您写信。我感激地回想起,一般总是您先写信的,我决心在这次分离期间我要首先开始我们的通信。我利用这个机会再次向您表示,我从您的关怀和友谊得到的欢乐并未减少,并且向您表示我的希望:在您把欢乐给予我的时候,或者在我接受它们的时候,我可以继续享受它们。

我但愿您现在同我一起在这里。您会享受这种美好的天气,并会宣称,我们现在遍地青葱、草木茂盛的乡间,比您上次来访时,

---

① 参阅本书第27页。

② 信封上写着:"伦敦 东印度公司 詹姆斯·穆勒先生"。签名并写上"8月11日"而免费邮寄。

更可与布罗姆斯贝罗和庞特利媲美。因为是孩子们的假日,我们在3点钟进餐,餐后我们觉得很凉快,就去享受令人非常愉快的骑马。我们有很多小马和一对非常温驯的马,所以您很容易选一匹您中意的乘马。您却不是这样,您是一个囚禁在伦敦的人,坚持完成托付给您的新任务。可是,在我们回伦敦之前,我决不放弃在这里见到您的希望。董事们必须像罗伯特·欧文那样向人说明道理。他发现不要过分榨取他所雇用的人对他有利;他发现雇用他们较少的时数,他们为他做的工作反而更多;他这样做,使他们心情愉快,使他们身心两方面的活力都不会减少。给您一个改变环境和呼吸乡间芬芳空气的机会,您身心两方面的力量都会增强,董事们在时间上有所失,将在力量上有所得。

韦克菲尔德先生昨天从巴思来到这里,今晨去布罗姆斯贝罗。他由奥斯曼陪同,奥斯曼比过去更想住在那里,由于必须有一幢房子出租,他认为出租他在海德的房子和出租我在布罗姆斯贝罗的房子一样好。我不反对他迁居,所以在布罗姆斯贝罗进行了几处绝对必需的修缮后,我相信他将成为它的居民。他的妻子看过布罗姆斯贝罗,虽然她不像奥斯曼那样喜欢它,她是很愿意到那里去的。最近有一天,那里看起来是最好的时候,我们全都到那里去了,但我们这群人中的女士们看了房子并不很满意;甚至它周围的乡间也没有引起她们的热烈赞美,像我们惯常做的那样。韦克菲尔德先生骑马跑遍了我在这里的全部产业,他认为这里乡间非常令人喜爱,但不像布罗姆斯贝罗及其附近那样美丽。

威尔金森先生①和夫人曾和我们在一起,他们今晨去伦敦。威尔金森先生热衷于钓鱼,几乎没有一天不在我们的一个池塘旁边钓上若干小时。可是他的成功与他的坚持不懈不相称,因为他没有什么战利品可资夸耀。他是一个使人愉快的伙伴,精神很好,并对大家普遍喜爱的许多书很感兴趣。有一天晚上我们一同阅读这些书,使我们的时间过得非常愉快。

我早晨的研究时常被打断,然而我没有完全忽视阅读。我已经很愉快地读完了贝尔斯的《形形色色的感想》,并且读了普洛登的《爱尔兰史》②的将近三分之二。后一本书我没有详读,因为我把一个英国读者不感兴趣的那些时期的叙述省略了。阅读这本书使我长期持有的意见得到了证实:政府的大部分困难来自不愿意及时地向人民让步。改革对于防止革命是最为有效的,而且我认为,在任何时候都可以可靠地得到承认。现在反对改革的理由是,人民要求得太多了,真正的目的是要革命。如果改革得到了承认,他们会更能够进行革命吗?我认为,在承认改革以后,对政府不满的人将失去一切力量。如果人民有充分的知识,知道改革的价值,允许进行改革可能已经太迟了,但它绝不会被允许进行得太早。如果在菲茨威廉勋爵担任爱尔兰总督的时候,准许爱尔兰人进行天主教徒的解放和议会改革,爱尔兰还会发生叛乱吗?那时的困难将会是,如何指导这两个独立国家的议会趋向同样的目标。一

---

① J.H.威尔金森,李嘉图的内兄。
② 弗朗西斯·普洛登:《爱尔兰国的历史回顾,从亨利二世入侵该国到1801年1月1日与大不列颠建立联邦》,3卷中的两卷,伦敦,埃杰顿书店,1803年(4开本,共2,480页。)

国可能要进行战争,而另一国却倾向和平;一国可能废黜它的君主,而另一国却予以保留。从这一点来看,建立联邦是合乎心愿的,然而我认为要把两个国家的利益统一起来是困难的,而且有很大的风险:在像我们下议院这样的立法团体中,由爱尔兰选出的代表不到六分之一,英格兰的利益将在所有场合都占优势,它会同爱尔兰的利益发生冲突。除独立外,对此还有什么补救办法呢?您认为一个代议制政府对它距离遥远的、没有代表的属地,会比纯粹的贵族统治或君主政体或多或少更倾向于施行暴政吗?

奥斯曼·李嘉图夫人正在阅读您的印度史。我希望她坚持下去。她像您过去见到她时那样和蔼可亲和令人愉快。

请相信我是

您永远最真诚的

大卫·李嘉图

盖特科姆庄园,1819年8月10日

319. 穆勒致李嘉图①

〔答318〕

东印度公司,1819年8月14日

我亲爱的先生:

在您的受到欢迎的来信到达时,我已经开始渴望得到您的音

---

① 信封上写着:"格洛斯特郡 明钦汉普顿 盖特科姆庄园 议员大卫·李嘉图先生。"

讯了。在我看来,您生活得很愉快;您描绘的景象使我十分愿意和您在一起。我很容易想象,威尔金森先生在休养地是一位很有趣的伙伴,他的精神、他的热诚和他的流畅的思想,会使他周围所有的人都分享到同样的欢乐。接着您谈到了令人愉快的天气,乡间的美丽,温驯的马,夜间骑马,夜间阅读,最后使我情不自禁的,是您谈到了奥斯曼·李嘉图夫人"像过去那样和蔼可亲和令人愉快",并且在读我的印度史,我简直不知道该向您说什么了。以一个人享受不到的幸福逗引他是残忍的。然而,我必须以自己的美德为荣;虽然我请求暂时离开可能获准,但有那么多的急件要答复,而且我写的文章影响到千百万人的苦乐,在我结束未了工作之前,或者至少在我答复了所有比较重要的事情之前,我是不想从此地的劳动中抽出一天时间来的。如果做完这些工作以后天气尚好,也许我终将来您处过一星期。我不能不同意奥斯曼先生的意见:如果我处于他的地位,我也要住在布罗姆斯贝罗,我是把这个地方看作天堂的。如果奥斯曼夫人到那里去,请告诉她,我首先要拜访的人中之一肯定就是她。我认为她同意离开您的家庭和朋友,到一个她不熟悉的地方去,而且离开时毫无怨言,她确实是"一个好姑娘"。由于她喜欢您,而您也喜欢她,尽管这是一种牺牲,我仍为您们双方感到惋惜,因为她对您是有帮助的,而您对她也很有用。顺便说一下,如果她在读我写的历史,在读的时候,一定要把她的批评意见寄给我,使我现在就可以受益,我正在准备我的第二版。除了我已经提到的以外,您没有向我提供家庭的其他近况,我可以断定,您们全体的一切都是幸福的。所以,我除了想到这一点就感到幸福以外，别无他事可做。我还要恳求李嘉图夫人相信，未来将像过去一样，好的将比坏的多得多。内人和小家伙们全都很好，但我们还没有回家。

当我听说您被剥夺了研究的时间，我总是感到惋惜，因为现在您应当考虑，您有能力利用这些时间为同胞造福，没有人达到您这样的程度，所以当您忽视他们时，您不是无可责备的。您使自己熟悉爱尔兰的历史，这是好的，但在普洛登的著作中有很大一部分多余的东西，瞟他一眼所需要花费的时间使我感到有点懊悔。您从爱尔兰的历史作出向人民让步的重要性的推论——只考虑少数人的狭隘利益，而不尊重多数人的利益——毫无疑问是正确的，在任何地方少数人都没有把握能够压倒多数人，并迫使他们屈服。我从不怀疑，给人民以真正代议制政府的利益是安全的，除非是在很低的文明状态下；但即使在那时，他们用那种方式管理自己，也许要比他们自己产生的任何其他政府好得多。例如，我毫不怀疑，一个真正的人民的代议制会使这个国家的居民感到满意，并保障多数人的利益，而不侵犯少数人的权利。关于外国属地，我认为一个代议制政府也会做得很像贵族统治或君主政体那样，在外国的利益同本国的利益冲突时，它将牺牲外国的利益。但是代议制政府较为开明，较少为任性行为所左右，因而只有在两国的意见真正不一致时，以及在压迫外国并能使本国人民受益时，外国才会遭受损害。关于赋税，减轻本国人民的负担将是巨大的诱惑。但这还能比东印度公司的寡头统治走得更远吗？此外，如果本国的赋税像我认为一个良好政府会做的那样低，人民对于以牺牲他们的依附者为代价而谋求减轻他们自己的负担是不感兴趣的。一个真正的代议制政府总是具有真正的出版自由的好处,它在对待属国方面,以及其他各种事情方面,将行使有效的控制。

但现在我必须结束,而去谈论印度的地主和农民,并思考保护后者以对付前者的方法,这不是一项容易的任务。

您最真诚的

詹·穆勒

320. 穆勒致李嘉图①

您记得,当我寻找您就经济的通货致珀西瓦尔的信的副本时,②未获成功。为了给工人们让路,我的文件被弄得乱七八糟,昨天在把文件放回原处时,我在一个隐蔽的地方找到了它。可是,副本有一个封套,上面写了几个字,因而我未能找到它。

我无法谈那些本想和您商讨的重要题目,因为我既没有时间,也没有地方。您两者都有,应当给我一封长信。

詹·穆

东印度公司,1819年〔8月〕③24日。

---

① 信封上写着:"格洛斯特郡　明钦汉普顿　议员大卫·李嘉图先生"。
② 第18号信。
③ 手稿上是"7月";伦敦邮戳,1819年8月24日。"重要题目"无疑是指"彼得卢"(8月16日)。(即英国曼彻斯特的圣彼得广场,1819年8月16日曾发生士兵屠杀群众的事件。——译者)

321. 李嘉图致穆勒[①]

伊斯顿格雷,1819年9月6日

我亲爱的先生:

昨天才收到您的短笺[②]和附来的内皮尔先生给您的信。他建议我把论偿债基金的文章投给他的宝贵刊物,这是他对我过奖了。他一定要我尽快作出答复,所以我赶紧向您提供答复他的办法。我若认为我能胜任这一任务,我是很愿意一试的,但我比您或任何其他朋友都更了解我自己。我知道我在任何时候把几个句子串在一起都有困难,如果我感到有责任在一定的时间内完成一项任务,这种困难就会无限增加。我写作时,必须像空气一样自由。我一定要有这样一些特权:如果我乐意,就停止工作;如果我认为合适,就加以推迟;在我看来应予焚毁的,就付之一炬。我完全可以肯定,要是我受到约束,要在限定的时间内完成我的工作,即使我处于最有利的条件之下,我什么事也做不成。但是,现在我并不处于承担这项任务的最有利条件之下。首先,我很怀疑我在盖特科姆的藏书是否能够提供有关偿债基金的建立和发展的事实;在一篇论述这一问题的论文里,一切事实都应当阐述得细致而正确,这是特别重要的。其次,我约会甚多,在今后若干星期内,要恭候这类或那类来访者光临舍下;虽然如果我高兴,我可以在一个上午完

---

① 信封上写着:"伦敦　东印度公司　詹姆斯·穆勒先生"。
② 穆勒的信尚付阙如。

全不同他们相处,并为自己这样做辩解,然而我凭经验知道,这是多么困难,而且我知道,在乡间骑马和散步会经常使我放下我的工作。可是,我的最好理由是我不适合担任这项工作,虽然我知道,在修改方面,我可以仰仗您大力帮助。然而我也知道,我不应当得到会使我遇到这些和更多困难的东西,我是指作者的名声。我可以肯定,即使我尽最大努力,我的名声也不能与别人的相提并论。

自从上次写信给您以来,我在巴思同克拉特巴克先生和夫人一起逗留了几天。为了参加巡回审判,我又从巴思去格洛斯特,在大陪审团里服务了几天。谢泼德先生陪同我离开格洛斯特,或者不如说,他先我而去盖特科姆,在那里我们见到了玛丽夫人。您知道,同她在一起,是没有时间做任何工作的。① 她同我们在一起时,史密斯一家也在盖特科姆度过两三天,我们现在回访他们。自从星期四以来,我们就在这里了,可能明天回盖特科姆去。

我在伊斯顿格雷见到贝尔沙姆先生,他从曼彻斯特附近来,比我早到一步。他不大像一位改革者,但他以很大的愤慨攻讦曼彻斯特地方行政长官的行为,并说,在他停留过的每个地方,同样的情绪是普遍的。在这里和在盖特科姆,我们有过许多次政治讨论,

---

① 亨利·约翰·谢泼德是议员、律师,他的妻子玛丽夫人是罗斯伯里伯爵的女儿。她是几篇哲学论文的作者。"有学问的女士们谈论政治经济学,现在变得很时髦了。有一位玛丽·谢泼德夫人,也就这门学科喋喋不休,而其他比较聪明的人,如马塞特夫人,光听不开口。"(玛丽亚·埃奇沃思致拉克斯顿夫人的信,寄自伦敦,1822年3月9日。这段话在1867年的《玛丽亚·埃奇沃思回忆录》中是不完整的,由H.L.巴特勒教授从手稿中惠予提供。)

一点也没有损害友谊。您知道,谢泼德是个托利党人,他的倾向和兴趣使他忠于大臣们。史密斯是个坚定的辉格党人,我对他的看法是您所熟知的。当议会改革是否适宜成为话题时,辉格党人和托利党人联合起来反对我,但我发现我有时得到霍布豪斯小姐的有力支持,她来访问史密斯夫人,因而在盖特科姆和在这里,她都同我们这伙人在一起。她非常热烈地喜爱她的哥哥,①并且以一个好公民的全部精力,为改革的事业辩护。我们这伙人因惠肖先生的到达而加强了,他由他的一位年轻朋友麦克唐奈先生②陪同,在进餐时间来到这里。昨天我们很少谈政治。曼彻斯特和威斯敏斯特的会议当然都是讨论的题目,但对这个题目似乎没有很多意见分歧。有时候他们非常惊恐地谈到人民经常开这样多的会议,以致他们的意见给我留下了强烈的印象,即他们愿意用法律来完全禁止那些会议。

记住,我很希望在盖特科姆见到您,这取决于您利用有利的机会,使您暂时摆脱那劳累的工作。在您看到边沁先生的时候,请告诉他,我是时常想念他的。

您永远真诚的

大卫·李嘉图

我一直在读西斯蒙第的著作。③ 我认为这是一本非常贫乏的作品。在他对我的攻评中,他不是胸怀坦荡的,而是在若干处歪曲

---

① J.C.霍布豪斯。

② 亚历山大·麦克唐奈(1794—1875),牛津教会的学生,后来担任爱尔兰的国家教育委员。

③ 《政治经济学新原理》,巴黎,1819年。

我的意思。他和萨伊一样，企图驳倒地租学说，他们说，因为没有不缴纳地租的土地。

322. 穆勒致李嘉图

〔答321—由323回答〕

东印度公司，1819年9月7日

我亲爱的先生：

我刚才接到尊函。由于我已经完全确定您提出的理由没有一条是能够成立的，我将写信给内皮尔，要您写这篇文章。如果您有什么异议，即使是从感情出发的异议，我将作出让步。如果您不喜欢把您的姓名列入集体著作的想法，我应该说您有为自己作出判断的权利，虽然列入的姓名有杜格尔德·斯图尔特、普莱费尔、沃尔特·司各脱、巴罗等等，这部著作不会使任何姓名丢脸。但是只提出理由就太坏了。如果按照那些理由去做，它们会永远使您一事无成。至于时间，抓住您自己的时间。我将为您承担责任，您不用急。还有，至于您因为时间关系而不能工作，那完全是幻想。您不是一个低声啜泣的感伤主义者。一件事情必须被良好的感情所支配，而不是去支配这种感情！每天两小时，或者再少得多，就可以在一个月内完成这件事。如果您需要什么书，列出书名，我就给您寄去。最后的理由是能力欠缺，您说这种话应该自己感到害臊。所以现在我希望，您已受到适当的责备，像一个好的门徒那样，甘心受罚，并且认真对待您的任务。如果府上将要宾客盈门，您应当感谢有一个借口使自己每天有一点时间。当然，您可以设法在早餐前两小时起床。李嘉图夫人则在早餐前三小时起床。①

目前宣扬辉格党的原则是支持辉格党的最大特征。为了把大臣们赶下台,辉格党很喜欢就曼彻斯特的大屠杀大肆叫嚣。但这样做使它吓得惊慌失措,唯恐帮助了议会改革,对于议会改革,它似乎相当清楚地表明,它宁愿选择严酷的专制主义。"有时候他们非常惊恐地谈到人民经常开这样多的会议,以致他们的意见给我留下了强烈的印象,即他们愿意用法律来完全禁止那些会议。"这些都是您近来谈起周围的辉格党人时,您自己说的话。这很好,不是吗?对这种上等人士,您和我的合乎情理的想法是什么呢?关于他们的理解力,他们是否真诚呢?关于别的事情,他们是否不真诚呢?如果他们害怕人民开会,那是因为他们崇拜坏的政府。他们是对的,除了他们喜欢的可耻的专制主义以外,没有什么能拯救他们。如果他们害怕人民,那是因为设想人民有敌意,或可能对财产有敌意,这是愚蠢的;因为在最近的许多场合人民的克制和自制可能会使他们信服。才能和德行的表现全都颠倒过来,从他们中间较差的那些人(他们自称为较好的人)转到人民那边去了。

我在今天的《泰晤士报》上看到一段话谈布鲁厄姆的健康状况,这使我颇为震惊。如果真是这样,恐怕他的健康状况很不妙。

您有霍布豪斯小姐这样一位共同战斗的好伙伴,使我大为高兴。我毫不怀疑,除了在确信自己的主张这件事情上以外,您在每件事情上都取得了胜利。我乐于听到她钦佩她的哥哥,我认为在她哥哥身上有许多最好的东西。如果他尽力而为。并且保持同正

---

① 见本书第80—81页。

直的人们在一起，他是个能够干大事的人。您应当鼓励他转向您。这比他把自己系在伯德特的围裙带上，将使他得到更多的好处。如果您再看到他的妹妹，您可以告诉她我是这样说的。我简直不知道我说了些什么，因为我只有10分钟写信给您。再见。

詹·穆①

323. 李嘉图致穆勒

〔答322—由325回答〕

盖特科姆庄园，1819年9月9日

我亲爱的先生：

我甘心受罚，并认真地对待我的任务！您真的期待这种顺从吗？我要向您表示一点我的民主精神，并明白地告诉您，我不愿做一个被强迫的作者，但当我想起您总是我的一位好老师和向导的时候，我感谢您的鼓励使我能负有作者的虚名，我会暂时停下来，而不立即进行公开的反抗。如果我的理由不能使您满意，那么您

---

① 穆勒于1819年9月10日致内皮尔的信中写道："我立即写信给李嘉图，告诉他，您把他没有完全答应当作完全答应了。我收到他的一大堆借口，但因为他的借口都站不住脚，我立即写信给他说，我要告诉您他已经承担了这一任务。我可能今天接到他来信，而我却没有接到，我断定他默认了。这确实是缺乏自信，这是他不愿意的原因，因为他是谦虚的，正如同他是能干的一样。——此刻李嘉图给我来了信。他说，他将写下他的想法，并把它们寄给您，但最后您得自己来写这篇文章。但是，这一点，除了他自己担心以外，不必担心。……如果您对李嘉图有什么要说明，您写信给他或给我都可以。"（手稿在英国博物馆，增编36,612卷，第287—288页；在《麦克维伊·内皮尔通信选》第23页和贝恩的《詹姆斯·穆勒》第187页上都是不完整的。）

的理由也不能消除我的反对意见。我不能同意与内皮尔先生约定,提供《百科全书》所需要的文章,但我将尽我的最大努力去写。我们双方都必须像空气一样自由。他应当深信,无论我怎么献丑,我是不能胜任这一任务的,他有拒绝接受我的作品的自由,或从中取出在他看来值得他注意的任何思想的自由。您一定不要使他以为我能够写出他以后拿去出版的东西。老实说,如果我知道已有别人承担了这项任务,我将更为满意。

我还不很知道我要做的事情。偿债基金的历史!关于这个题目的著作,已经写了些什么呢?我这里没有副本,又不能派人去取我所要的那一卷,因为我不知道这个题目归入哪个字。在里斯的《百科全书》[①]里,在"基金"的标题下,有关于偿债基金第一次设立和发展的叙述;我可以信赖这一叙述的准确性,并用我自己的话来说明同样的事实吗?在我看来,详细叙述1784年以前基金的状况没有什么重要性,那时皮特先生已首先把基金抓在手里了。关于这种基金的事实,我相信在汉密尔顿的书[②]里已有很多资料,我这里有这本书。我期望在《议会的历史和辩论》里找到更多的资料,我这里也有这本书。要是能参阅呈递给下议院的年度财政报告,对我会有些好处,但我不去伦敦就办不到。如果您想到有什么书可供我参考,请告知。对于您认为最合意的编写方法,也请您提出意见。这篇文章要写多长,也请您告诉我。里斯在4页里说完了他要说的话。我写这个题目有必要写得更长吗?

---

① 《百科全书》,亚伯拉罕·里斯编,1819年。
② 罗伯特·汉密尔顿:《国债的研究》,第3版,爱丁堡,1818年。

我于星期二回到家里,但应史密斯的恳切邀请,昨天又去他处,夜里才回来。我们多次讨论改革问题,我高兴地发现,关于人民在议会中没有代表,惠肖向我作了许多让步,以致实际上把整个问题都放弃了。他当然坚持辉格党人所喜爱的立场,即在某些情况下,没有人提名,最杰出的人才也会被关在下议院的门外,在这个问题上我没有不竭尽所能地进行斗争。我坚持同他讨论辉格党的改革问题,实际上这根本不是改革,因为它提出要保证贵族比人民占多数。有些人可能比别人更希望扩大选举权,但是,他们是否容许议会的多数真正代表人民的利益,乃是对诚意的考验。总之,惠肖比我以前看到的他更像一位改革者,他似乎哀叹贵族决心不向他们的对手作任何让步,他认为在这场斗争中,激烈的双方的决心所造成的后果可能是严重的。

一位年轻的爱尔兰人,麦克唐奈先生,赞扬人民已经增加的和正在增加的知识。我可以肯定,他至少是这种改革的真诚拥护者,因为改革可以使人民感觉到要选择他们的代表。在我们谈话之前,我们列举了博福特公爵家族参加议会的各个成员,我们全都对这种一成不变的习惯表示愤慨,这种习惯看来已在这个家族中流传了许多世代,硬要把这个家族的年轻子孙塞给公众。这是我们现行制度的弊病的一个不坏的例证,因为它表明,为了保证议会的投票,公众的利益被牺牲了。

史密斯先生收集了许多在"人民之友"开会期间出版的小册子。有一本小册子引起了我的注意,上面没有印出作者的名字,但他却写上麦金托什的名字作为作者。这是一封致皮特先生谈论他背叛改革事业的信,①而现在写给他自己,可能是很相宜的。史密斯记不起他曾把麦金托什的名字加上去,惠肖也不记得他曾写过这样一本小册子。惠肖读过这封信,现在可以肯定,这封信是麦金托什写的。信中有两三个非常有力的论点,是答复最流行的反对改革的意见的。当史密斯在我们的争论中提出这些反对意见时,我把那本书打开来,读了对这些反对意见的成功的答复。一条反对意见是,我们的议会只是在理论上不好,它工作得很好,所以去干预议会是不明智的。这一论点是皮特在1792年提出的,那时国家处于和平和兴旺时期,接着这一论点就得到了适当的回答,这种回答现在不能更正确地但却可以更有力地用来答复这一论点。您见过这本小册子吗?一位衷心拥护辉格党人的老夫人②(史密斯夫人的一位亲戚,一位聪明的妇女),以极大的兴趣和注意倾听我们的讨论。她惯于认为辉格党人是人民的自由和最大利益的坚定支持者。她告诉我,她赞同我支持改革的所有意见,并且总认为那些意见就是辉格党人的意见。我相信她对辉格党的美德和爱国精神的信仰,已被我们的论点大大动摇了。

  我非常关心您对布鲁厄姆的健康所作的暗示。我希望您的担心是没有根据的,并希望他不是又一个被列入优秀人物名单的人,影响我们活力的最不幸疾病之一使他们不能再为国家服务。

您永远真诚的
大卫·李嘉图

―――――――――

① 伦敦,1792年。
② 钱德勒夫人;见本书第77页。

您知道我在什么地方能得到普赖斯博士论偿债基金的著作吗？① 汉密尔顿实际上做了内皮尔先生想要做的事情，为什么他不抄他的书呢？如果我写的话，我一定大部分从他的书中引录。你对这样做有什么反对意见吗？

324.马尔萨斯致李嘉图

〔由328回答〕

东印度学院，1819年9月10日

我亲爱的李嘉图：

我相信你一直在盖特科姆很愉快地消磨时光。我在城里见过您以后，②埃克索尔一家把他们的住所从亨利迁到梅登黑德桥附近的雷米尔小舍，我们陪伴他们去那里，并继续在水上游览。我们最后坐了四桨船于7月底到城里，在泰晤士河上考察了110多英里。

现在我们回到学院已经一个多月，实际上将近六个星期了，我的书③我已努力写了一点；但像往常一样，与我们讨论的问题有关的思想活动耽误了我，并使我想到别处去了。我相信我在城里见到你时提到过一些假设，在继续探讨其中的一个假设时，我想起了似乎来自那一假设的结果。

---

① 理查德·普赖斯神学博士：《关于国债问题向公众呼吁》，伦敦，卡德尔书店。1772年。
② 见本书第51页。
③ 《政治经济学原理》。

65　　如果我们假设,在海边搜索一天平均拣到半盎司白银,那时货币就总是完全保持同样的价值。它总是平均要耗费和支配同样的劳动量。劳动的货币价格绝不能持久地上涨或下跌。在使用资本和雇用同量劳动的一切情况下,由于利润率下降,资本积累会表现为价格下跌。唯独谷物会因为需要的劳动量增加而货币价格上涨;但这种上涨无足轻重,并为劳动者所能忍受的谷物工资的减少所严格限制。

我想向你请教,在这种情况下,资本的利润如何调节。它显然不能由劳动的货币工资上涨来调节,因为劳动的货币价值不会改变。

我强烈地倾向于认为,假定货币总是保持其价值,在耕种达到其极限的过程中,货币工资的上涨绝不是绝对必要的。在谷物上涨到固定的货币工资将使人口停止增加的时候,它才是必要的。货币工资上涨是财富增长过程中最普通的事情之一,我倾向于认为,一般来说,在货币工资上涨时,可以完全断定,货币的价值已下降了。根据我的价值尺度,我的确应该立即说,如果货币支配的劳动减少了,货币就已经下跌了;而根据你的理论,在用来生产货币的资本发生意外情况时,货币只能支配较少的劳动,然而却保持同样的价值。

我在我的绪论中说过,由于尊重你的权威,以及担心我一定是忽略了你或者我自己对这个问题的看法的某些要点,我的写作被耽搁了。① 虽然最近我已写好了开头部分,但还绝没有写到结尾。我想我还有四分之一或五分之一要写。我在不同的时间撰写了不

---

① 参见英文版《李嘉图著作和通信集》第二卷,第19—20页。

同的部分,而不是按照它们的自然顺序来写,在它适宜于付印之前,我还要作许多增删。我很难期望在2月或3月以前出门。

你对这次可怕的曼彻斯特事件①有些什么想法？这次事件本身是最残忍和最不正义的举动；我担心给予像亨特②这样的人以更大的重要性和影响,很可能会使这次事件带来最不幸的后果。

马夫人和我一起向李嘉图夫人竭诚问好。这里一切都好。我希望你在盖特科姆也可以向我们作同样的报道。

你永远真诚的

托·罗·马尔萨斯

325.穆勒致李嘉图

〔答323—由329回答〕

东印度公司,1819年9月11日

我亲爱的先生：

星期一将寄上一个包裹,内有普赖斯的《偿债基金》、辛克莱的《岁入史》,③以及看来对您有用的其他这类书籍。④

我毫不怀疑,《百科全书》⑤中相当充分地叙述了到《偿债基

---

① "彼得卢",8月16日。
② 亨利·亨特。
③ 约翰·辛克莱爵士：《英帝国岁入史》,第3版,伦敦,卡德尔和戴维斯书店,1803—1804年,共3卷。
④ 这个包裹是由普莱斯寄去的,见第326号信。
⑤ 《英国百科全书》,第4版,在1801和1810年间出版。

金》这本书出版时为止的偿债基金史,以及其他平凡的事情。因此,我若处在您的地位,关于这一切,我所能提供的很少。我却毫不怀疑,您要用的那些事实,您可以放心地信赖里斯的那篇文章。您的重要事务应当是阐明偿债基金的性质和作用,并讨论有关的政策问题。至于汉密尔顿或任何其他人已经走在您的前面,说了必须说的话,您已无事可做,您只要照着他们说,并说明您是这样做的;用他们的话还是您自己的话来说,您认为怎样说最合适就怎样说吧。收入《百科全书》的文章,在某种程度上应是启蒙性的,又是基础性的,可供没有学识的人和有学识的人查阅;但是,老生常谈的问题,可以非常简短地一带而过,把篇幅留给不大为人所知的问题。至于篇幅,看问题的需要而多一点或少一点。把您认为写下来会对人有启发的每件事情都写下来,不必担心文章太长。当您把您认为这篇文章应当包含的论点开列出来以后,把它们寄给我是不需要您花费很多时间的。它们可以使人想起您所忽略的某些事情来。目前,我头脑里对于这个问题想得很少,关于标题我说不出什么。一笔真正的偿债基金偿还债务时是一种方式,而一笔不再是真正的偿债基金可能看起来像是真正的则是另一种方式。第三种方式(还没有人比您先想到)是,把偿债基金托付给我们这样的政府,那是完全荒谬的。最后一个题目是独特的,您尽力把它写好是会引人注意的。在偿债基金这个问题的其他部分,我不知道您能否找到什么完全新的东西来讲,虽然尽可能清楚地指出长期以来在偿债基金的外衣掩盖下的错觉,是非常有用的,而且您能够用新的见解来写它。

多谢您给我关于议会改革的讨论的报告。这些报告使我大受启发。您认为考验一个人是真的还是假的改革者,要看他是否容许真正的人民代表占有效的多数,您的考验方法好极了。您使一个辉格党的老夫人转变过来,我感到非常高兴。至于惠肖的让步,那是毫无价值的——他是个坚定的党员,第二天就会把他的让步全部撤回。我要做点转变工作,使坎宁先生比一个坚定的辉格党人较快地改造过来,从政治上来说(我的意思不是指个人而言),坚定的辉格党人在我们中间肯定是最坏的东西。①我希望您能让我看一下麦金托什的小册子。我常听说起它,但从未能看到它。

再见

詹·穆

衷心问候史密斯先生和夫人以及您全家,特别是在您身边的人。

326.李嘉图致普莱斯②

亲爱的先生:

请接受我对您寄来的书的谢意。③ 我还没有时间来看它们。

---

① 穆勒在本书第63页脚注中援引的9月10日致内皮尔的信中写道:"我要使坎宁先生比您的格雷勋爵和詹姆斯·麦金托什爵士更快地改信良好政府的种种原则;我现在有机会谈一些我对坎宁的认识"。

② 信封上写着:"伦敦 查林十字路 弗·普莱斯先生"。普莱斯在手稿上注明:"这与《英国百科全书》的一篇文章有关"。

③ 见本书第69页。

我担心我不能完成我承担的任务。我希望内皮尔先生不要依靠我。

匆匆草上。

您非常真诚的

大卫·李嘉图

盖特科姆庄园,1819年9月18日

327. 特罗尔致李嘉图①

〔由 330 回答〕

戈达尔明　昂斯特德伍德
1819 年 9 月 19 日

我亲爱的李嘉图:

自从我愉快地收到你的信以来,已有很长时间,所以我担心,我已成为一个非常拖沓的通信者了。毫无疑问,像我的时间被家里的人占用一样,你近来有很多时间也被占用了;当时要留出一小时来给自己都是难的。在大家庭和大住宅里,来客很多,每个人在早晨都自行其是,自寻欢乐,但各种活动的规模都比较小,要使自己离开伙伴,去做自己的事情,并让他自己去消遣,都非易事。我终于一人独处,使我有机会来问候我在盖特科姆的朋友了。我没有发现格洛斯特郡的制造业主们表现出不安、烦恼和不满的情绪,而那种情绪在北部工业区却表现得令人伤心。尽管这种骚动在性

---

① 信封上写着:"明钦汉普顿　盖特科姆庄园　议员大卫·李嘉图先生"。

质上没有严重到使人焦虑,但它仍然使人非常不快;至少可以这样说,发生任何情况而进一步激怒受苦的人民群众,都是不幸的。有人告诉我,这个问题上的权威人士也告诉我,曼彻斯特的行政长官和当局的行动是完全合法的。目前我对这件事的真相绝不满意,但不久我将研究与它有关的各种法规,来尽量使我对这个问题感到满意。但是,无论如何,我认为,即使应当承认那些措施的合法性,结果已经充分证明它们是不适当的。因为,就制止现有的损害而论,它们已大大加重了这种损害。我感到惊奇的是,在曼彻斯特的整个行动过程中,没有看到夏普先生的朋友菲利普斯先生的名字,我相信他是一个居民,他当然有很大影响,不能对这个问题抱不关心的态度。他作为一个地方行政长官,我应当期望看到他在这些行动中有些作为。

我把眼睛盯住金银条块的价格和汇兑行情,我高兴地看到它们多么稳定地继续保持或接近于平价。这就提供了确凿的证据,不是偶然和暂时的原因使它们这样,而是采取了明智的措施,使它们恢复到适当的和持久的水平上。你仍在思考这些有趣的问题吗?现在公众的心理适合于接受在这些事情上的指导;但是有一门学科他们却处于可悲的无知状态。我是指赋税的原理。议会里每次提出赋税问题都充分证明了人们在这方面的欠缺。一切必需品税都被讥笑为不明智和不公正的,不断有人作出努力要取消它们。诚然,你在尊著里,已经清楚地和卓越地制定了那些原理。但我不能不认为,更加充分地阐明和坚持这些原理,并把它们应用于已经指出的我们的特定情况,这将产生很多好处。巨额公债使我国处于特殊情况,这增加了赋税原理的重要性。巨额公债将使我国在未来的战争中绝对必需几乎完全依赖于当年生产的供应品。这是一个关系重大和普遍适用的问题,我知道没有人像你这样有资格来研究它和公正地对待它。总之,这将是你已经论述过的题目的更为广泛和全面的看法;把它应用于我国的实际情况,并用这些实际情况来说明它。除尊著中的各章外,我不知道还有什么现代著作论述这个题目。

特罗尔夫人和孩子们都好,我希望李嘉图夫人和你全家的情况也同样使人满意。我期望秋天还没有过完,特罗尔夫人就会使我们增添人口!可惜你的朋友马尔萨斯不是一位医生,而是教会的一员,否则他在发现抑制人口增长的办法方面,也许比欧文先生更为成功!①

我直到最近看见休姆先生才知道穆勒先生在东印度公司任职的性质。它使我感到高兴。他从事这项工作肯定是适当的,这使他增加了相当不错的收入。

请代我们衷心问候李嘉图夫人,并相信我是,我亲爱的李嘉图。

你非常真诚的

哈奇斯·特罗尔

---

① 故事是这样的。罗伯特·欧文先生曾去法国旅行,去寻找阻止人口迅速增加的办法,他带回了那里使用的几种发明;后来欧文否认有这件事。(见 N.E.海姆斯:"约·斯·穆勒和罗伯特·欧文在英国新马尔萨斯主义史中的地位",《经济学季刊》,1928 年 8 月,第 633—640 页;并参阅英文版《李嘉图著作和通信集》第九卷,第 62 页。)

328. 李嘉图致马尔萨斯①

〔答 324—由 338 回答〕

盖特科姆庄园,1819 年 9 月 21 日

我亲爱的马尔萨斯:

我一定不要再稽延答复你亲切的来信。我时常想念你,不久前我正要写信给你的时候,接到了穆勒的信,内附《英国百科全书》编辑或经理内皮尔先生的一封信,要求他请我写一篇论偿债基金的文章,供他出版。这项任务在我看来太可怕了,我不想承担,为此我立即写信给穆勒,但他给我又来了一封信,②这简直使我没有选择的余地,我终于同意试试看我能做什么,但不抱成功的希望。我工作得很努力,因为我希望一旦我使穆勒和内皮尔相信我不很熟悉这种问题,我就使内皮尔先生有机会请别人来写,而不耽误他出版。这件事最近占用了我的全部时间,也许至少还要有一个星期继续这样。

你从亨利迁到梅登黑德了!你是决心不要错过泰晤士河的景色。我期望在每年一度划艇竞赛的候选人中看到你的名字。

你正在愉快地从事写作,我感到高兴。我现在希望你已经写完了。你很懒散,还不如我手头有工作时一半那样勤奋或焦急。

---

① 信封上写着:"赫特福德 东印度学院 托·罗·马尔萨斯牧师"。
② 第 332*号信。 *疑为 322 之误。——译者

对于来信所提的问题,我未能给予适当的注意。你假设一天的劳动在海边拣到半盎司白银,你会承认这个假设是过分了。在这种情况下,白银不能像你所说的那样上涨或下跌,劳动也不能,只有谷物才能够,或者不如说,只有谷物才可能。我认为,利润仍然取决于分配给资本家和劳动者的产品的比例。整个产品少了,将使它的价格上涨,但在生产出来的数量中,劳动者将得到比以前大的比例。然而,这一较大的比例在数量上比以前少,在货币价值上则同以前一样。在你假设的情况下,在耕种达到其极限的过程中,货币工资的上涨似乎不是必要的,但原因是你把资本的使用完全排除在你的价值媒介的生产之外。你知道我同意你的意见,即货币是一种比一般想象的更为易变的商品,所以我认为商品价格的许多变动,可能完全是由于货币价值的改变。在一个文明的①大国中,任何重要商品不使用资本就能以同样的便利生产出来,这是难以设想的。

你凭什么在来信中告诉我说,你太尊重我的权威。你在完成你的著作上很少进展,我不同意你把这种情况归因于对我权威的尊重。我希望马尔萨斯夫人和你在圣诞节到我们这里来。那时我将完全有心情来讨论我们看来有分歧的所有困难问题。我的家庭现在已处于安定状态,我想我能够答应给你比我在这里曾经给过你的更为舒适的款待。你一定不要再把自己打扮成科贝特谩骂的主要对象。这种谩骂也有我一份,谩骂的方式恰恰是我所料到的。

----

① 在手稿上,"文明的"一词拼写错了。

即使在他同意你的时候,他也能找到引起他毒骂的各种分歧。①

最近我有幸在惠肖先生的陪同下,在伊斯顿格雷的史密斯先生家里度过了几天。他的精神很好,非常平易近人。我们有过一些政治讨论,特别是关于改革,他在让步方面比我平日对他所了解的更为开明。霍布豪斯小姐由衷地站在我这一边,一位热心拥护辉格党人的钱德勒夫人宣称,我的意见都是真正辉格党的原则。贝尔沙姆先生在座,但他没有坚定地参加。② 同惠肖先生一起来的麦克唐奈先生,我认为,绝不是一个同盟者。你感到厌倦了吗?

李嘉图夫人和我一起,衷心问候马尔萨斯夫人。请相信我永远是

你真诚的

大卫·李嘉图

---

① 科贝特倡导恢复兑换黄金已有九年之久;但这时英格兰银行要按照李嘉图的金锭计划恢复支付,他把这项计划描述为纸币方案。在"致亨利·亨特先生的第10封信。论城区商人们最近的与他们的纸币有关的诡计"(《科贝特政治周报》,1819年9月4日)中,他于1819年7月7日从长岛写道:"我看到,他们已采纳了一位李嘉图(我不知道他是哪一国人)的方案,我相信他是一个归化的犹太人。无论如何,他在过去的十五或二十年里是交易所小巷里的人。如果查塔姆老勋爵现在还活着,他会怀着敬意谈论这个守财奴,他是这样称呼交易所小巷里的人的。忠实!他们现在已变成一切。巴林在君主会议上帮助,李嘉图则在家里管事。守财奴已不再是卑躬屈膝的东西了;他把头抬得高高的,而使那些傲慢的城区勋爵们在洞穴和角落里蹑手蹑脚地走来走去。""这位李嘉图说,这个国家发现了纸币是幸福的;这是政治学的一项改进"(第80、82页)。

在"致亨利·亨特先生的第11封信。论城区商人们与济贫法有关的作用"(同上书,1819年9月11日)中,他大骂了"那个厚颜无耻和不学无术的牧师"马尔萨斯,评论了李嘉图关于斯特奇斯·伯恩的济贫法议案的演讲:"来自交易所的李嘉图先生害怕这项法规将鼓励劳动人民去繁殖,因为他说他们太容易这样做了!我不知道是否有任何金银条块计划或其他计划曾提醒这位伟大的国务活动家,在放债和经营股票的士绅中间抑制人口增长?从来没有一个反对人。增加的演说者想到过这一点"(第109页)。

② 参阅贝尔沙姆对这次聚会的叙述,见对他的《回忆录》,约翰·威廉斯著,1833年,第701—702页。

329. 李嘉图致穆勒[①]

〔答 325——由 332 和 337 回答〕

盖特科姆庄园,1819 年 9 月 23 日

我亲爱的先生:

我以前告诉过您,您和内皮尔先生对我的才能作了错误的估计,为了不使他因为不能及时得到我论偿债基金的文章而感到不便和耽误他的书籍的按期出版,我感到焦急,因此我近来努力工作,使您很快就能够判断我这样说是真实的:我不能胜任您要我完成的任务。现在把我工作的成果寄上,我要求您为了我的荣誉和声望而按照您认为最好的办法来处理它。如果您认为我做点力所能及的改动和增补,文章就可以了,请把它寄还给我,提出您想到的建议,并在文字上加以您认为需要的修改。如果您认为(也是我的感觉)文章包含的一些提示,对一位更好的和更专门的作者可能有用,您就把文章寄给内皮尔先生,让他请别人来完成这项工作,并给他利用我的提示的权利,如果他认为适当的话。也许最好的处理办法就是把它付之一炬,因为这篇文章是拼拼凑凑的东西,是从这个人的作品和那个人的谈话中拣来的,而且文体那么粗俗,以致您别无更好办法,只能这样处理它。为使这篇文章完整起见,附表是需要的,关于这一点,我不了解内皮尔先生的意愿。议会文件为我提供了列出有关债务增加、偿债基金的增长、公共支出、赋税

---

① 信封上写着:"伦敦　东印度公司　詹姆斯·穆勒先生"。

金额等等大量附表的资料。可能要有四五张附表,由于汉密尔顿已经做了这项工作和它的几乎其他各部分,抄袭他的适宜吗?我把手稿交给今天的马车寄往布鲁克街,指示我在那里的仆人送往皇后广场交给您,如果您不住在那里,就送往东印度公司。

昨晚我把我的文章看了一遍,发觉我在第15页上说的,同我以前在第11页末说的近乎重复。这种重复有助于使人理解呢,还是应当删去一段呢?

普莱斯先生把书寄给我,并曾寄来议会文件,盛情可感。他挑选议会文件很精明,这些文件有充分的资料。您见到他时,请向他这样说。也许他不反对看一下我送给您的手稿,并把他阅后的意见告诉我。我并不认为他和我对于偿债基金的意见是完全一致的。

在我寄给您的包裹里,有据说是詹姆斯爵士后来才知道是麦金托什先生写给皮特先生的信。当心这封信,因为我是从史密斯先生那里借来的,并得到他的同意把它寄给您。我在史密斯家向惠肖和我在改革问题上的其余对手宣读的那段话,是他以为皮特就是泰特斯①的大臣的那一段。对于我的目的来说,它来得很凑巧。

我希望您和家人都好。我们在这里都好,仍在继续享受好天气。我盼望在本周末或下周初见到格伦费尔。

您永久的朋友
大卫·李嘉图

---

① 泰特斯是古罗马的皇帝,在位期间为公元79—81年。——校者

330. 李嘉图致特罗尔

〔答327—由339回答〕

盖特科姆庄园,1819年9月25日

我亲爱的特罗尔:

自从收到你上次来信,已过了很长时间,看到你熟悉的手迹,使我非常高兴。当你的信到达时,我正要写信给你,向你表明我并不想放弃同你的交往,虽然这种交往是不完善的。信到了,我也就不咕哝了。

清晨早起,我可有两小时用于我在考虑的问题,即使家中有客也无人打岔。当然,在我一人独处或我的客人都是同我关系密切的人的时候,一天中间我可以称为自己的时间就多得多了。找时间比有利地运用它要容易。自从我到乡间以来,想要享受美好天气的愿望,使我推开了许多重要的工作。我不能经常拒绝我的两个小女孩要求我陪她们早晨去骑马,时常有人遇见我们骑着各自的小马慢跑。

上两周里,我在书桌上花费了很多时间,努力把我关于偿债基金这个问题的想法写在纸上。是穆勒要求我这样做的,他应内皮尔先生的请求,向我提出这一要求。内皮尔先生是《英国百科全书补编》的编辑,他要我写一篇论偿债基金的文章,登在他书的下半卷上。我最初拒绝了,但穆勒极力敦促我这样做,我同意试一试。我已经写了,但还没有成功。我是否应当坚持这一工作,现在是件有疑问的事。实际情况是,汉密尔顿博士论偿债基金的书写得很好,对这个题目实在提不出多少有独创性的见解了。在各种场合不提到他是不公正的,而你如果这样做了,人们就会问,你自己究竟做了些什么呢?汉密尔顿博士和我的唯一分歧点是,我相信他要支持偿债基金,而我却要把它完全取消,或者让它维持一个小数额以保证安全,如果岁入发生任何意料不到的亏空时,就拿这笔剩余资金去弥补。汉密尔顿博士指出减少我们巨额债务的重要性,同样给我留下了深刻印象。在我看来问题在于,偿债基金将影响巨额债务吗?有人要使我相信,它绝不会影响,因为它脱离大臣们的掌握就绝不是安全的。你有牺牲你的一部分财产来偿还你一大部分债务的美德吗?这是一个要向国家提出的问题。如果他们的回答是否定的,那么我说下一步的最好办法是不征收新税来加重你的债务负担,这种新税肯定会被滥征的。但是我必须记住,现在我不是在写论文,我一定不要把我认为应加注意的唯一论点先提出来。

我几乎把金银条块问题完全从我的心上丢开了。与它的价格和外汇有关的一切都进行得使我很满意,我没有什么要希望的。我充分信任对英格兰银行董事们所加的明智的限制。如果对他们不加约束,他们会再把他们应当考虑的目标弄错。他们没有采取措施使纸币和黄金的价值相等,而要考虑公众的利益,并在错误的思想指导下来促进公众的利益,就会增加纸币的投入量。

关于赋税问题,有广阔的领域留待那些耐心地思考的人去教导公众;但第一步一定要使政治经济学的首要原理为大家所知道,而这一步还有待于去做。对地租没有正确的概念,就无人能懂得土地税并不最终落在地主身上。因此,在他承认地租问题的新学说之前,同他去谈是无用的。我们正在取得进展,马尔萨斯的新著将要引起的讨论,以及我们近来已经有的和将要有的其他作品,势将把正确的原理传播开来。如果马尔萨斯的书推迟出版并没有使它大为改进的效果,那我就很错误了。我认为我看出来,他很能用不同的词句来合理地对待一些意见,这些意见最初在他看来是很谬误和过分的。

这是应有的态度。甚至西斯蒙第的错误,对于传播正确意见来说,也将是有用的。为什么你不提供帮助呢?在这条道路上,有很多事情可以做,而且不缺乏舆论和公众的赞同对取得成功的鼓励。实际情况是,你是个懒人,喜欢为自己找借口,譬如说,没有时间和其他工作很多等等,而不愿去经受写作的劳累。

关于曼彻斯特的行动,我要说一句话。我高兴地发现,在我遇到的或交谈过的那些人中间,这种意见很普遍,即地方行政长官干预最近这次会议是不明智和不适当的。我希望这看来还是不合法的,因为我希望没有一项法律能证明地方行政长官用粗暴的干预来解散人民的一次会议是正当的,那次会议公开宣布的目的,是合法地请愿,要求消除实际的或假想的痛苦。如果请愿的权利只有经过地方行政长官或国家的任何其他团体同意才能行使,那么称我们为自由的人民就滑稽可笑了。人民的这些大型集会可能令人感到遗憾,它们的后果可能造成损害。但是,如果我们的自由的保证取决于我们集会和申诉我们冤屈的权利(我相信,在没有真正的代议制的情况下,是这样的),那么我们就一定要耐心地忍受较小的弊病,而避免发生较大的弊病。

请接受我诚挚的祝愿,愿特罗尔夫人平安地度过她的令人焦急的时间。我的朋友马尔萨斯不会认为你的这种情况需要他的技能,倘若他是一个医生而且掌握了阻止人口过快增长的补救办法。你只是合法地和有益地向国家提供公民,他们的努力可能会为社会其余的人造福,但他们的合理需要却不能损害社会其余的人。李嘉图夫人和我的家人都好,他们同我一起衷心问候特罗尔夫人。

我永远是,我亲爱的特罗尔,
你真诚的
大卫·李嘉图

331.麦克库洛赫致李嘉图

〔由333回答〕

爱丁堡,1819年9月25日

我亲爱的先生:

我擅自寄上我为《英国百科全书补编》写的一篇论汇兑的文章的清样;我希望您愿意阅读,并加上您认为适当的评论后寄还给我,以便我能按照您的提示,在这篇文章付印之前,改正我肯定会有的错误。我在这篇文章上花费了很多时间,但由于我对实践部分很不熟悉,不能自以为已经成功地提供了对这个问题的适当看法。

我非常高兴地获悉,您已经同意写论基金制度的文章。我感到高兴,还因为在一个如此重要的问题上传播正确观点具有重大意义,还因为这一定会使我认为反映我国最大荣誉的一部著作更有价值。

如果您看过上一期的《评论》,也许会认出您的一位朋友写的一篇论文。① 在我看来,在民族偏见所引起的阻碍和束缚真正富裕和持久进步的一切措施中,限制英法之间的贸易是最具有破坏性的。我相信,不久议会将讨论这个问题;在我国当前的情况下,议会进行热烈的讨论会产生最好的效果。当我说没有人能像您这样恰当地提出这个问题时,我不过是表达一切有识之士的普遍意见罢了。

圣安德鲁斯大学热衷于传授反映这所古老学校最高荣誉的正确知识,已把您的皇皇巨著作为它所教授的这门科学的教科书,您得知后会感到高兴的。

我寄上两期《苏格兰人报》,内有杰弗里先生写的对已故普莱费尔教授和瓦特先生的人物评论,②希望您已妥收。我可以肯定,您对他们两位都是非常满意的。瓦特先生的性格写得最为恰当和优美。

托伦斯先生在伦敦会议上就欧文的富于幻想的空想计划发表

---

① 《爱丁堡评论》,1819年7月号,第3篇文章,"商业上的困境——同法国的贸易",麦克库洛赫著。
② 《苏格兰人报》,1819年8月21日和9月4日。

的演讲,在我看来好极了,确实是我所能回忆的最好事情之一。①令人感到惊异的是,一个能够写出论谷物贸易的文章和就上述问题发表演讲的人,竟提出这样站不住脚的理由来反对支付金银条块的计划。② 我是,

　　　　我亲爱的先生,
　　　　　怀着最大敬意的、
　　　　　　您最忠实的
　　　　　　　约·拉·麦克库洛赫

332.穆勒致李嘉图

〔答329〕

　　　　　　　东印度公司,1819年9月28日
我亲爱的先生:

我昨天就该写信给您,而且完全想这样做,但老是有其他事情打扰我,以致忘记写了。

您的文章已经拜读,好极了。我想到一些意见;主要是在表达

---

① 8月21日的《苏格兰人报》"独家"刊登了1819年7月26日托伦斯在伦敦酒家就欧文的计划发表的演讲。托伦斯把他的演讲几乎逐字逐句地重新发表在《爱丁堡评论》1819年10月号上他那篇文章里,第464—469和475—476页(参阅本书第156页,注②)。

② 见罗·托伦斯:《继续实施和撤销对支付现金的限制各自产生的效果的比较估计;兼评李嘉图先生的〈关于一种既经济又可靠的通货的建议〉》,伦敦,亨特书店,1819年。

方面,我看的时候已经用铅笔作了修改。普莱斯的评论较多,他把一部分意见写在页边,一部分意见写在另一张纸上,纸张将寄给您。①

我可能在几天之内不把手稿奉还,因为我要再看一遍,把我特别标明是优点或缺点的地方写得更充分一些。今天我接到内皮尔的信,他说如果他在 11 月的任何时候收到您的文章,就行。所以您无需匆忙。

昨天我在林赛博士②的甲鱼宴会上遇见令弟摩西,同贝尔沙姆先生在一起。令弟告诉我,他不久就要去看您,并说他非常希望我同他和他的夫人一起去。

我将在一两天内详细写信给您,但渴望您尽快知道,您的文章将使您获得这样一篇文章所能获得的一切声誉。所有老的论点都很好地阐明了;还有详细论述这个问题的新论点。

向李嘉图夫人和您周围其余的人致以最良好的祝愿。

詹·穆勒

请以我的名义向史密斯先生深表谢意,因为他为了我而把麦金托什的小册子借给您,这正是我听说过的那本小册子。请您代我向他本人和史密斯夫人特别致意。但愿他不急于要还这本书,因为我想读一下帕尔博士的论点,要是有时间利用一下麦金托什提供的材料就好了。

------

① 普莱斯对李嘉图的文章"基金制度"的评论已不存在,但可参看第 341—343 号信,这些书信是因评论而引起的。

② 神学博士詹姆斯·林赛(1753—1821 年),一神教派的牧师,政治改革家,并且是穆勒的一位老朋友(见贝恩:《詹姆斯·穆勒》,第 120—121 页。)

333. 李嘉图致麦克库洛赫①

〔答331—由344回答〕

1. 第2页②上端的数字有小错误。第二行的100,100镑应为100,000镑,第三行的89,100镑应为89,108镑,

因为 89,108 加 1%,

或 <u>891</u>

得 89,999

在另一处犯了同样的错误,把一笔金额的升水1%等于同一金额的贴水1%。如果一件值100镑的商品涨到200镑,它将上涨100%;但是,如果它又跌到100镑,它将只下跌50%。没有一件商品能够下跌100%,如果它还保留一点价值的话。把这一意见应用于第8页③的开头,在那里,您说纸币只值它的票面价值的一半,"或它贬值100%",这不该是50%吗?

2. 我认为与乡间的汇兑有利于伦敦的原因,是因为乡间的通

---

① 这一文稿的内容是李嘉图对麦克库洛赫为《英国百科全书补编》所写的"汇兑"一文的批评。所附的信尚付阙如,但麦克库洛赫的复信(本书第125页)提供这封信的日期为1819年10月2日。

李嘉图所说的页数是指麦克库洛赫文章的清样的页数(参阅第331号信);但在下面的脚注里,是指已出版书籍的页数。

② 《英国百科全书补编》,第4卷,第205页;已改正。

③ 第211页未改正。

货有点过多了。① 如果在伦敦和乡间都只使用铸币,同样的原因会产生同样的结果。减少乡间通货的数量,汇兑将有利于乡间。它绝不会这样减少,因为维持乡间尽可能最大的流通额,是乡村银行的利益所在。我不能不认为,在所有的情况下,不利的汇兑可以追溯到通货的相对过多。

假定一个国家流通铸币,黄金的市场价格和铸币厂价格相同,它同别国的汇兑按照平价。现在假定我们的制造业对黄金有大量需求,如果铸币不能容易地兑换成金银条块,黄金的价格将高于铸币厂价格;但铸币将会换成金银条块,结果铸币的数量减少,它同其他商品的交换价值将会上升。这里商品价值的下降会鼓励输出货物和输入黄金,由于黄金的流入,我们的通货又会在数量上增加和价值上降低,在这样之前,汇兑会有利于英国。

但是假定英国只流通纸币,不能兑换黄金,而我国制造业对黄金有同样的需求,则黄金以纸币来计算将会上涨,所以折算的汇兑同以前一样就会有利于输入黄金。但即使在这种情况下,我认为可以正确地说,汇兑对外国不利,是因为它的通货相对过多。金银条块是计算通货价值的商品。英国通货的价值将要降低,因为在金银条块的价格上涨以后,通货能够支配的盎司比以前少。外国的通货(在运输费用的限度内)将同以前一样:金银条块或铸币在国外将同以前一样,买到同样数量的商品;它在英国将能买到更多

---

① 麦克库洛赫在第 205 页上说,伦敦和国内其他地方之间的汇兑总是有利于伦敦,其主要原因在于"将收益汇入而有的对伦敦汇票的需求",以及"英格兰银行通货的价值较高"。

的商品。在英国,同样数量的纸币将相当于较少数量的黄金,而同样数量的外国货币则将相当于同样数量的黄金。汇兑会因为外国①通货相对较高的价值而发生变化。

3. 您说外国汇票的价格完全取决于两种情况:〔"〕第一,取决于汇票付款地通货的价值与汇票出票地通货的价值的比较;第二,取决于市场上汇票供需之间的关系"。② 从我已经说过的话里,您会知道、我认为这两个原因并无区别;在我看来,它们完全是一回事。汇票的供给和需求必须取决于这两个国家以前货物的购入和售出,而这些全都受到相对价格的影响。但相对价格是由两种通货的相对价值或相对数量决定的。增加法国通货的数量,法国的货物就要上涨,货物将从英国向那里输出。对法国的汇票在英国将下跌,对英国的汇票在法国将上涨。需求和供给将严格地由两国通货的相对价值来调节。将英国的通货数量增加一倍,英国商品将上涨到它们以前价格③的两倍,兑换以前数量的法国通货将要两倍数量的英国货币。毫无疑问,这只是名义上的变动,商品和汇票的实际价值都将同以前一样。事实上,实际的平价是改变了,而别的都没有变。不要以英镑从前值多少来确定平价,而应当参考英镑目前的价值来计算平价,英镑目前的价值可由 1 镑所能支配的金银条块的价值得知。

我们是指同一回事,但我怀疑把实际上的和名义上的汇兑区

---

① 手稿上实际上写的是"通货",而不是"外国";发生错误是因为后来又加上了"通货"字样。
② 第 206 页,未改动。
③ 先写作"价值",后改为"以前价格"。

别开来是否有什么好处。按照货币的金银条块价值的每次变动来校正平价,①就一切都很清楚了。*参看这张纸的末端。

〔纸的末端的注释〕*经过进一步考虑,我认为把名义上的和实际上的汇兑区别开来是有实际用处的,但应当清楚地阐明这种区别。可以说汇兑在名义上受金银条块的市场价格和铸币厂价格之间的差额所影响,实际上受高于或低于这一差额的对平价的任何偏离所影响。我认为您已经这样阐明了它们。

4. 在论外汇这篇文章中,您说:"外国汇票的价格取决于汇票付款地通货的价值与汇票出票地通货的价值的比较"。但不久您又说:"特定国家之间通货的相对价值,必须首先取决于那些国家金银条块的相对价值,其次取决于它们的铸币中所含金银的数量,或它们的纸币或其他流通媒介所能兑换的金银条块的数量。〔"〕②那么,您的意思不是说,外国汇票的价格取决于转让汇票的国家之间金银条块的相对价值吗?在有些情况下,您同我意见一致,金银条块在波兰的价值可能比在英国高,但一张1,000法郎的对法国的汇票在这两个国家里都不会因此而发生变动,在这两个国家里,为了这张对法国的汇票必须支付同样数量的金银条块,而与汇票所能支配的谷物量或劳动量无关。的确,把金银条块从法国运往波兰的运费可能高于从法国运往英国的运费,但这种情况不会改变平价,虽然它会允许较远国家之间的汇兑,在金银条块移动去制止汇兑的涨跌之前,对平价有较大的偏离。我不能不认为

---

① 这句话是后加的。
② 第207页,未改动。参阅麦克库洛赫在第344号信里对这一批评的答复。

《金银条块报告》的语言是正确的,如果我们在计算不同国家之间的汇兑平价时考虑到这些运费,就要下一个新的和不大令人满意的定义。① 假定从波兰到法国或从法国到波兰的白银运输费用是5％,在波兰100盎司白银能买到一张在法国支付100盎司白银的汇票,这时汇兑就合乎平价,我认为这样说是正确的。按照您的解释,我不知道您是否认为这样计算才是合乎平价,即在波兰要拿105盎司白银去买一张在法国支付100盎司白银的汇票,或在法国付出105盎司白银去买一张在波兰支付100盎司白银的汇票。

西班牙对黄金输出加以限制可能会把它的相对价值降低3％,所以如果从通常所谓平价出发,在计算对西班牙的汇兑时将有3％的差额,这种偏离可以恰当地称之为名义上的偏离,就好像它是由不能兑换成金银条块的大量纸币造成的。西班牙能够合法输出的金银条块的市场价格要比铸币厂价格高3％。②

5.在这一段里,价值这个词的意义不明确。在第一句里,我理解〔"〕无论什么造成以商品计算的贵金属相对价值的升降,一定会同比例地影响与别国的名义的汇兑〔"〕③,如果您假定这种国家可以强制扣留贵金属,我就同意这句话。如果贵金属可以自由流通,我认为受到影响的将是实际的汇兑,虽然在汇兑达到平价之前,贵

---

① 麦克库洛赫在第207页援引《金银条块报告》的定义(8开本,第22页),并把它说成"显然是不正确的":"两国之间的汇兑平价乃是两国之一的通货金额,按其内在价值来说,正好等于另一国的通货的一定金额;这就是说,正好含有同样成色的同等重量的黄金或白银"。

② 这一整句是后加的。

③ 第208页,在那里,"以商品计算的"字样被改为"在一个特定的国家里"。

金属不会继续输出。在运送金银条块的运费的限度内，汇兑会继续在一个很长的时间内对输出国不利。您后来谈到"国内市场和国外市场上贵金属价值之间的差额〔"〕时，您如何计算那个价值呢？如果您说用商品来计算，我要问用那个国家的商品来计算呢？

6. 这①将取决于受到磨损的货币的充裕程度。如果受到磨损的货币并不过多，实际平价就要或应当按铸币未受磨损时所含纯金属来计算，而不是按铸币实际所含纯金属来计算。通货贬值就是铸币受到磨损的必然后果。

7. 对于这一点，可以作第6点中同样的评论。尽管有了铸币税，如果铸币当前按高的价值流通，汇兑平价②应当由这种现行价值来调节。③

8. 这一段④不是进一步证实了上述意见吗？实际平价由英镑的现行价值来正确地计算，而现行价值贬低了，因此确立了，或者应当确立新的实际平价。

9. 因为这个或那个国家的通货不过多是很少发生的。过多或不足就是一国把差额付给另一国的原因。⑤

10. 就连一盎司金银我们也不应当从汉堡输入，因为实际的汇

---

① 即麦克库洛赫所说的，在两种受到不同程度的磨损的通货之间，实际平价应该用它们的相对重量来计算，第209页。在一个脚注中，李嘉图关于受到磨损的货币的充裕程度的说法，被采纳为"必须经常加以考虑的原理"。

② "平价"字样是后加的。

③ 第210页，显然没有改动。

④ 第211页，第一段。

⑤ 可能是指第218页，第3段。

兑不会使我们从输入它得到利润,而同时输入商品却更为有利。①

11. 假如货币的价值没有改变。②

12. 这是确实的,如果货物的价格没有因为使汇兑变动的同一原因而变动,即这两个国家之一的货币过多。③

13. 见最后一条意见。

14. 我对于这种趋势会消失有点怀疑。④

15. 我怀疑谷物供应的异常不足是否〔"〕总要大大影响同外国的借贷情况"。⑤ 如果我们输入的价值较大,我们输出的价值也将较大。如果输入异常数量的谷物,我们就较少可能和较不愿意购买通常数量的其他外国商品。这里假定商品的输出是由以前对汇兑的影响引起的,而我相信,这是由外国货物的异常输入引起的。

16. 这里⑥您采用通常的语言,并且说,与里约热内卢的折算的汇兑对伦敦有 5% 的利益。由于假定两国的货币都合乎铸币厂标准,折算的汇兑和实际的汇兑是同一回事,因此您同意,当实际的汇兑因运费而与平价不同时,实际的汇兑就有利于英国,并且您说实际的平价符合金银条块委员会的定义,这条定义您已在第 4

---

① 第218—219页,麦克库洛赫批评博赞克特根据1797—1798年从汉堡输入金银条块而提出的论点(见英文版《李嘉图著作和通信集》第三卷,第158页);李嘉图的意见后来加在已经出版的文章里。
② 这句话加在第219页第5段的第二句上。
③ 第219页,不利的汇兑对输出起促进作用的说法,被说成是李嘉图提出的。
④ 由于它们对出口货和进口货的影响,"实际汇兑的波动有自行纠正的必然趋势",第219页。
⑤ 第220页。
⑥ 第223页;麦克库洛赫假定,把金银条块从里约热内卢运往伦敦的运费是5%。

页上援引了。① 我认为这一段的后半部分同前半部分不一致。在前半部分，您告诉我们，当里约热内卢和伦敦的金银条块的市场价格和铸币厂价格都一致，而且金银条块从里约热内卢运往伦敦的运费为5%时，折算的汇兑或实际的汇兑（在这个例子里是同一回事）对里约热内卢有5%的不利，而对伦敦有5%的利益。但在后半部分，您告诉我们，在这同一种情况下，运费可以衡量不利的名义的汇兑。现在我明白了，您所说的名义的汇兑，是指两国中任何一国的货币贬值所造成的汇率。但是您没有说明，您所说的货币贬值严格地说是指什么。我认为您的意思总是指，用货币的市场价格和铸币厂价格的一致来衡量货币贬值，但在这里您说的是另一种贬值，即相对的贬值。如果汇兑对里约热内卢有5%的不利，因而货币流往英国，我同意您的意见，货币在里约热内卢相对地贬值5%，在一地确实付出105盎司白银，才能在另一地得到100盎司白银，这种汇兑是相对贬值的结果，但我认为应当把这种汇兑叫做实际的而不是名义的汇兑。如果您对此有异议，我不知道您要把有利的实际汇兑叫做什么。如果把金银条块从一国运往另一国毫无运费，则汇兑绝不会偏离平价。在要求兑现时货币就可以自由地兑换成金银条块的国家里，金银条块的价格也将是不变的。在我看来，应在货币的实际贬值和相对贬值之间画一条明显的界线，这是重要的。没有相对的贬值，就不可能有不利的汇兑。汇兑由于实际的贬值而可能更为不利。在这种情况下，相对的贬值将会增加。我认为我们在原理上是一致的，我反对的是语言。

17. 采用您的语言，并考虑到您的意见，汇兑绝不能与平价很

————————

① 见本书第91页，注①。

不相同。您说:"要是折算的汇兑较少不利,它将表明实际的汇兑对伦敦有利。"①实际的汇兑不能较多或较少地不利,因此它只能是按照平价。货币只能由于两个原因而相对地贬值:一个原因是它的价值低于它的金银条块标准的实际贬值,另一个原因是把货币从一国运往另一国的运费,后者总是实际的汇兑变动的范围。您把这些原因加在一起,然后说,如果折算的汇兑偏离平价还有什么别的原因,那就只有汇兑是确实不利了。我不禁要问,折算的汇兑是相对贬值的准确指数,它怎么能偏离得更多呢?

18. 我同意这里提出的论点,但我认为相对过多这一说法中应删去相对这个字眼。②大家承认,不利的实际汇兑促进输出;我认为,不利的实际汇兑总是随着货币的相对过多而来,并且可以说是它引起的。

334. 布朗致李嘉图③

〔由336回答〕

泰恩河畔 纽卡斯尔,1819年9月25日

先生:

当您阅读此信而使我感到荣幸时,我想您能够清楚地看出使

---

① 第223页,未改动。
② 第224页,在那里,这个字眼删去了。
③ 信封上写着:"大卫·李嘉图先生"。未经邮寄。这封信连同下一封信,李嘉图于10月10日收到(见他的复信)。

手稿在"穆勒—李嘉图文稿"中。其中有一篇文稿,是布朗阐述他对货币的起源和性质的看法的;虽然共有4页的手稿仍在,这里从略。

我利用这种自由的真正动机,这些动机也使我向您道歉——我不能向您致以更高的敬意。几天前,您论政治经济学和英帝国的财富等等的论文,由一位朋友为了特殊目的而借给我看,或者不如说,为我而取得的。在那以前,我还从未见过这两篇论文。我主要是从报上得知有这两篇论文及其特点的。我不是通常所说的政治经济学家,根本不是。我50岁了,这个时期的一半以上我与制造业、贸易和农业的经营有相当广泛的联系。像别人一样,我能够在某种程度上按照我遇到的或吸引我注意力的机会来考察、比较和综合。最近10年来,我除了偶尔看看报纸以外,很少读书,这并非完全由于缺乏爱好,以前按我的闲暇时间和我拥有的条件来说,我读的书是不少的。

那时我没有很多时间思考。从那以后,我有了比我想要有的更多时间。没有人是他自己的看法或想法的胜任的鉴定者。我冒昧地附上我论述与所谓政治经济学密切关联的题目的作品。

如果它是不正确的,在您的宝贵的出版物中容易看到的非凡才智、正确判断和广泛经验使您能够立即察觉我的看法的谬误,或者如果它是有用的,容易看到鉴别我的看法的效用。

我还没有拜读尊著。我只是查阅了我想要查阅的部分。可是我不禁要及早向您表达我对它的价值的认识和我对作者的尊敬。

解决您在您富有见地的序言中提到的问题的巨大困难之一,依我愚见,是由于没有给说明如此复杂的问题所必需的字眼或名词下定义。其真实的含义一定要在人类永恒的或至少是普遍的实践中去寻找,并且只有这样才能获得。我不知道,在我寄给您的事例中,就这条规则来说,我是否已在一定的程度上获得了成功。我可以肯定,您将能作出判断。

关于其他许多问题(其中有些与您有关),我已有一些看法或意见,它们并不完全符合通常适用于这类事情的公认的学说或准则,而且在某些情况下,与被认为是权威的意见有很大不同,以致我对它们发生怀疑,而又不知道为什么。

目前我就利用这种怀疑能力,开始撤退,唯恐被我高度尊敬的人认为是唐突或鲁莽。

我荣幸的是,

先生,

您最顺从和非常卑贱的仆人

詹姆斯·布朗

335.布朗致李嘉图①

〔由 336 回答〕

纽卡斯尔,1819 年 9 月 28 日

先生:

在我能够得知您如何对待我(25 日)的第一封信之前,我不禁又要写一封信给您。尊著我又看了一点。

您已走上通向真理之路。您只要再有一点怀疑态度就可以走得更远,也许可以解决您在序言中提到的问题。为了做到这一点,您必须把对公认的学说或准则的成见或崇敬撇在一边。您一定要

---

① 信封上写着:"伦敦 议员大卫·李嘉图先生"。伦敦邮戳,1819 年 10 月 1 日。

怀疑它们有错误,不但要严格考察它们,而且要极其严格地反复考察它们。用事实的标准来考验它们。如果它们经不起考验,它们就是虚假的或错误的。先生,很少人懂得怎样思考。在这种神秘的精神作用中,困难在于把原因和结果区别开来。巨大的危险和错误的丰富源泉是把原因错认为结果,或把结果错认为原因。为了尽可能避免这些错误,必须凭借和仔细地筛选及审查首要的原理。您是能够做到这一切的。您已经做了不少。如果您没有做得更多,那在某种程度上是由于您的生活处境和我已经注意到的一种情况。在评论您论文中的某些段落之前,我已认为有必要作这些评论,我相信您会坦率地原谅我的直率的。我提到的段落在第560页①上,从"在我看来,马尔萨斯先生"等等开始。我写时是假定现在您面前有这本书,或者您心中清楚地记得书的内容。

您在那里反驳了马尔萨斯先生最喜欢的学说:"人口只能靠以前的存粮来增加等等"。先生,您是对的,马尔萨斯先生是错的。他的错误是把原因误认为结果,或者不能把两者区别开来。与人类的历史和实践有联系的每件事实都是在您这边的,他那边只有似是而非的理论和漂亮的词句。当他的这些错误仅仅是理论上的时候,它们是比较无害的,但是当它们被这样一个大国的政府所委托的政治家们采纳并付诸实施时,没有人能估计它们所产生的祸害。我怀疑马尔萨斯先生就是现行谷物法之父。如果是这样,他就产生了这个国家所曾见过的最淘气和最不合法的小孩。它和另一种错觉现在正以联合的力量压迫着这个强大国家的命脉,如不

---

① 参见英文版《李嘉图著作和通信集》第一卷,第406页。

迅速采取若干适当的补救办法，就一定会带来最有破坏性的后果。

这个国家拥有强大的资源，远远超过任何其他国家。可是转动的机器非常复杂，它的支柱和接头都是精巧的结构，不但对构成它的材料而且对它们相互间的相对价值都要有准确的知识，否则绝不能懂得如何进行细心的管理。现在盛行把农业放在前列，除您之外，任何人把它转到后面去都是危险的。我是指把农业作为财富的一种源泉而言。然而这是它天然的位置。

制造业、贸易或商业和农业。稍加思考，您就会相信，这是它们的适当的顺序。没有制造业，农业就根本不能存在。它怎么能发挥作用呢？

没有贸易，它将无所作为，因而处于可悲的贫困。哪有农业国曾经富裕过？我相信要找到这样一个国家是困难的。就这个词的本来意义来说，斯巴达是我听说过的唯一的农业国。就连它也不是没有制造业，但它没有贸易。因此，它是贫困的。泰雅、迦太基和雅典都是富裕和人烟稠密的。是它们的农业产生财富和人口的吗？荷兰、威尼斯和热那亚都曾富裕过。看看它们。看看波兰。

这个国家的独一无二的优势，在于拥有把财富的所有这些源泉结合在一起的手段，这样我们就比其他国家大为领先。如果我们失去这种优势，那是我们自己的过错，我们现在就处在不小的危险之中。农业家们大声疾呼，要输出谷物。年复一年，非常明显，他们不能供应国内的消费。

他们的意思是要按一夸脱100先令的价格在国内销售一部分，而把其余部分按一夸脱30先令或40先令的价格输出吗？我确信他们对这个问题一无所知，甚至对他们自己的实际而可靠的利益也一无所知。

您要是在您现在走的道路上走得更远一点,您很快就能够告诉他们,并使每一个通情达理的人信服,谷物是以对他们最有利的方式输出的,即所谓出口贸易。英国在出口贸易中向外国大量供应它的工业品,它借助于出口贸易而完全可以向使用工业品的每个国家征收很重的税。没有出口贸易,这整个独特的机构即使不全部崩溃瓦解,也会立即陷于混乱。

我可以肯定,您会理解我的。此刻我必须停笔。谨致敬意。

詹姆斯·布朗

大卫·李嘉图先生

〔下面文字的写在信封背面〕

纽卡斯尔,1819年9月29日

先生:

我急于使这封信赶上邮车。农业的繁荣不是依赖于谷物,而是依赖于鲜肉。我相信这个社会从事制造业和贸易的人所消费的肉的价值比所有谷物的总价值还要大。稍加研究和思考,就会使您相信这一点。如果肉的价格下跌,那么所谓地主势力就确实有理由大声疾呼。星期一和昨天,这条河上的所有平底船船夫都罢工,煤矿工人将很快跟进,服装工人也将效仿他们的榜样。皈依或追随亨特等等的人将增加3万到4万人。说实话,先生,如果像您这样的人不站出来,坚决主张议会立即开会,考虑国家的状况,没有人能预见到它的后果。这种状况的性质究竟如何?它看来像是这样。马尔萨斯先生或别的什么人是国医,他开了处方——谷物法,内阁已采用了这种药。病人病了,跟着有害的庸医(亨特)走,庸医告诉他们,每年召开议会,普选权和投票选举就是医治他们所有弊病的万无一失的灵丹妙药。人民需要就业,而不需要别的。

除了当前的压力以外,他们既不理解,也不重视这类不切实际的废话。军人能做什么呢？他们能消除贫穷、饥饿和匮乏吗？

我的时间不容许我多写。最尊敬的先生,我荣幸的是

您最顺从的仆人

詹姆斯·布朗

336.李嘉图致布朗①

〔答 334 和 335〕

格洛斯特郡,明钦汉普顿

盖特科姆庄园,1819 年 10 月 13 日

先生：

您的两次来信和附件都已从我在伦敦的住宅转来此地,今年我有 6 个月住在这里,但因为我有一次小小的短途旅行,直到本星期日才收到。② 我细读来信和附件后,感到莫大的愉快。首先,使我高兴的是,来信证明您是很有见地的,您正在研究我很感兴趣的问题,大家公认,这个问题对于我国和每一个其他国家的幸福和繁荣是极为重要的。政治经济学正在日益引起公众的注意,最重要

---

① 手稿在穆勒—李嘉图文稿中。手稿看来是一份誊清稿,而不是草稿;可能这封信从未寄给布朗。

② 10 月 10 日。

的是，应当使那些愿意适当注意我们在贸易问题的立法上所犯错误的人都明白这些错误。其次，使我高兴的是，我为改进政治经济学这门科学所作的微薄努力受到您称赞，而且您认为我的努力在某种程度上是成功的。您的赞扬比我的努力所受到的歧视更为可贵。如果您对拙著中您认为需要修改的部分的评论更为坦率，您的赞扬就更为可贵了。

关于您在来信上向我提到的那段话中我同马尔萨斯先生有分歧的问题，我高兴地发现，您是坚决同意我的意见的。您对于马尔萨斯先生同现行谷物法的关系有点误解，我在这里加以纠正，对我来说是相宜的。马尔萨斯先生是我的一位很亲密的朋友，在任何地方都找不出比他更正直或更好的人了。虽然您对他的优良品质没有表示任何怀疑，或提过任何意见，我不能提到他的名字而不为他作此证明。我认为，他对于谷物的自由贸易的优越性是有些错误意见的，但这些意见都是真心诚意的意见。从大家对他的每件事情的尊重来说，他对这个问题的看法，对于影响那些在议会里最后决定这个问题的人是很有分量的，但那些最初提出这一措施的人从未同他商量过，他的意见只是从他的著作中收集来的，那些著作在这一措施提交议会之后才问世。

如果不是为了课税的需要，政府处理农业、商业和制造业的事务确实是很容易的。需要它做的全部事情，就是避免一切干预，既不要鼓励生产的一个源泉，也不要抑制另一个源泉。但是，必须通过征税来筹集资金，就使有些干预成为必要了。然而，立法机构的目的应当是同样地对待一切，因而尽可能少去干预自然的均衡。如果没有干扰，那种自然的均衡是会普遍存在的。我认为，要知道究竟是农业比制造业更能为国家生产财富，还是制造业比农业更能为国家生产财富，这是一个很难思考的问题。但是，我们对这些事实无论知道得多么准确，都不能说明限制一个源泉或鼓励另一个源泉是正当的。对这个问题的各项研究使我深信，贸易应当完全放任自由，赋税的征收应当尽可能少去干预这种自由。制造业和贸易交替地成为财富的原因和结果。一个农业国没有贸易和制造业就不能富裕，因为如果只有吃的食物，任何一个个人或国家都不能说是富裕的。可是，一个农业国除了用于土地的劳动以外，还可以支配大量的劳动，它可以把劳动用于战争，或用于豢养众多的侍从，以显示其粗俗的铺张和豪华。这样一个国家会有强大的资源，而且我认为会胜过有同样的幅员和肥沃程度而又从事制造的国家。为什么我们没有听说过任何这样的农业国呢？因为没有人坚持走他们走过的道路，他们喜欢工业品胜过喜欢奴仆，不是一位大人物都有1,000人随时准备服从他的命令，而是把这些人聚集在工厂里制造他的花边、瓷器和家具，或者他们挖掘土地去取得他所贪求的贵金属。给一个国家以财富，或让它获得财富，它就不再是一个纯粹的农业国了。这并不是因为发生了什么事情一定要迫使它成为另一种国家，而是因为财富激起了对制造业的渴望。为了使这种渴望得到满足，这种渴望就成为积累资本的有力刺激。一个国家即使有了这种对制造业的渴望，仍可能继续成为一个纯粹的农业国，如果它依靠贸易而能把它的一部分农产品换得更大量的工业品，比它把用于生产这部分出口农产品的资本用来在国内制造的工业品还要多。

从农业方面积累财富，最先提供了建立制造业的概念和办法。

制造业又转过来成为新的资本积累的原因,这种资本积累势必产生对劳动的新的需求、人口增长和农产品的更大消费。因此,农业交替地成为制造业的原因和结果。

您关于每年消费的谷物和鲜肉的相对价值的意见,对我来说是新颖的,同我事先的想法并不一致。这是重要的意见,应该作详细的调查研究。

我们全都哀叹我国劳动阶级目前所处的困境,但在我看来,补救的办法还不很明确。纠正我们在贸易立法方面的错误,最后会对社会各阶级都有很大帮助,但不会立即使我们得到宽慰。相反地,我倒期待着这将使我们陷入更多的困难。如果对输入谷物和其他许多物品的禁令全都撤销,必然会带来谷物和其他物品价格的骤降,会使大部分农场主和许多制造业主遭到毁灭。虽然其他人会得到好处,这类措施在资本的实际使用中引起的混乱,以及必然会发生的变化,将加重而不是减轻我们正在忍受的困苦。

我同意您第一封信附寄的文稿中您的大部分定义和意见,但要改动几个字。您在您的一条意见中说,立法机构的智慧,必须按照他们抑制和调节那些获取财富的人们互相冲突的利益的手法或技巧来评定。您认为政府方面采取一些抑制和调节的措施是必要的。这应当首先加以证明,因为这是争论的重要论点之一。在另一个地方,您称货币为一种担保或保证。现在按照我对担保或保证的看法,那是在交易尚未成交时提供的。一个人提供了担保品,他就一定要在将来某个时候赎回,担保品可以比它所担保的东西的价值大些或小些,但货币则情况不同,货币是一种等价物。当我买一件衣料并以货币支付时,我变成拥有衣料,而卖者变成拥有货币。我会受到衣料价值下跌所造成的全部损失,他会受到货币价值下跌所造成的全部损失。我以价值交换他的价值,我们之间的交易已经永远了结,他从我这里得到了一种等价物,而不是担保品。

先生,这些都是我读了来信后形成的仓促的看法,我同样匆忙地把这些看法提供给您,我一定要为您可以在这封信上看出的一切不确切之处向您道歉。

　　　　我荣幸地是,先生,
　　　　　怀着最大敬意的
　　　　　　　您顺从和卑贱的仆人
　　　　　　　　　大卫·李嘉图

詹姆斯·布朗先生

337.穆勒致李嘉图①

〔答329〕

　　　　东印度公司,星期三,〔1819年10月13日〕②

我亲爱的先生:

我今天把您的手稿③送交马车。我已经第二次仔细地拜读手稿,没有什么意见可提,只是作了一些文字上的修改。我的这些修改都是用铅笔写在字里行间,而普莱斯先生的则写在页边,您可以

---

① 信封上写着:"明钦汉普顿　格洛斯特郡　议员大卫·李嘉图先生"。
② 伦敦邮戳的日期。
③ "基金制度"。

凭这一点区别我的修改和普莱斯的修改。您将会看到,我建议您把第二段改为第一段,而把第一段改为第二段。如果我还要作进一步的建议,我认为不妨删节一些引文,用您自己的话来叙述它们的内容,以缩短历史部分。经我修改之后,文稿仍然太长,这使我感到惭愧。但这是因为上两周里,我的最老和最好的朋友之一约翰·斯图尔特爵士在城里,他身体不很好,又很寂寞,我认为几乎每天晚上陪他消磨时光是我的责任,①这就非常令人痛惜地侵犯了我的其他工作。

普莱斯对您的批评,在我看来,实际上只涉及名称问题。他认为偿债基金这个名词本身是不恰当的。他说并没有基金。基本不是每年的收入,而是每年收入的来源。我们用以偿债的不是一笔基金,而是国家收入的一部分,这种收入的唯一基金或来源乃是国家的生产力。他说,谈论偿债基金的生产是胡扯;我们每年用以偿债的款项什么也不生产;款项本身倒是生产出来的。

实际上,这是真的。但要照这种语言来阐明这个问题,整篇文章就得重写。于是,问题就来了,在这种场合,陈旧的语言是否应当更改。您使用这种陈旧的语言,除了不真实的名称所含有的错误以外,毫无违背正确学说之处。

我正在以浓厚的兴趣阅读史密斯先生论文集中的帕尔博士的小册子,除非史密斯先生急于要我归还,我还要把它短时期保留。

如果我们听到的消息都是真的,我们不久将在议会开会期间

―――――――――――
① 参阅穆勒在致普莱斯的一封信里关于他同约翰·斯图尔特爵士的多年友谊的叙述,这封信被沃拉斯援引在《弗朗西斯·普莱斯传》中,第 70—71 页。

在城里见到您。看来贵族的阴谋开始担心它被人发觉,并认为必须采取十分认真的措施来延长它的生存。这些连同岁入的下降,正在使内阁感到震惊。被称为辉格党原则的这部分贵族阴谋,不知如何办才好。它不能大声反对另一部分而不(它担心)增加威胁到阴谋本身的危险。

您真诚的
詹·穆勒

我用铅笔作记号之前,先在一张小纸片上写我对您手稿的评注;由于那张纸片上写了一两件事情,我把它寄上。

我忘了一件事,那就是,请您替我收几封信。一位有丰富经验的老印度人沃克上校①,正在把他对拙著的意见寄给我;这些意见篇幅很大,我不好意思要我尊敬的主人们花费许多邮费。我不急于得到它们,等您方便时再寄给我。②

338. 马尔萨斯致李嘉图③

〔答 328——由 345 回答〕

东印度学院,1819 年 10 月 14 日

我亲爱的李嘉图:

想起我已拖延这样久才感谢你来信,特别是你非常亲切地邀

---

① 亚历山大·沃克,在东印度公司服务的一位官员。
② 当时邮费由收信人支付,而李嘉图有免费接受和寄出邮件的特权,所以穆勒请他这样做。——校者
③ 信封上写着:"明钦汉普顿 盖特科姆庄园 议员大卫·李嘉图先生"。

请我们在圣诞节到盖特科姆来,使我感到惶愧。对马尔萨斯夫人和我自己来说,如果我们能够来访,这将是一次极为愉快的访问;但我担心有些难以克服的障碍在作梗。你忘记了马尔萨斯夫人是她女儿的家庭教师,而当我的儿子圣诞节在家时,我是他的导师。还有,那时我们将有一个侄儿和我们在一起。此外,我预料改正清样是很忙的。在这些情况下,我担心我们根本不可能来,我们必须推迟到你在城里时才来访问。

惠肖谈起他在盖特科姆度过的两天,感到很愉快。明天他去麦金托什处,我们将在那里进餐时见到他。从你对史密斯先生家的讨论情况的叙述——你的原则被认为是真正辉格党式的,还从最近发生的事,以及暴徒的明显的激愤情绪,我高兴地发现,我肯定没有比过去更倾向于激进主义,虽然我坚决支持议会的适度的改革。如果近来举行的这类集会的威胁使普选得以实现和议会每年开会,我看就不会发生比我期待的更为血腥的革命。显然人民已被教导得相信,这样的改革将会完全解除他们所有的困苦。当他们感到(他们肯定会感到)自己完全失望时,我认为大屠杀会继续进行,直到一个军事专制政权制止它。要是在我国爆发革命,困苦将比法国大得不可比拟。法国的工业人口比较少,那里发生的对他们的破坏不大被感觉到;但在英国,没有工作和粮食所造成的痛苦将是可怕的。可是,我希望并且相信,这种危险的境地可以避免。

你对我的疑问的答复正是我所期待的,我同意你的意见。你说我的假设太过分了,它是这样。但是,几乎不能合乎情理地假设,有什么别的商品在其生产过程中,在恰好相同的时间内,需要恰好相同数量的固定资本和流动资本,这是肯定无疑的。因此,完全撇开资本和利润,也许要比以某种方式应用它们更为可靠。关于贵金属生产中使用的资本,你可以作任何假设,而你的一切计算竟不会必然地和在根本上发生错误,那几乎是不可能的。

请告诉我,在土地因为输入外国谷物而不耕种时,你究竟认为,新的利润率是由土地的状况决定的,还是由与工资下降相对来说工业品和贸易商品的不变价格决定的。按照你对这个问题的看法,假定这类工业品的价格保持不变,资本不是要从土地上撤走,直到最后一笔资本生产出制造业因工资下降而获得的利润为止吗?

我希望在下月月中或月末开始印刷。我担心拙著完成时篇幅太大了,尽管我不能把赋税和我希望讨论的另外一些问题包括在内。我正在进行类似西斯蒙第①那样的分析,这将占去很多篇幅。②

马夫人和我衷心问候李嘉图夫人。

你永远真诚的

托·罗·马尔萨斯

---

① 《政治经济学新原理》,巴黎,1819年,"本书内容分析表",第2卷,第367—442页。

② 马尔萨斯的《政治经济学原理》中的"内容提要"占了70页。

339. 特罗尔致李嘉图①

〔答 330——由 346 回答〕

昂斯特德伍德，1819 年 10 月 26 日

我亲爱的李嘉图：

非常感谢你上次的来信，它使我感到很高兴。我知道你的指责是公正的，虽然我对于懒惰这一指责不能完全服罪。然而我必须承认，我的性格是那么好动，我宁愿爱好积极的活动，而不愿从事伏案的和费力的工作。我们都是环境的奴隶；我们的命运大受偶然事件的影响。我已从事耕作，干得很起劲，并且正在力求改进我的小小产业。我的地方行政长官和其他地方职务占用了我一部分时间，其余时间用于处理家务，留心观察公共事务的进展，以及阅读当前的文学作品。这样，你看，你已得到我关于我的活动的一些说明作为我的辩护词。虽然这些活动足以洗刷你对我的懒惰的指责，但我担心，还不能使我博得勤奋的赞扬。

我高兴地发现，你正在趁热打铁。你的努力已获得最大的成功；你已使这门学科的原理完全成为你自己的东西，并且能把这门学科的各个分支的知识提供给公众。我大体上同意你对偿债基金的看法。要是我们有剩余的岁入可以节省，我宁愿把它用于每年确实清偿一部分债务，而不愿把它积累起来，无论积累多么有前途，可能绝不会实现所期望的利益。但是，在我看来，有一个优先

---

① 信封上写着："明钦汉普顿　盖特科姆庄园　议员大卫·李嘉图先生"。

的和重要得多的问题有待决定。我们怎样才能防止债务的增加呢？如果岁入减少，或者开支增加，我们怎能为当前的开支筹集必要的资金呢？这就是要苦心思索的论点；这就是要摆在公众面前的问题。这不仅是我国而且是欧洲每个政府都关心的问题。我很高兴议会即将开会，因为我希望它将采取措施来平息公众的激愤情绪。但是，我忧伤地看到，大臣们已经在策划方案，我担心那会产生相反的结果①。我还不能认为他们将成功地实施这些方案；他们能造成一种情况，促使议会采纳这些方案。如果讨论的结果，在行政上将发生普遍的或局部的改变，我是不会感到惊奇的。可是，不注意到不计其数的群众经常集会对和平和国家的自由所造成的危险，是不可能的。我深感有必要通过一些法规，这些法规应当有效地保护公众集会的权利不受政府的专断意志所左右，同时也应保障他们不遇到物质力量的同样紧迫的危险。为什么不限制教区的政治性集会，从而减少镇压群众的危险呢？如果选举的投票在教区举行，那对实践来说是一个先例，而且对公众集会来说，也是一个很好的类比。人民一定会举行集会，但是他们不能继续大规模地集会而不影响到国家的安全。因此，如果这些集会不受限制，就将危及人民的自由或者国家的安全。对于这些事情你说什么呢？

我认为，免去菲茨威廉勋爵的区长职务，对大臣们来说，是很

---

① 1819年11月的"六项法令"。

不明智和不足取的。① 这将损害他们要使之受益的事业；而且这是坏脾气和可鄙恶意的证明，而不是善意和开明政策的证明。同时不能承认，反对派正在恶意利用人民的呼声，并支持残暴的行为，他们不能不谴责这种行为，因为这会给他们以把大臣们赶下台去的机会！

在非常留心地查阅了与这个问题有关的法律，并把它与报纸上披露的此案的事实对照以后，我认为曼彻斯特的地方行政长官所执行的措施是没有道理的。但是，这确实是一个需要慎重对待的问题。当然，与集会有关的某些情况属于非法的性质。写着"要有平等的代表权，否则毋宁死"口号的旗帜，显然是要求宪法所否定的东西，因而是非法的。异常的集会方式，在一定的时间游行，并且手臂挽着手臂，许多人拿着棍棒（还有大批人有夜间操练的一定知识），都是想引起惊慌情绪的情况。无论如何，这似乎被人遗忘了，如果地方行政长官做错了，他们一定是由于判断错误才这样做的（因为没有人能够公然指责他们心怀恶意），而且地方行政长官在认真履行其职责时，受到法律保护，不因其判断错误而受惩罚。的确，如果不是这样，我不晓得有哪位先生会担当地方行政长官这种麻烦的、招怨的和令人忧虑的职责！然而，曼彻斯特的地方行政长官却被扣上杀人犯的帽子；而且是那些高叫要调查的人给扣的！如果他们真正要求调查，那么地方行政长官就是受到了诽

---

① 菲茨威廉伯爵参加了约克郡的一次公众集会，要求对曼彻斯特的大屠杀进行调查，他因此而被免去约克郡西区区长的职务。（见《1819年年报》，第113页。）

谤。如果他们的意思是要求惩罚，那么，地方行政长官就要未经调查而被宣告有罪！

这些全都是非常有趣而又重要的问题，我不耐烦地盼望议会开会来作出决定。

你读过彼得给他的亲属的信吗？① 这些信件很有趣，写得很有力，但很粗糙。如果作者真是莫里斯博士，我认为他一定是曾经存在过的最厚颜无耻的纨袴子弟之一，当然他绝不会再在苏格兰抛头露面。但我几乎要认为博士是虚构的身份，为的是更有效地掩盖作者。他是谁呢？你听说过他吗？他似乎蔑视一切礼仪规则！他在爱丁堡受到最殷勤的接待，出入最显贵的人物的邸宅，他却利用这些机会提供给他的便利，讽刺他的朋友们，辱骂和嘲笑他们的习俗和国家！

但是我必须停笔，因为我发现这封信写得太长了。我在结束前一定要告诉你，特罗尔夫人为我们的家庭又添了一个女儿，她和婴儿都很好。

请代我们向李嘉图夫人和全家竭诚问好。请相信我是

你非常诚挚的
哈奇斯·特罗尔

请告诉我，郡司法长官哪天宣誓就职。这是否在一个特定的日子？他们何时开始履行他们的职责？在巡回审判开始之前，有什么事情要做吗？

---

① 见本书第 30 页，注②。

340. 边沁致李嘉图[①]

皇后广场西区,1819年10月28日

亲爱的先生:

我想这是一件使您和贵友、剑桥的史米斯[②]教授先生感到满意的事,即(恕我冒昧提出)给予我的一位年轻朋友、以前在剑桥大学彼得堂、现在在三一学院的自费生(我认为他们是这样称呼他的),在任何年龄,特别是在他青年时期的早期,以赞助和鼓励。我想,他大约20岁左右,是伦敦斯金纳街一位富有的香料商的儿子。

---

① 手稿在李嘉图文稿中。这是一位抄写员写的;只有签名和附言是边沁的手迹。
这封信的第一部分的复本(到"幼儿和吃奶的婴儿"止,第116页下端)夹在边沁的一卷短文中,现存英国博物馆,6025.b.7(8)号。同这份复本一起的,还有普莱斯致边沁的下面这封短笺,背面写着"弗·普致耶·边,1822年9月9日":"弗·普致耶·边。罗塞在致李嘉图的信中的叙述是相当正确的,没有揭露他和他的父亲在家时他父亲对他的严厉态度。但我认为,信中若干部分写给公众看是写得太亲密了。信中谈到不很一般的事情而没有先给他的父亲看过,我对于这样做是否得体也表示怀疑。我可以肯定,他的父亲对于谈到他的儿子和他自己的一些话是会感到很刺痛他的。像大部分普通心理的人一样,他认为他对于现在已经去世的儿子比在世时更为了解,当然也更为想念。

"除了您致李嘉图的信中谈到的事情以外,有必要提到的是,他从事研究很成功,休假期间他去巴黎使自己的法语会话更为熟练,当他和另一位年轻人游泳时,他被水淹死了。"(承蒙哈耶克教授告诉我这件事。)
亨利·布兰奇·罗塞死于1822年7月。他是葛德文的密友,在同马尔萨斯的论战中,他站在葛德文一边。据说他写过一本小册子,大概是《人口问题,……〈爱丁堡评论〉上刊登的那篇论葛德文先生对人口的研究的文章里的严重错误和荒谬的一个发现》〔匿名〕,伦敦,朗曼书店,1821年。(见C.基根·保罗:《威·葛德文:他的朋友和同时代人》,1876年,第2卷,第261—265、273—274、280页。)
② 威廉·史米斯。

这位香料商原先要收缩他的营业范围,而最近在邦德街另开了一家企业,在巴思又有了第三家企业。他通过所有这些渠道,〔而设法从爱好者的口袋里取得大量金钱。〕并使用了比空想的哲学家力求从黄瓜中提取阳光稍好一点的成就,从玫瑰中中提取汁液,亨利·罗塞的目的是,在他父亲的柜台后快乐地(我相信)为人类供应香料,可是这可能是为他自己,他的命运发生了不同的转折。直到不久前,他所受的教育是适合他的目的的。然而并不完全适合,与其说是符合他的目的,不如说是不符合他的目的。两三年以前,某种精神——我或者从来不知道,或者已经遗忘是哪一种——也许是自相矛盾的精神,也许是普莱斯裁缝的精神,启发了他对自由学习的热爱。大约一年半以前,我通过普莱斯才认识他。像皮拉穆斯急于避开西斯比①的拥抱那样,他是被迫避开学习的拥抱(遗憾的是,学习并不更为明确地属于阴性)。为了他的利益,历史成为预言:在残暴的战争中,无公理可言。向他公布了一份禁阅书籍的索引,供他使用:除了圣经、账簿和也许一本关于簿记学的书以外,无论什么书都被列入索引。他以顽强坚毅的精神偷偷地接近那些书,而从不更为巧妙地偷偷地离开那些书。我没有准确地衡量他在几乎没有时间学习的情况下所学到的东西:他正在希腊文和数学有力地结合在一起的道路上,脚上穿着一步七里的靴子,向着可能取得的学会会员资格迈进。政治学、逻辑学和语源学是他涉猎时间最长的学科,也是他最为喜爱因而最有成就的学科。我差点儿忘记他的演讲了,他的演讲使他的父亲发生了奇迹般的转

---

① 皮拉穆斯和西斯比是古代神话中巴比伦的情侣。——译者

变。这几十年来,下层阶级有一个协会,每周在大马尔巴勒街的一间房子里,用互进会的名义集会;它有一个公共图书馆,它进行各种辩论。大约三四年前,我对这样一个协会的存在一无所知,我丝毫没有想到,它竟异想天开地推选我为它的赞助人。这样,就使一个发誓反对挂名职务的人,成了担任挂名职务的人。① 亨利·罗塞成为会员已有相当时间。他已经提出一个题目,建议要就这个题目发表演讲。他的父亲发现他不在家,就把自己安排在一个不受人注意的舒适的角落里,想当场把他抓住。他听了长达一小时半的演讲,非常欣喜地走了。他宣称他的儿子应当成为绅士,为此目的应当首先成为大学生,然后成为律师。您有我的《议会改革问答》的原版。我不知道您是否熟悉这本拉丁文圣经,俗称边沁的通俗本;②如果您是熟悉的,就比我强多了,因为我还从未读过这本书的一行。这本书像现在这样,是亨利·罗塞做的事。我了解,改动是不少的。从我听到的关于这些修改的简短说明来看,我毫不怀疑这些修改完全是有见识的,而且在所考虑的人们的阶级方面,也在不小的程度上是有启发和有教益的。有些删节和增补都是用历史的叙述来说明提到的事。句子的结构摆脱了我老年时期的形式,而变成先是主句,然后是修饰从句,再后是修饰从句的修饰从句。这

---

① 见1817年7月31日边沁同意担任该会赞助人的信,信载鲍林编的《边沁著作集》,第10卷,第488—489页。

② 《议会改革计划,问答式……》(书名与第1版是一致的,见英文版《李嘉图著作和通信集》第七卷,第261页,注①),伦敦,"经作者同意,由 T. J. 伍勒重印和重新出版,有注释和修改",1818年;据书前的"广告",本书"大量发行,价格低廉,文体适合一般读者"。参阅鲍林编《边沁的著作集》,第10卷,第489—490页。

种形式适合于成年懒汉以及幼儿和吃奶婴儿的能力和趣味。

关于政治学和逻辑学,我的新颖和深奥的想法,他无一不在受到它们启示时立即就把它们抓住,并加以运用,好像它们就是他自己的。他脑子里的选集,比此刻作者所有的还要多。有一天,他根据我给他的一些暗示,为我建立了一张完整的全部动词变化表(从逻辑意义来说,这是语法的大发展),我相信它涉及和详尽研究了英语的整个领域。从我看到或听到的一切来判断,他的品性的道德方面,与他的智力是完全相称的。我看到的唯一不足之处,是在风度方面。他说起话来结结巴巴,唾沫飞溅,面孔歪扭,话像爆炸一样迸出来,对于像我这样神经过敏的老人(就这个词的贬义来说)是不小的烦扰。每当一位正直的人开始说一句话,他总是不让他说完,这也是他的热情的表现。至于他的口吃,奇特的情况是,当他要讲一段时间而无人打岔时,例如在敝人很尊敬的赞助人参加的上述值得称赞的互进会上,坏巫师的咒语暂时中止了,他口若悬河,同任何律师一样。所以,当我责骂他的时候,他总是叫我放心;在这个问题上,如同在所有共他一般的问题上一样,除非我大上其当,他的主张的正确和坦率是无与伦比的。

有一天,我接到了我的——我敢说是我们的——爱尔兰友人①本月2日的一封来信,我要向您表示感谢。我毫不怀疑,您对他的欢乐是感到高兴的。您会像他和我那样清楚地看到,需要无限期地使令人不快的联系继续不为人所知,因为他所能期望做的一切有益事情,可能取决于这一点。

---

① 未能查明是何人。

我的说教到此结束,因为时间非常宝贵,手指也写得累了。我是在说教,我的说教不是正统的说教,而是墨守成规的和其他异端的说教。

> 相信我是怀着最真诚的敬意,
> 亲爱的先生,
> 您忠实的仆人
> 耶利米·边沁

大卫·李嘉图先生:

几天内我们就要再见到您了。很好,但是不感谢您,而要感谢陛下的大臣们。①

341. 李嘉图致普莱斯②

明钦汉普顿 盖特科姆庄园,1819年11月1日

亲爱的先生:

我的目的和您的目的都是发现真理,因此双方都不必因为自

---

① 议会于11月23日重新集合。

② 信封上写着:"伦敦 查林十字路 普莱斯先生"。李嘉图签名并写上"1819年11月2日"而免费邮寄。

普莱斯读过李嘉图的文章《基金制度》的手稿,并提出某些批评,穆勒在前面第337号信中对此曾有所叙述;李嘉图在一封信中答复过这些批评,这封信现在尚付阙如;普莱斯写了一封长长的复信,复信的草稿上写着"关于李嘉图先生的信,对偿债基金的意见,于1819年10月30日寄往盖特科姆",现存英国博物馆,增编手稿27,836号,第111—112页(未发表;现在这封信里有引自那封信的引文,这封信是答复普莱斯所提意见的)。

由地评论对方的意见而道歉。

您说,您把由赋税提供的偿债基金和借入的偿债基金区别开来,但是偿债基金的这两种情况都只是一种错觉。您说,"自1793年以来,就没有别种借入的偿债基金了"。现在我不能同意①这一点;我想问一下,在从1793年到现在的一部分时间里,由于那个您认为是没有根据和虚假的名称,缔结的债务并不比如果不存在那个名称来得少。例如,1796年的特别开支需要2,000万。除一年100万的利息以外,还由赋税每年向不适当地称为偿债基金的项目提供20万。假定这样继续若干年,譬如说10年,到这些年终了时,我们的债务将比我们如果继续开支2,000万和每年只付100万利息要少,这难道不是真的吗? 我们债务的差额,将恰好等于10年每年20万镑,9年每年另一个20万镑,8年每年又一个20万镑,如此等等,在10年中按复利计算合计的总额,这是可加以论证的。因此,在比较这两种为开支提供资金的方式时,可以明确无误地说,我们在一种情况下所欠的债务将比在另一种情况下所欠的债务为少,少的是偿债基金及其积累的总额。严格地说,在我们负债的时候,没有基金,因为不可能有基金,也没有积累。得来的一切款项②都用于偿债,或用于防止举债,但这样说仍然是正确的,即A和B之间的差额,等于一定金额的基金在一定时期内产生的所有积累额。现在假定偿债基金每年都是借来的,于是您确

---

① 先写作"现在假定我同意"。
② 先写作"基金",后改为"得来的一切款项"。

实可以正确地说,这全是错觉,因为可加以论证,在开支一定时,在10年或任何其他年数终了时,无论有无偿债基金,您所负的债务将一样多。这种偿债基金或那种偿债基金的效果之间就没有显著的不同吗?然而您的语言会使我们假定没有什么不同,因为您说,"无论在这种或那种情况下,除错觉外什么都没有"。假定皮特先生的计划总是完全执行,我就要问计划的支持者,在减少或防止债务的积累方面,我们从这项计划得到了什么好处。如果他向我说明专员们名下的公债总额,并告诉我要不是因为偿债基金的作用,国家除了未偿还的债务以外,还要真的欠上那笔总额,难道他不对吗?您怎么能说这全都是错觉呢?我说,错觉在于大臣们没有履行他们的诺言,他们没有从赋税中提供他们常说的偿债基金,而是在前几年不仅从他们取得的贷款中借入偿债基金,而且甚至没有为贷款提供利息,所以变得必须从偿债基金取得利息。我希望我已经把我的意思说清楚。我向您承认,在我们负债的时候,没有真正的基金,也不可能有。但是,如果我们仅仅希望把我们债务的实际状况,在有制止债务积累的某些规定时同没有这类规定时作一比较,那么把偿债基金看作真正的基金,就不会引起错觉了。

您否认范西塔特先生在1813年作出安排时,从偿债基金得到了什么东西,您说"没有什么东西可得"。我们假定一个国家每年负债2,000万,并答应每年支付2,500万。它支付500万的目的,是为了到一个期限时就不会再要求它支付什么,换句话说,它宁愿在有限的年份内每年支付2,500万,而不愿老是每年支付2,000万。

341. 李嘉图致普莱斯

为了这每年500万,得有资本支付,但对于总要支付2,500万直到全部债务还清为止的这个国家来说,并没有减轻什么负担。第一年,要付给公众2,000万,付给专员们500万;第二年,付给公众1,975万,付给专员们525万;这样,付给公众的逐年减少,付给专员们的逐年增加。假定到一定年限终了时,每年只要付给公众700万,而付给专员们1,800万;还假定这时大臣需要一笔2,000万的贷款。如果他为了这笔贷款的利息而从税收中提供100万,那么他为了债务的利息和偿债基金,每年将支付2,600万,而不是2,500万。虽然债务将增加,偿债基金不会减少。但是,假定他不为利息而提供100万,他每年将只支付2,500万,而不像以前那样为利息支付700万和付给专员们1,800万,现在他必须为利息支付800万和付给专员们1,700万。如果预见到几年后他将需要相等数额的贷款,他应当得到议会通过的一项法令,准许他把付给专员们的减少到1,100万,并举借新债,把付给公众的增加到1,400万,这样他不是将对偿债计划造成很大损害吗?这就是范西塔特先生所做的事情,然而您说,"实际上什么都没有得到,也不可能得到,因为没有什么东西可得"。

如果您这样说是因为,严格地说,并没有基金,我就不争论这件事,因为实际上这只是言词上的争论。但是您说,这不是言词上的争论,那么我们在什么地方不一致呢?如果我们没有办法很快清偿我们的债务,像我们本来应当做的那样,或者如果我们由于范西塔特先生提出了新的安排而不能有效地阻止债务增长,那么我要说他得到了一些东西,而不是一无所得。把它叫做偿债基金,或者您爱叫什么就叫什么,反正他已减少了征课新税的需要,但他是靠加快增加债务来做到这一点的。

"来自税收的偿债基金,只有在赋税产生的资金多于政府当前的开支①时才能存在,而这种情况自 1793 年以来从未出现过,因而也就从未有过来自税收的偿债基金。"换句话说,"凡是实际上未使债务减少的,我不称之为偿债基金。"我的偿债基金的概念,不像您的那样严格,这是指一种基金,它展现一种美好的前景,即有朝一日能有效地减少和消灭债务。如果我们的经常岁入超过经常岁出,有 2,000 万的节余,只有一年我们的支出超过了经常收入,您就会说这一年我们没有偿债基金。我却相反地坚决主张,由于我们总是每年有 2,000 万来抵消某一年的 2,100 万支出,我们有了一笔非常殷实和非常有效的基金。"如果我们按复利贷出了一笔款项,尽管我们继续借债,我们应当有一笔真正的偿债基金,可以及时清偿我们的债务,但我们从来没有做到,也绝不能做到这一点。"我同意我们最近没有做到这一点,但为什么不可能做到呢?除了大臣们或议会不守信用以外,我不明白为什么。

为什么我们不能做到,您提出了什么理由呢?"因为我们不能用赋税的收入来发行公债",但专员们可以用赋税的收入来拨充已有的公债的利息,这将带有如同他们按复利贷出资金的恰好相同的效果。如果您承认(您毫不含糊地承认),如果我们按复利贷出

---

① 这里删去了"金额"字样。

了一笔款项,尽管我们继续借债,我们应当有一笔真正的偿债基金,可以及时清偿我们的债务,那么您就必须承认,给专员们相等的基金在市场上购买公债,并使他们有权把已购入的公债的股息拨作新购买公债之用,将同等地有效。您必须撤回您的第一项承认,否则您必须准备作出第二项承认;要始终如一地坚持上述命题之一并拒绝同意另一个命题,是不可能的。

亲爱的先生,

您真诚的

大卫·李嘉图

请将此信给穆勒先生一阅,使他可以在我们之间作出判断。

342.普莱斯致李嘉图

〔由343回答〕

伦敦,星期一,1819年11月1日

亲爱的先生:

昨晚为了别的目的查阅了汉密尔顿博士的书,我看到这位博士在一段中表明,不可能〔有〕①来自税收的偿债基金。② 我曾想把它寄上,但我害怕那是多管闲事而没有这样做。因此,今晨我向穆勒先生谈及此事,现在按照他的愿望把它寄上。

---

① 手稿上漏掉了。
② 《国债的起源和发展……的研究》,第3版,爱丁堡,1818年,大概在第46—50页。

343. 李嘉图致普莱斯①

〔答 342〕

盖特科姆庄园,1819 年 11 月 3 日

亲爱的先生：

我仔细看了您从汉密尔顿博士的书中摘引的那段话,但没有看出这位博士表明,不能有来自税收的偿债基金。

他假定的按单利借款并把它按复利贷出的例子,我还没有清楚地理解。如果国家借入 100 万的贷款,为此它每年征税 5 万镑来支付利息,然后用这 100 万按复利清偿债务,在第一年清偿 100 万的债务,并从那时起每年用 5 万镑按复利清偿旧债。实际上,它是为建立偿债基金而每年征税 5 万镑。当一个国家或个人按单利借款和按复利贷出时,它每年要支付利息。但在它继续②原来的贷款,或继续按复利计算每年的利息(这是同一回事)时,从未得到任何东西作为回报。到这里为止,这个例子被用来证明您的命题,在我看来,它却是在确立我的命题。一个国家每年征税 5 万镑,而不增加它的开支。如果岁入和岁出以前就相等,这笔每年 5 万镑的盈余专用于偿债,将产生相同的效果,如同它按复利被贷给 A 或 B,并在达到一定金额时被用于偿债那样。您的意思是说(我确信汉密尔顿博士不这样说),如果每年我们的收入超过支出 5 万

---

① 信封上写着:"伦敦　查林十字路　弗·普莱斯先生"。
② 这里删去"贷出"字样。

镑,并被专用于偿债,就不会按复利率减少我们的债务吗?我们的债务将不会第一年减少5万镑,第二年减少52,500镑,第三年减少55,125镑,等等吗?把它叫做偿债基金,或您爱叫什么就叫什么,我在名称上没有争议,这不是结果吗?如果您说这是结果,那么我们的分歧是什么呢?在这个问题上,我完全同意汉密尔顿博士的意见。请看他这本书最近版本的第53页及以下各页。

您忠实的

大卫·李嘉图

非常感谢您寄下威斯敏斯特选举活动的报道。我已以很大的兴趣读过它。①

344.麦克库洛赫致李嘉图

〔答333—由349回答〕

爱丁堡,1819年11月2日

我亲爱的先生:

您10月2日非常友好和宝贵的来信未曾早日奉复,请您原谅。但尊函到达时,我正在乡间盘桓数日,以致稽延甚久,此刻我才能完成答复那些友谊弥足珍贵的人们的来信这一令人愉快的任务。

由于您的启发,我认为我已大大改进了我论汇兑的那篇文章

---

① 《威斯敏斯特选举的可靠叙述》,伦敦,斯托达特书店,1819年,一卷本,vii及412页,约翰·卡姆·霍布豪斯和弗朗西斯·普莱斯编。

我还补充说明了汇兑在 1815 和 1816 年上涨的原因。① 可是,尽管我极为怀疑在这个问题上与您有分歧的意见的正确性,我却不能同意,在计算汇兑的实际平价时,不去考虑金银条块的运输费用。② 在我看来,影响不同国家流通媒介相对价值的因素,无论它是它们铸币所含金银数量的减少,或者它们纸币所能兑换的金银数量,或者金银条块本身相对价值的减少,都一定是影响名义的而不是实际的汇兑。您在回答博赞克特先生时说过,西班牙与它的殖民地的汇兑绝不会是不利的;③从这一说法我理解您的意思是,西班牙的一定量贵金属比南美洲的相同数量价值大,因此名义汇兑一定同比例地有利于前者。您会承认,如果某国靠限制性的法规来积累金银,就会使它的名义汇兑同比例地不利。现在,当拥有富矿等自然原因产生同样作用时,为什么情况却不同呢?我不能不认为我举出的糖的例子是有决定意义的。如果一张在伦敦值 200 大桶糖的汇票在牙买加只能得到 100 大桶,就不能一定认为汇兑是按真正的平价进行的。

您说,如果把金银条块从一国运往另一国没有费用,汇兑就绝不会偏离平价,我认为您这样说是错误的。如果运输金银条块不需要时间,也不需要费用,这一原理是正确的。但如不是这样,就不正确了。虽然金银条块可以免费运出南美洲,去恢复欧洲货币价值的平衡所受到的扰乱,然而很明显,这种扰乱是好多个星期都

---

① 《英国百科全书补编》,第 4 卷,第 220—221 页。
② 见李嘉图的第 4 条意见,本书第 90—91 页。
③ 参见英文版《李嘉图著作和通信集》,第三卷,第 171 页。

调整不好的。

得知您并不打算为《英国百科全书补编》写一篇关于基金制度的文章,而只是写一篇关于偿债基金的文章,我感到很惋惜。我希望您愿意接受劝说,写前一篇。这是一个可能引起很大兴趣的题目,它从未被适当地讨论过,或者我可以说,根本未被讨论过。您可以有机会不仅探索靠贷款来提供特别费用的相对优点和缺点(与靠突然增加赋税来提供特别费用的优缺点相对来说的),还可以指出巨额债务的积累的破坏作用。这项讨论是根本不困难的。这只是把您已经确立的重要原理加以实际应用而已。没有什么比听说您正在论述《基金制度》更使我愉快的了,我确信您写的关于这个题目的论文将是无比重要的。

关于《评论》上我论与法国的贸易的文章,您所说的话特别使我高兴;①我希望您努力为贸易自由原理的功效提供实际的证明。无论我多么倾向于赞同您对其他问题的意见,请允许我完全不同意。您就谁应当在下议院提出这个问题所说的话。如果舆论要对这类问题有点起码的影响,我可以肯定,它定会赞同由您来提出这个问题。我毫不怀疑,由您来着手这件事,关于这个问题的重大原理很快就会得到承认的。

昨天我接到托伦斯先生的信。他说,他将在几天内把他写的对您的价值理论的回答的复本寄给我。②像少校这样优秀的政治经济学家如此固执己见,我感到遗憾。我将寄上论汇兑的那篇文

---

① 见本书第 84 页,注①。
② 见本书第 137 页。

章的副本,寄往伦敦您的寓所。在您方便的时候敬希赐复。怀着崇敬的感情,我永远是,

我亲爱的先生,
您最忠实的
约·拉·麦克库洛赫

345. 李嘉图致马尔萨斯

〔答338〕

盖特科姆庄园,1819年11月9日

我亲爱的马尔萨斯:

　　从尊函获悉,竟有如许困难妨碍你和马尔萨斯夫人在下次假期光临盖特科姆,我感到遗憾。据您的说明,这些困难看来难以克服,但愿将来情况会变得较为顺遂,我只能以此自慰。我将于22日只身去伦敦,当然,我将继续在那里,直到议会休假。也许那时你有机会到城里去,如果这样,我将有床供你使用,并由布鲁克街我的管家供应膳食。

　　惠肖先生对他在这里的非常短暂的访问表示满意,使我感到高兴。同他在一起使我非常愉快,没有人能比他更容易相处,能比他更容易满足于他周围的一切。我们就议会改革问题谈过多次,我高兴地发现,我们的看法比我以前想象的要一致得多。像惠肖先生愿意给我们的那种改革,我是十分满意的。如果激进主义意

味着普选权,在目睹亨特、沃森一伙①的行径之后,我肯定不会比以前更倾向于激进主义。可是,我担心我并不认为,你同意的温和改革是良好政府的充分保证。如果我记得不错,你的改革方案太温和,正如普选计划太激烈那样。介乎两者之间将会使我满意。你认为大量人民真会误信这种思想,即代表权的改变会完全解除他们的困苦吗?可能有少数②存心不良的人喜欢革命,他们没有别的想法,只想占有别人的财产,但抱有这种目的的人一定是极少数。我不能把那些心地善良的人的理解想得如此卑鄙,以为他们真诚地相信议会改革会给他们工作,或解除我们现在负担着的这个国家的赋税重负。我也没有看到向暴民发表的演说曾给他们以这样过高的期望。如果有,我确信他们懂得更多,而不至于相信空许诺言的演讲人。我预料我们将有一次很多风波的议会之议。

关于我的计算,我只要说句为它们辩护的话,那就是,我把它们提出来绝非为了任何实际用途,而仅仅是为了阐明一项原理。你说"我的一切计算竟不会必然地和在根本上发生错误,那几乎是不可能的",这不是对我的理论的回答,因为我并不否认这一点。但是,安排劳动者工作的资本家保有的农产品或工业品的比例,取决于维持劳动者生活所必需的劳动量,这仍然是正确的。

你问我,"在土地因为输入外国谷物而不耕种时,我究竟认为,新的利润率是土地的状况决定的,还是由与工资下降相对来说工

---

① 亨利·亨特和詹姆斯·沃森,是 1816 年斯帕广场和(前者)1819 年曼彻斯特圣彼得广场的人民领袖。

② 先写作"许多"。

业品和贸易商品的不变价格决定的。"你正确地预料到我的回答："我认为,假定这类工业品的价格保持不变,资本就要从土地上撤走,直到最后一笔资本生产出制造业(因工资下降而)获得的利润为止〔"〕。

我高兴地听到尊著即将付印,但我感到惋惜的是,从你努力阐明的原理得出的结论的最重要部分没有包括在内,我指的是赋税。我最近接到特罗尔的来信,①他深感遗憾,政治经济学家们竟这样不注意赋税这一重要问题。他认为现在它尤其重要,我不能不同意他的意见。你已开始着手现在的工作,我希望你立即谁备对这个实际上大家都关心的问题,给我们谈谈你的想法。

我最近还接到麦克库洛赫的来信,②他刚为《英国百科全书》写了一篇关于汇兑的文章。虽然我不能同意他的一两项定义,我认为这篇文章是写得很好的。

我已经匆匆完成了我所担任的关于偿债基金的文章,后来我变得对它很讨厌,我终于摆脱了它而感到高兴。我已多次告知有关方面,在决定是否发表时,不要照顾我的情绪,我对它应否问世很感怀疑。

李嘉图夫人和我一起衷心问候马尔萨斯夫人。

你永久的朋友

大卫·李嘉图

---

① 第 327 号信。
② 第 344 号信。

346.李嘉图致特罗尔

〔答339〕

盖特科姆庄园,1819年11月12日

我亲爱的特罗尔:

请不要以为我要责备你懒惰。我深知即使你不从事伏案久坐的工作,你仍会从事有益的工作的。能够有益于公众的,莫过于开明的人士承担地方行政长官的职责,而没有滥用交给他们的权力的动机。我深信,你正在通过调解争端,为社会提供非常必要的服务;维护社会秩序,并在你影响所及的范围内为财产的保护提供保障。我也没有低估你在耕作方面的活动;受过教育和具有开明见解的人士从事这方面的思考所产生的巨大益处,使我非常满意。他们对于改进农业和破除反对革新的顽固偏见,作出了许多贡献,革新在农业方面也许比在其他任何方面都更为显著。我感到惋惜也许是自私的。我热切地①希望政治经济学的正确原理得以传播,我需要一个人的帮助来达到这个目的,这个人在我看来已吸收了正确的意见,并有条件帮助进一步改进这门科学。很好地分析和说明你所提到的问题——对未来的开支可能是必要的资金的最佳筹集方法——是非常重要的;这使人很感兴趣,值得进行最耐心的研究。完成这一研究的困难,几乎足以使人不敢问津。可是,为了使我自己满意,而且对于说明这样复杂的问题不抱什么希望,如

---

① 先写作"ardendly",后来不完善地改为"ardently"。

果我有可供支配的时间,我愿把时间用在这方面,而现在我没有时间,将来有一天,我将把全部精神集中于考虑这个问题。

我相信马尔萨斯的著作现在正在印刷,我遗憾地发现,他遗漏了,而且没有探讨赋税问题。① 政治经济学的简明原理一旦被人理解,它对于指导政府在赋税方面采取正确的措施是有用的。我们很快就明了,在没有政府的干预时,农业、商业和制造业最为繁荣,但国家必须有资金来支付其各项职能的费用,这种必要性使它不得不征税,从而干预就成为绝对必要了。因此需要有这门科学的最完善的知识,而我不能不感到遗憾,马尔萨斯没有把他在这个问题上的想法提供给我们。我希望他出版他的著作以后,立即认真地着手研究这个问题。

我高兴地发现,你对于维护人民举行集会和陈述他们实际的或想象的痛苦的权利,是支持的。这种权利有时会造成很大的不方便,但我并不认为用你提到的方法,你就能防范这种不方便而不使特权本身归于无效。政府越是自由行事,人民就越容易推翻政府。如果比教区的集会大些的集会都是非法的,我们的自由还有什么保障呢?这类集会确实可能谈论他们的痛苦,但他们的谈论不会成为统治者改变措施的动机,反倒的确可能成为他们完全取消这类集会的诱因。害怕叛乱,害怕人民联合起来共同努力,是对一切政府的重大约束。这些约束我们可以用改革下议院的办法来获得,而现在我们靠人民具有集会的特权来获得。在取得前一种约束还没有什么保障时,我不能同意削弱后一种约束。即使我们确实取得了前一种约束,我却怀疑它会在多大程度上被接受为我

---

① 见本书第109页。

346. 李嘉图致特罗尔

们现在享有的特权的代替品。

你认为大臣们免除菲茨威廉勋爵的职务显得很不明智和宽大，我同意你的看法。至于反对派利用目前可能发生的其他情况而采取行动把大臣们撵走，这完全是大臣和反对派的正常战术，在我看来反对派并不比以前的许多场合有更多的成功机会。

在我继续写下去之前，让我向你和特罗尔夫人最真诚地祝贺令嫒的诞生。我高兴地获悉，母女都好。

我没有读过彼得致他家属的那些信，它们在我们的读书会里，还没有到达我处。

2、3月里，也许是4月里，我在伦敦家中，在巡回审判书记员或审问员的陪同下，宣誓就任郡司法官。在我会见巡回审判区的法官之前，没有要求我做什么事去履行职责。

听说将请求议会推迟按每盎司黄金对4镑1先令的比率以金银条块兑付纸币的时间，从法定的明年2月推迟到较后的时期，我对此深感关切。我被告知，大臣们一点都没有偿还政府欠英格兰银行的债务，而有意满足董事们及其支持者无限发行纸币的愿望，条件是要给他们以更多的时间来偿付债款。① 利物浦勋爵听信这类折衷意见，肯定会使他自己丢脸。对这个问题经过深思熟虑以后，议会同意进一步推迟也是不可能的。如果议会同意，你对下议

---

① 1819年11月30日，格伦费尔询问财政大臣，政府在偿付500万给英格兰银行方面已取得多大进展，这是政府按照恢复支付黄金计划，保证到1820年4月要这样做的。财政大臣回答说，虽然已经偿付了"很大一笔款项"，在最近的将来不可能向银行作进一步的偿付，"除非银行在贷款方面愿意给予通常的通融"。可是，银行拒绝通融（《议会议事录》，第41卷，第514页）。银行董事们的立场是这样的，鉴于迫在眉睫的恢复支付黄金，他们不得不限制纸币发行额；除非推迟恢复支付黄金，他们不能向债券认购人提供通常的垫款，以供分期支付贷款之用。

院看法如何呢？

你听说过打算提议征收 5% 的所得税吗？我看不出这样做的必要性。如果岁入很不足，它不大会短缺那么多，以致我们毫无盈余作为偿债基金。如果我们纳税只是为了建立偿债基金，至少我不同意这样做。此外，今年岁入因特殊原因而不足，因此未来年份的岁入也会不足，作这样的推论正确吗？上次开会时大臣们告诉我们，他们那时正在准备的一种制度是我国的永久性制度，除了需要 500 万的贷款以外，他们看不出还可能需要什么进一步的帮助。他们为什么不提高国库券的利息呢？当市场的利率是 5% 时，他们有什么理由坚持要按 3% 借款呢？在你看到这里之前，想必你对这封信已感到厌倦了。现在我赶快解除你的疲劳吧。李嘉图夫人和我祝你和特罗尔夫人幸福。

永远属于你的

大卫·李嘉图

347. 萨伊致李嘉图①

〔由 352 回答〕

先生，请允许我奉上一册刚出版的拙著《政治经济学概论》第四版。② 从我所作的修改，特别是第 2 卷关于财富分配的最初几

---

① 李嘉图于 11 月 22 日到伦敦时接到这封信；见本书第 147 页，并参阅本书第 129 页。

② 《政治经济学概论，……增订第四版……》，共 2 卷，巴黎，德泰尔维尔书店，1819 年。

章中的修改,您可以看到,您的批评对我来说是多么有益,因为这些批评使我必须重新研究我的学说中最难处理的部分。如果这些和另外一些修改,能够使您重新回到不幸我们未能取得一致的少数论点上来,我将感到非常高兴。我希望在我可以同您进行论战的少数场合,您不要以为我对您不敬,人们对您的崇高愿望和渊博知识是素来尊重的。

我为尊著《原理》写了一些评注,①那只是供我自己使用,因此,我删去尊著中的一些段落,而没有加以说明。在那些地方,我的论点只不过是重复您的论点,但我的论述大为逊色。一家书店托人翻译这本著作时,知道了这些评注,对我不断纠缠,直到从我手中取得了评注才肯罢休。在评注出版时,我拟寄上一册,可是拿到邮车处,据告由于海关的缘故,不接受所有径寄伦敦的邮包,必须由驻在多佛的通信员转递,糟糕的是那边没有这样的人员。所以这个邮包放在我的书桌上,直到我能找到方便的机会。为此长期地拖延,使我不好意思给您寄去了,感到寄给您一册您早已读过的书,是极其可笑的。这是这一疏忽的真实情况,您能理解我是深感惶愧的。我相信这个邮包将会顺利到达。

先生,请接受我的崇高敬意和非常真挚的忠诚。

让·巴·萨伊

巴黎,1819年10月10日

伦敦,大卫·李嘉图先生

---

① 李嘉图的《政治经济学及赋税原理》;法文译本由萨伊注释,参见英文版《李嘉图著作和通信集》,第七卷,第361页,注①。

348. 麦克库洛赫致李嘉图

〔由 349 回答〕

爱丁堡,1819 年 12 月 5 日

我亲爱的先生:

承蒙敝友内皮尔先生的许可,我高兴地拜读了您论偿债基金的文章。我认为它好极了。它不仅在原理上是正确的,而且对迄今公布的清偿国债的各种方案的作用,提供了最清楚和最令人满意的说明。您写这篇文章,为公众做了一件必要的工作;并在您已经为国家尽了许多义务之后又增添了一项。我相信,您不会以为我现在只是滥用溢美之词;为使您深信这不是事实,我冒昧地说,我认为再作很少的增补,您还可以大大增加这篇文章的价值。您实际上写了一篇论述整个基金制度而不是偿债基金的文章;要使它专门论述偿债基金,必须做的只是调换数页,从一般地论述筹集拨款的最佳方法开始,然后进而说明我国国债的发展,以及为清偿国债而曾经采纳的各种方法的历史。我认为这将增加这篇文章的价值,这是靠使之更为完善,而不是仅靠增加劳动量来做到的;如果您认为这一建议可取,改动的时间是充裕的。

托伦斯上校最近寄给我一篇文稿,他提起也曾送您一份副本。① 我感到我们这位勇敢的朋友误解了您的理论。他陈述的他和您的理论之间有分歧的理由全然不准确。他认为,当50天劳动积累起来的一笔资本用于支付50个工人的工资时,这种劳动所生产的商品在生产过程中共耗费了200天的劳动。我认为这是根本错误的,因为它假定资本被运用了两次以产生一定的效果,而资本通过人手只被运用了一次。其他例子都是从一个错误的假设出发的,这一假设是:您的理论要求,劳动是通过工人而被运用的;倘若劳动量相同,不管它是靠人手,靠制造牛肉的机器,或者靠发酵过程要天然汁液的作用,那是全然无关紧要的。

我知道马尔萨斯已将他的书付印。我(根据书名)②猜想,它将为他关于谷物法的信条辩解,如果它是这样,而没有受到相当粗暴的对待,我认为这对这门科学或国家都是不公正的。我认为马尔萨斯先生作为经济学家的声誉被估计得太高了,您会原谅我这样说的。如果他不是杰弗里③的特殊朋友,我要试图把他降低到应有的地位,而杰弗里很可能反对我这样做。

虽然我远非一个危言耸听者,我认为大家都必须承认,这个国家的形势现在极为危险。大臣们无知和专横,贫民多达100万人,赋税的重压三倍于世界上的任何其他国家,谷物法迫使耕种最贫瘠的土地和相应地降低利润率,在这些情况下,如果政治经济学这

---

① 这篇文稿没有查找过。见本书第128页和141页。
② "马尔萨斯先生即将出版8开本的《政治经济学原理及其实际应用》"。(《每月书籍广告》,1819年11月10日。)
③ 弗朗西斯·杰弗里,《爱丁堡评论》的编辑。

门科学比胡思乱想好些,那就根本不可能设想,我国不彻底改变制度就能够承受它所陷入的困难。把目前的困苦说成是暂时的,那就更为可笑了。这些困苦至少会像产生它们的原因那样长期延续下去。

我附上那篇论汇兑的文章的复本。如果它有什么优点,那主要是(如果不说全部是)由于我相当注意地研究了您的宝贵著作。

在您的其他更为重要的事务许可的时候,有幸得到您的来信将使我特别愉快。怀着最大的尊敬,

我亲爱的先生,

您永远忠实的

约·拉·麦克库洛赫

我希望您允许我寄上一份《苏格兰人报》。也许它有时能供您消遣。

349. 李嘉图致麦克库洛赫

〔答 344 和 348〕

伦敦,1819 年 12 月 18 日

我亲爱的先生:

现在我面前有您的两封信,第一封信的日期是 11 月 2 日,第二封信是 12 月 5 日。我能提出的以前没有写信的唯一借口是,我

的工作使我没有时间再做别的事。在您最近的来信中,我收到了您论汇兑的文章,我尚未全部读完。就我已经看过的来说,我断定,除了构成您第一封信的主题的一部分以外,我们之间并无其他分歧。① 关于这一分歧,我认为我们未能清楚地理解彼此的词汇,我争论的不过是您的文章第 208 页中承认的东西,它从"在计算……相对数量时"。② 在那里,您似乎承认金银条块委员会对汇兑平价所下的定义。③ 但在第 207 页上,您极力争辩说,这是不正确的。如果糖是世界的流通媒介,我认为这样讲是对的,即一张汇票"在伦敦值 100 大桶糖,在牙买加只能得到 100 大桶",那时汇兑是符合平价的。您似乎认为,这个意见同我回答博赞克特先生的意见(您在来信中提到过)不大一致。您说,您理解我的意思是,西班牙一定量的贵金属比南美洲同样数量的价值大,因此名义上的汇兑一定同比例地有利于前者。如果您以"实际汇兑"这个词来代替"名义汇兑",您就准确地表达了我的意思,我认为这同我现在对这个问题的看法是一致的。您说,如果贵金属从一国运往另一国没有运费,汇兑却可能因为运输需要时间而偏离平价,您说的完全正确。我把运输贵金属所费的时间里损失的利息看作费用的一部分。

---

① 本书第 125—126 页。

② "在计算不同国家的通货所含金银的相对数量时,一个国家的特定铸币,例如英国的英镑,被选择作为比较的整数或标准,它和其他国家的铸币在铸币厂的标准重量和成色上的比例,由化验来确定。汇兑平价是这样确立的"。

③ 见本书第 88 页,注①。

关于我为《英国百科全书补编》所写的论偿债基金的文章，您所说的话使我多么高兴，我简直无法表达。这篇文章是由穆勒先生交给内皮尔先生的，我对它很不满意，我已要求穆勒先生告诉他，我希望他毫不客气地拒绝它，如果他认为它不值得在他的著作中占有一席之地。您关于这篇文章所说的话使人极为满意，如果公众对我作出的努力的看法只有您的一半那样好，我就感到我的担心和焦虑得到充分补偿了。您对这篇文章过于赞许，反而使我不能谨慎地尝试您所建议的修改。我若进一步去弄它，很可能我把它改得不是更好而是更坏。您是根据您自己来判断我，如果法官允许我，我愿意接受按照您那样的标准来审判我。您可以移动段落，您的笔下写出新的型式很容易，而我则很困难。写作对您来说是容易的任务，对我来说则是费力的事。我一定不要冒险把一篇您加以赞许的文章搞糟。其他的约会和事务很可能来干扰，阻止我把需要的注意力放在改写文章上面。

142　　您将从报纸上看到，我试图在下议院的简短演讲①中表示我对某些问题的意见，现在的情况使这些问题特别令人感兴趣。我在演讲方面的困难同在写作方面的一样大，所以我不能判断，在使我的听众理解我的意见方面，我获得了多大的成功。我略为涉及自由贸易问题，这个问题您已如此卓越地加以论述。对我们的制

---

　　① 在12月16日，参见英文版《李嘉图著作和通信集》第五卷。

度作必要的改进需要坚定和坚韧这样的条件,而这些在我们现在的大臣们身上是找不到的。当他们把困难的压力推迟一二年来解除眼前的困难时,他们显得心满意足了。

托伦斯上校给我看的文稿,是他寄给您的那一份的复本。我比以往任何时候都更深信,价值的重要调节器乃是生产被衡量价值的商品所需要的劳动量。从商品送往市场所需的时间不等这一情况来看,这一学说必须作许多修改,但这不会使学说本身归于无效。我对调节价值的原理所作的说明,我并不满意。我希望有更大的手笔来担当这一任务,缺陷并不在于这一学说不能说明所有的困难,而在于试图说明的人不合适。

在我阅读了马尔萨斯先生现在正在印刷的下一本著作之后,我才能决定,他作为政治经济学家的能力是否被高估了。我承认,他关于谷物法的危险的邪说,提供了有利于您得出的结论的有力推测。我将感谢您寄来《苏格兰人报》,并同时通知我在这里把订阅费付给谁。我要知道这一点,不仅为了我自己,还为了舍弟拉尔夫,他为他的未了债务感到不安。我接到您来信之前,已请求托伦斯上校使我成为该报的订阅人。我怀着极大的敬意,永远是,

我亲爱的先生,
您非常真诚的
大卫·李嘉图

350. 李嘉图致希思菲尔德①

上布鲁克街,1819年12月19日

先生:

我早该感谢您惠赠您论清偿国债方法的杰出的小册子,②并向您表示我阅读后的愉快。但近来我事务繁忙,直到现在才有空发表一点意见,我是渴望就您条理清楚地陈述的某些部分向您提出这些意见的。

我完全同意您盼望消除我国债务的总的观点,并在大约两三年前我发表的一本出版物中,表达了我类似的意见。③ 在刚过去

---

① 印成一本小册子,题为《帕尔默将军于1832年3月20日,星期二,在改革议案三读时在下议院就国家的状况发表的演说。前面有已故李嘉图先生关于清偿公债致理查德·希思菲尔德先生的一封信,还有若干有关的评论。》,伦敦,朗曼书店,1832年。查尔斯·帕尔默将军在这篇演说中建议采纳希思菲尔德的计划,对一切财产征税15%来清偿国债。"评论"由希思菲尔德署名,并写明"伦敦 摄政街8号 1832年4月12日";这是对李嘉图的反对意见的回答。

理查德·希思菲尔德(约1775—1859年)是个会计师。

② 《清偿联合王国公债计划的要点;是一份声明的草稿,提请联合王国的土地所有者、资金所有者和其他所有者注意。附有导言》,伦敦,朗曼书店,1819年。

③ 见英文版《李嘉图著作和通信集》第一卷,第247—248页,并参阅1819年12月16日的演说,英文版《李嘉图著作和通信集》第五卷,第34—35页。李嘉图和希思菲尔德的"想入非非的计划",共同受到一位激进的匿名作者的攻击,他写的书名为《致国王的一封信;以无可争辩的事实表明我国史无前例的困难的根本原因;并包括一项建议,根据它,我们可以希望获得实质性的和永久性的解救,以维持既有的社会秩序;这与巴林、李嘉图、希思菲尔德诸位先生的幼稚方案和谬误理论,以及没有实际资本而只有纸币的人们的共济精神,显得截然不同》,一位平民著,伦敦,W.本鲍书店,1820年。并见科贝特的"关于希思菲尔德的偿清国债计划致利物浦勋爵的一封信",载于《政治周报》,1820年4月22日。

的秋季里,我在为《英国百科全书补编》写的、应于上月出版的一篇文章里,更为详细地阐述了我在这同一个问题上的想法。这一著作的编者内皮尔先生已于10月收到我的文章,但他把文章的出版推迟到下一个出版时期,因为他若把与文章连在一起的信也包括在内,就会使刚才出版的这一卷的篇幅过于庞大。由于我们在这个问题上的意见异常一致,我认为应该使您了解这些事实,您就不至于以为我借用您的论据而不承认了。您和我的意见之间的主要分歧如下。您要付给公债持有人100。如果付给他的3厘公债目前的市场价格或70左右,我认为他将受到完全公正的对待。由于我们现在正在清偿,或者不如说,不清偿债务,他绝不能合理地期望得到100,而会更加正确地期望最后丧失他的全部资本。您在第25页上对这一点所作的论证不是令人满意的,因为您在那里假设公债持有人将按3％的利息把他的资本再投资。按照您的判断,利息率这样下降是清偿债务的自然结果。但是,我无法猜想,资本没有任何增加,人口也没有减少,为什么利息要从5％降至3％,而且我没有看到您说了什么来支持这样的结论。

关于债务的减少会影响到我国的农业,我们也有分歧。依我的意见,这种影响将不能使我们同外国的谷物种植者竞争,我们一点也不比我们现在所能做的更为有利,因而我认为,如果现在必须有谷物法来维护土地所有者的利益,那么在清偿国债时,谷物法也将是必要的。您(在第10页上)说,"假定免除进口税,人民会得到廉价食物,联合王国的农业也将经历巨大而有力的推动"。您还(在第11页上)认为,"免除关税和赋税将大大增加对工业品的需求"。我不能不认为,我们不会得到任何这样的好处。

我对您的有创造性的小册子冒昧地说这些话，我确信您会原谅我的。如果您想要知道我讲这些话所根据的理由，我乐于在您光临的任何一天上午向您陈述。在您最方便的时刻，我一定在家恭候。

先生，

您顺从的仆人

大卫·李嘉图

理查德·希思菲尔德先生

351. 李嘉图致特罗尔

伦敦，1819年12月28日

我亲爱的特罗尔：

我们终于得到一点喘息时间，我可以坐下来同你闲谈了。下议院所有重要的事务都已匆匆办完，我们现在盼望有一个长的假期。由于上个月我们的工作接连不断，我的确认为我们应该有一个假期。大臣们除其他任务以外，怎么经受得住午夜上班的疲劳，是一个使我惊异的问题。蒂尔尼先生在这方面显然更糟，虽然他对事务甚至下议院的事务的注意绝非毫无间断的，他本人却声称不能再承担频繁地参加下议院的辩论这一折磨人的任务了。毫无疑问，你是赞同压制公众不满情绪的一切措施的。① 我认为这些措施是对我们的自由的严重侵犯，我反对它们，是因为我预料它们不会消除不满的原因，而只会使之增加。人民抱怨说，他们在政府

---

① "六项法令"。

的组成中没有应有的份额,而且他们曾经实际拥有的一部分也被剥夺了。在我看来,①激进的改革者受到了很不公正的对待——他们全被看成一模一样,未经证明,甚至未经考察,就被宣告都是伪装的革命者,而且他们被根据这一假设而受到谴责,不许他们说一句为自己辩护的话。没有人能否认,人民召开大会和公开进行粗暴的诽谤,是会使人害怕的,但已经实施的法律的效率从未受到公正的考验,在旧措施未能纠正大家抱怨的弊端之前,大臣们就采取严厉的新措施是没有正当理由的。

我们的财政状况似乎不像描绘的那样十分恶劣,今年的亏空一定是严重的,但没有大到足以吸收全部偿债基金。除非全部偿债基金都被吸收了,我不认为加征新税是明智或必要的。我想,在新战争爆发之前,我们现在将继续这样进行下去,而不必采取任何重大措施,而到了那时,在我看来,如果要维持对国家债权人的信用,除了征收相等于战争开支的赋税以外,为战费而筹集每年的拨款是不可能的。

我认为必须终止贷款;我们不能继续把债务增加到8亿。我已经比我想要说的多说了许多,人们应该顺带注意到我关于清偿债务的意见,②就像通常我遭到大部分反对党攻击时所发生的那样。我提出公债持有人的100镑3厘公债不应获得100镑现款,

---

① 这里删去"甚至"字样。
② "李嘉图的用不动产税来偿还国债的意见,看来充其量只是一种轻率的意见;在关于贫民就业问题的演讲中以偶然谈及的方式来发表这种意见,是考虑得不很周到的。这毕竟是一种激进的意见,它被改革者采纳作为摒弃赋税的一种适当的方案,并不是不可能的。"(J.L.马利特的日记手稿,于1819年12月19日记入。)见李嘉图1819年12月16日的演讲,参见英文版《李嘉图著作和通信集》第五卷,第34—35页。

而只应获得100镑公债的市价或70镑,有些公债持有人就指责我对待他们不公正。另一伙人——土地所有者则指责我想要把我国的土地给予公债持有人,而且超过暗示地指责我提出建议是出于私心。我可能是无知或有偏见,但我没有意识到受任何自私动机所影响,而且由我来确定采取这项措施会怎样影响到我的特殊利益,实在是很困难的。

反对采取这项计划的最严重障碍,我看,乃是下议院的代表的状况,它不能向我们保证,如果我们消除了现在的债务,我们将不再陷入另外的债务。

辩论是很有趣的,上周的辩论①为麦金托什爵士和坎宁先生提供了表现伟大口才和伟大天才的机会。这场表现是令人钦佩的,据那些在议会占有席位很久的人告诉我,近年来没有超过它的。普伦基特和布鲁厄姆也表现得很出色。

我希望特罗尔夫人和你的孩子们都好,并正在尽情享受通常充满欢乐的这个季节的喜庆佳节。请代李嘉图夫人和我向他们亲切问候。

我猜想你将被选拔为贵郡明年的司法官。我希望你将感到这是个合你心意的职位,并且不会因为时势变幻而负异乎寻常的责任。再会,我亲爱的特罗尔,相信我永远是

你最真诚的

大卫·李嘉图

---

① 关于亵渎性诽谤和报纸印花税的议案。

352.李嘉图致萨伊

〔答347—由356回答〕

伦敦,1820年1月11日

亲爱的先生：

我到伦敦时收到尊函和一并寄来的礼品,感到非常高兴。我记得,当我有幸在巴黎见到您时,您说过,我们将在各自著作的每一版中更加接近对方的意见,而且我相信这番话的真实性将得到证实。我们已经前进了几步,随着我们更加了解我们之间的分歧,我们将发现许多分歧仅仅是文字上的。我认为您关于价值的那一章已大有改进；但我还不能同意您关于政治经济学最困难部分的全部学说。

在那一章中,您似乎误解了我的立场。我并没有说劳动的价值调节商品的价值,因为这正是我要竭力推翻的意见；但我说,商品生产所必需的相对劳动量调节商品的相对价值。

在我看来,您还误解了我的一个意见,这您在拙著译本的一个注释中曾加以评论。我关于地租、利润和赋税的论点是建立在一个假定上,即每个国家都有不付地租的土地,或者都有资本投入开垦以前不付地租的土地。您回答了第一种看法,但您没有注意第二种看法。要承认两者,才算回答了我的论点。①

---

① 参见英文版《李嘉图著作和通信集》第一卷,第414—415页。

我请求您接受拙著的第二版。它没有什么新内容；我不愿意承担重写的麻烦。

　　政治经济学正在我国取得进展。正确的原理每天在前进，尊著正如它应该的那样，继续被认为是第一流权威。议会上届会议的活动，使热爱这门科学的人大为满意。通货的正确原理终于得到庄严的承认；我希望我们绝不会再误入歧途了。

　　耶利米·边沁和穆勒先生都好。不久前我见过他们二人。我希望府上全都健康。请代我向他们问候。

　　我亲爱的先生，您非常真诚的

大卫·李嘉图

353.格伦维尔勋爵致李嘉图[①]

德罗普莫尔，1820年1月11日

我亲爱的先生：

　　获悉我对目前困苦原因的总的看法得到您这位高级权威的嘉

---

① 显然这是对李嘉图一封已经遗失的信的答复，李函讨论了格伦维尔勋爵于1819年11月30日在上议院关于国家状况的演说。信中提到的命题是在演说的开头部分，格伦维尔勋爵在那里把制造业地区普遍存在的困苦归因于"政治经济学的一项普遍和主要原理的作用"，即"在和平时期，在国内安宁的良好影响下，每个文明社会的资本，特别是如果容许它寻找最有利的用途，自然倾向于按照比人口更快的比例增加；资本业已增大的和日益增长的优势的影响，在构成全国繁荣的一切方面的相应地增长上都感觉得到。但它造福于社会下层阶级的作用最为直接和显而易见……。战争的趋势在一切方面都与此相反……。因此，我们必须把我们目前的困苦归因于这种巨大灾难的长期延续"（《议会议事录》，第41卷，第452—453页）。默里在1820年年初将这篇演说印成小册子出版，可能引起李嘉图对它加以评论。

353. 格伦维尔勋爵致李嘉图

许,我真诚地感到高兴。

您提到的命题肯定比那一论点所要求的阐述得更为广泛。但我仍然不能不认为这是正确的,因为它局限于相对增加的自然趋势,因而排除了外来原因的作用。

在您提到的例子里,我对人口的较大生产力不应有争议。但您必须考虑到,这种力受到增加生活资料的困难的自然抑制。

就我所能判断的来说,我的看法似乎已被全部近代史所证实。关于这些论点,我们对古代史知道得太少,不能很有信心地来推论。此外,我们的全部推论还受到人口要国内奴隶制的存在和范围所扰乱。然而我认为,野蛮民族侵入之前和侵入之后罗马帝国的欧洲诸省的状况,对于我的命题的两个部分——一方面和平的影响,另一方面战争的影响——是不会提供不合适的例证的。

请原谅我对抗这门科学的大师而为我自己辩护,并相信我永远是,我亲爱的先生,

您最真诚和忠实的

格伦维尔

354．李嘉图致特罗尔

伦敦，1820年1月28日

我亲爱的特罗尔：

我在河滨路上遇见你的那一天，宴会时没有见到你，①深以为

---

① 或许是1月12日在李嘉图家的宴会，J.L.马利特的日记手稿中叙述了这次宴会的情况（关于坎普贝尔、罗杰斯、温德姆和霍恩·图克的轶事这里从略）：

"1820年1月14日。前天在李嘉图先生家进晚餐，我在那里遇到惠肖、格伦费尔先生、夏普、麦克唐奈、图克先生和博丁顿先生。我以前从未见过财界著名人士帕斯科·格伦费尔。他是李嘉图的特殊朋友：一个头脑清楚、明白事理、不矫揉造作的稳健人。图克先生是位俄国商人，也是个通情达理和见多识广的人，曾受过〔1819年〕金银条块委员会的审查。夏普和惠肖是这班人的带头人。《伊凡霍》（英国著名作家沃尔特·司各脱爵士的小说——译者）受到相当严厉的批评：第3卷不受欢迎。谈到了著作权问题，认为一个作者如能避免的话，绝不要放弃他的版权……。李嘉图先生从来没有得到过什么。他把他的著作给了默里，但那时它们包括小册子和他的《政治经济学》，虽然《爱丁堡评论》宣扬过第一版，国内读过这本政治经济学的还不到200人……。

"同李嘉图在一起而不钦佩他的温和的脾气，坦率的性情，他的耐心和专注，以及他头脑的清晰，是不可能的；但他如同法国人所说的'充满了原理'，他以他下决心研究的每个问题和具有数学般正确的意见来同您探讨。他谈论议会改革和投票表决，就像一个要实现这些事情的人那样，如果他力所能及，他明天就要摧毁现有的制度，并对结果毫不怀疑。然而，在座的没有一个人同意他的意见，其中几个人的意见他是很尊重的。这就是这个人的真正品质；他完全漠视经验和实际情况，使我怀疑他关于政治经济学的意见。他关于清偿国债的演说，使他在下议院大受损害，这不能不使人感到遗憾。在我看来，他和图克先生、格伦费尔以及夏普把国家的状况看得太有利了。他们强调的唯一情况是资本向国外转移。但是，国内资本的损失，固定资本的损坏，工资报酬不适当，消费日益减少，农业遭受各种灾害，他们把这些事情却都看轻了。在政治经济学的书籍里，提到这些事情，把它们归入适当标题之下，并提出对它们的自然补救办法，这就够了。他们还认为，纸币制度对于政府进行上次战争没有提供什么便利；我们可以由英格兰银行支付硬币来完成我们所做的一切。对此我有怀疑；但理由讲起来太长了。

"李嘉图同欧文很熟悉。他说，他是个彻底的必然论者；但同时作为一个自然神论者，他相信一切都是为了最美好的东西而工作的。根据这一原理，但愿他不那样坚持不懈地努力去改变社会的状况。"

憾,那天我们过得很愉快,有些讨论你会乐于参加的。

我很高兴听到,你又在考虑政治经济学的问题,而且你对于我努力建立的那些原理的正确性仍然认为无可怀疑。我看了一下拙著中你提到的那些段落。① 我完全同意你的意见,在大多数情况下,对收入或利润课税,不会对价格产生影响,而在种种情况下,赋税负担会是均等的,都落在生产者或享有收入的人的身上。但是,我假设了一种我国有矿山的情况,矿山提供了我们的标准,矿山主的利润不课税,于是商品的价格就要上涨课税的数额,否则矿山主的事业比任何其他事业都更为有利,从而把资本吸引到那个企业去。如果那时所有商品的价格都上涨,它们上涨多少呢?不是同它们的价值成比例,而是同它们在生产中使用的资本成比例,所以售价4,000镑的商品同售价1万镑的商品可能是使用同样数额的资本的结果,这些商品的上涨不与它们的价格成比例,但是如果一种商品上涨200镑,另一种商品也要上涨200镑。现在在这种情况下,假定货币的价值上升,售价10,200镑的货物下跌到1万镑,另一种售价4,200镑的货物将下跌到4,000镑。但是,如果货币的价值继续上升,因而售价1万镑的货物下跌到5,000镑,那里售价4,000镑的货物将下跌到2,000镑。达到某一点时,它们按照它们在生产中使用的资本的比例下跌,但后来按照货物本身价值的比例下跌。这是我想要表示的意见,它是否正确则是另一个问题。根据现在我所能作的仓促考虑,我看不出有怀疑它的理由。

---

① 大概是英文版《李嘉图著作和通信集》第一卷,第205—210页。

与每个人都要缴纳的利润税完全相等①的货物税,将具有恰恰相同的作用。

对利润课税而不对收入的所有其他来源课税,我从来不把这看作一种良好和切合实际的措施。不详细调查那些与贸易有关的事务,绝不能知道利润,而收入的其他来源则众所周知和易于了解。地主不能很好地隐瞒他的地租额,股东也不能很好地隐瞒他的股息额,所以你是否应当对工资或必需品课税而间接地对贸易的利润课税,并对其他收入如地租、股息、年金等等直接课税,可能成为一个问题。

作为一个政治经济学家,我说,赋税无不具有减少生产的趋势,如同土壤的恶化或好机器的磨损一样,但我的意思仅仅是说,赋税是生产的一道障碍。你说赋税是这样一类障碍,它们刺激人尽力而为,而且经验证明它们总是可以克服的。我并不怀疑生产中存在着一定程度的困难,它起着你提到的那种作用;可是,如果它太强烈,它将构成一种不可克服的物质上的困难。我认为,我们所说的情况下的困难,没有大到正好保证②最大的产量。把障碍记下来,并承认这是一种障碍,这仍然是正确的。你把富有的所有者的开支,同政府得自赋税的货币支出相比较。就未来的生产而论,总收入的这一部分究竟由谁来花费是无关紧要的,只是政府的支出需要向未来增加的产量和平时的产量征收赋税,而赋税是会妨碍③全部增加的数量的生产的。对不能提供地租的土地征收什一税,在谷物价格上涨之前,将妨碍这块土地的耕种。如果不征什

---

① 先写作"同比例",后改为"相等"。
② 先写作"刺激";后改为"保证"。
③ 先写作"阻止",后改为"妨碍"。

一税,这同一块土地可能为了所有者的利益而加以耕种了。如果我将得到的一切都将被国家花费掉,我就不生产。如果将由我花费,我就生产。东西生产出来以后究竟由国家还是由我来花费,对一般公众来说,并不很重要,但这在决定我是积极还是懒惰方面,却是极为重要的。为了贸易本身的利益诸如为船坞、运河、公路等等所征的税,其立足点与所有其他赋税不同,并且产生非常不同的效果,它们可能而且一般确实促进生产,而不是阻碍生产。我很高兴,没有使你自己相信赋税是非常愉快的东西。非常遗憾地不得不同意你的意见:政治经济学这门科学的完美的大师实在太少。

我读了《伊凡霍》感到很大的乐趣,虽然其程度与阅读这位作家的其他一些小说不相等。

李嘉图夫人和我向特罗尔夫人竭诚问好。

你永远的朋友

大卫·李嘉图

355. 李嘉图致麦克库洛赫①

〔由 358 回答〕

伦敦,〔1820年〕② 2月28日

我亲爱的先生:

自从我给您写信以来已很久了,现在我担心没有什么值得您

---

① 信封上写着:"爱丁堡 学院街 约·拉·麦克库洛赫先生"。
② 手稿上是"1821年";但李嘉图在信封上的免费邮寄签字和邮戳的日期都是1820年。

注意的话好讲。国王的逝世使一切公共的事务都停顿下来,我周围的人所关心的大目标是日益迫近的大选。① 对有些人来说,这是希望的目标,而对其他人来说,则是担心的目标,但就互相对立的两党的实力而论,据了解那些问题的人告诉我,下届议会同本届议会在实质上将无区别。我相信我的席位是很牢固的,我将代表我现在回到的那同一个地方。报道说我将成为格洛斯特郡的候选人,这毫无根据;我并未被邀担任候选人,如果我被邀请了,我也不会同意去担当要同博福特家族②争夺这样危险的任务。我担心托伦斯上校在罗彻斯特没有成功的机会,我认为他有可能拒绝参加选举。③

　　我读了我每周都在《苏格兰人报》上看到的出色文章,感到很高兴。它们继续支持有益的事业,而不语言粗暴和过激。我在下

---

① 乔治三世于1月29日逝世,议会于1820年2月28日解散。
② 博福特公爵。他的儿子R.E.H.萨默塞特勋爵和B.W.吉斯爵士又回到这个郡来。马利特在1823年的一则日记中,在提到他于1817年访问格洛斯特郡期间看到"李嘉图先生的乡间邻居们和该郡的士绅们对他的敬仰"后,写道:"但我感到遗憾地说,他在下议院努力支持金融和政治改革,特别是反对关于宗教争论的意见和著作的一切罪恶活动,造成了褊狭的政治情绪。这种情绪发展得这样强烈,尽管他在该郡的地位,他的广大地产,他的努力振兴工业,他对邻里的真正仁爱,以及人们对他的普遍尊敬,三年前博福特公爵却拒绝把他安排在郡的治安委员会里。"(《政治经济学俱乐部,一百周年纪念册》,1921年,第213页。)
③ 显然,在经过一番抵抗之后,托伦斯被劝导退出,以有利于另一名反对党候选人拉尔夫·伯纳尔,从而保证后者和一位政府候选人回到该郡而不遭到反对。他于3月6日在向罗彻斯特的选民作的有点难受的演讲中宣布了他的决定(《苏格兰人报》1820年3月18日报道)。

议院提到清偿国债问题,您给我以支持,我很感激。① 看到我的意见得到您的确认总使我感到愉快,我还高兴地得知,您认为我们应当作出必要的牺牲,以消除使我们的一切努力归于无效的、占压倒优势的障碍。证券持有人是一个很不讲道理的阶级,在他们对我的建议所讲的一切话中,对于我认为他们的3厘公债的价格不应多于70抱怨得很厉害。您提议只付给他们40,我不知道他们将对您说些什么。如果我们有这样的大好事情,如果我们没有我认为会继续存在的债务,经过改革后的下议院应当在价格这个问题上,在纳税人和收税人之间严格主持公正,而不去注意任何一方出于自私而掀起的吵吵嚷嚷。从我看到的情况来说,我深信这不是我们摆脱债务的方式。我们的负担在今后许多年可能继续压迫我们,但最终将被有力地从我们肩上甩掉。照我的想法,证券持有人那时将不是不公正地抱怨没有按100来偿付他们的3厘公债,而是公正地抱怨既丧失了他们的本金又丧失了他们的利息。

　　土地所有者和与农业有关的人大声抱怨现在的谷物法,我预料他们将强烈吁请议会作出他们所谓的对谷物法的改进。如果我们要有法律来保护土地所有者的利益,则我同意抱怨者的意见,即法律不应采取现有的形式,因为现行法律是用来造成谷物价格最有害的变动,这既不合乎种植者的愿望,也不合乎消费者的愿望。我认为,征收一种永久性进口税,其数额仅等于谷物种植②所要缴

---

① "李嘉图先生的清偿国债计划方便可行",《苏格兰人报》1820年1月8日的主要文章。麦克库洛赫在这篇文章中提议,按60的价格清偿3厘公债时再减去15%或20%,因为货币以金银条块计算的价值上升了。

② 先写作"土地",后改为"谷物种植"。

纳的税,将是最明智的政策,但可能这种有限制的赋税远不能满足土地所有者的利益。于是我们不得不在较高的永久性赋税或者随着价格变动的赋税之间作出选择。如果目的是把谷物价格维持在每夸脱80先令,那么达到这种价格时,可以允许免税输入;当价格跌至79先令时,每夸脱纳税1先令;跌至78先令时,纳税2先令,等等。对后一种方式的重要反对意见是,80先令在某种程度上将成为价格的最高限度,同时却没有办法订出最低限度。谷物种植者在任何情况下都没有很多机会在80先令以上出售他的谷物,但低价却没有限制,他可能在其他时刻被迫按低价出售。这是其他行业不会面临的不利情况。如果一个制造业主的商品供过于求,因而价格低廉。他有时也可以由于异常的需求和高价而获利。诚然,农场主会考虑到这种特殊不利情况,因而坚决要求较多的总平均利润。如果他这样做了,其本身就具有谷物税的作用,因为它必然落在消费者身上,而不是落在地主身上。在下议院举行任何讨论之前,我打算重新回忆您那篇论谷物法的卓越文章的内容。① 目前,我不记得您曾否评论过我现在正在写的题目的这一部分。

我对于上一期《爱丁堡评论》中托伦斯上校的文章很满意。② 我并不认为那篇文章中我要争论的命题不止一个。③ 马尔萨斯先生在上周同我一起度过了两三个小时,在我点破他之前,他深信那

---

① 载《英国百科全书补编》。

② 《爱丁堡评论》,1819年10月号(那时这是"上一"期;1820年1月号直到3月才出版,见本书第150页),第11篇,"欧文先生消除全国困苦的计划"。参阅本书第78页,注②。

③ 见本书第218页。

篇文章是您写的；他简直不能相信托伦斯上校竟会完全同意您和我所倡导的学说。① 马尔萨斯先生继续坚定地否认需求只受生产的限制，他认为一个国家的资本会非常有害地增大，他打算在他的新出版物中就这个问题发表些意见，他认为这是评论者的一种错误学说。② 他的书付印已经很久，现在一定快要出版了。在另一天晚上我们的谈话中，他坚决维护他长期以来持有的一些意见，而这些意见我不能不认为远非正确的。可是，在我看来，他大体上同我们有了某些接近，我猜想他的书里同我们的分歧，似乎不会像我们谈话中的分歧那样大。

我希望您的其他事务不会妨碍您把一部分时间用于政治经济学。这门科学已经得到您的很大帮助，但公众还不了解这一点，还不迫切需要您的笔能够提供的一切帮助。我希望在下期《评论》上看到您的文章。

我最近见过伦纳德·霍纳先生。③ 在向他问起您时，我高兴地发现，他认识您，而且很好地说明了您的健康状况。弗·霍纳先生是下议院的一大损失，他是政治经济学一切良好原理的有力支持者。

怀着最大的敬意，我是

您非常忠实的

大卫·李嘉图

---

① 参阅本书第356页。

② 见马尔萨斯的《政治经济学原理》，英文版《李嘉图著作和通信集》第二卷，第313页及以下数页。

③ 弗朗西斯·霍纳的兄弟和传记作者；他是地质学会的早期会员之一。

356. 萨伊致李嘉图

〔答352〕

巴黎，1820年3月2日

我亲爱的先生：

毫无疑问，我们终于会互相谅解的。真理只有一个；当人们真心诚意地寻求它时，终于会意见一致的，除非我们的生命在开始寻求之前就已经结束了。我差点儿遭遇到这样的命运；一种中风症的袭击警告了我，对我们的生存应该寄予有限的信赖。

我向您承认，我不太理解您所确定的不决定产品价值的劳动的价值同决定产品价值的产品生产所必需的劳动量之间的区别。在我看来，您只能用人们为获得产品而支付的价格来决定劳动的数量和质量。至少这是我对生产性劳务——我称之为产业的劳务——的数量的理解。它的价格构成生产费用的一部分，您自己也十分正确地认为，全部生产费用调节产品的价值。

您指责我为尊著的康斯坦西奥的法译本所加的评注中的一个注（我想是法文本第1卷，第249页）。我承认，我不太明白这个命题的第二部分怎么会跳过了第一部分。没有关系，如果对第一部分的批评是正确的，我将自愿承认您对第二部分也是对的。事实上，当地租只不过是支付土地所有者在土地上投资的利息，而且土地要纳税时，土地所有者不会为了不纳税而放弃他的土地，因而也不会放弃他投资的利润。从那时起，赋税不是由土地所有者以土地所有者的身份来负担，赋税增加了生产费用，从而也提高了农产品的价格。这个事例说明,不管重农学派如何说法,所有赋税并不都落在土地上面。

请再一次接受我的敬意。

让·巴·萨伊

357. 李嘉图致特罗尔①

伦敦,1820年3月13日

我亲爱的特罗尔:

穆勒先生在东印度公司总是事务繁忙,除星期日外,我很少见到他,因此我在昨天见到他之前,迟迟没有答复尊函。他和我都非常感谢你的邀请,如果在星期六、4月1日或下一个星期六、4月8日接待我们对您合适,我们同意接受邀请。穆勒先生不得不约定星期六,因为唯有这一天他才能离开东印度公司。我们的访问必然是一次短期的访问,但是如果天气像现在这样好,我们将有机会看到你周围乡间的美景。

波塔林顿的我最近的选民们,看来是一批性情温和的绅士,我确信他们会毫不犹豫地把我选入下届议会。关于我成为格洛斯特郡的候选人的报道毫无根据,我猜想这样报道只是为了挑起争端。我不想飞得那么高;同一个古老而有势力的家族②争夺一个郡这样艰难和花费巨大的任务,在所有的人当中,我是最不适合于担任的。

---

① 信封上写着:"戈达尔明 昂斯特德伍德 哈奇斯·特罗尔先生"。未经邮递。
② 博福特公爵;见本书第154页,注②。

毫无疑问,卡托街的阴谋①在大选中必定对大臣们有利,然而在布鲁克,他们却过于自信地预料反对党的队伍是增加,而不是减少。对这一点我并不着急,我认为,大臣们是否拥有 200、100 或 50 的多数,一点也不会影响到这个国家特别关心的重要问题。要是有些开明的商人增加到下议院中通常是少数这方面来,我将感到高兴,所以,夏普在梅德斯通的失败使我深感遗憾。可是,我希望哈尔迪曼德将在伊普斯威奇获胜。他是马塞特夫人的兄弟,看来是个聪明人。他富有,在他的商人同事中很有影响。② 威廉·柯蒂斯爵士的商业知识,并不会使他的身价大为提高。③

我的思想没有专门集中于政治经济学的某一特定部门,而是涉猎整个领域。有一段时期,我不得不捍卫和阐明一项原理,去反对一个论敌,而在另一个时期,又反对另一个论敌。我满意地看到,我认为是正确的意见每天都在取得进展。托伦斯上校正在成为正确原理的最有效的拥护者之一,这可以从他在《爱丁堡评论》上对欧文的评论④以及在他著作最近一版对限制谷物输入的失策的评论中看到。⑤ 最近我同金勋爵谈过话,他也站在我们一边。有人告诉我:麦克库洛赫在刚印好的《爱丁堡评论》上有一篇赞同

---

① 西斯尔伍德和另外四个人于 2 月 23 日行刺大臣们的阴谋。这些阴谋分子在卡托街会合,被一个密探告发,并被处以绞刑。

② 威廉·哈尔迪曼德,英格兰银行前任董事,曾坚决赞同恢复支付现金。1820—1826 年代表伊普斯威奇的议员。

③ 威·柯蒂斯爵士,银行家,1818 年失去他代表伦敦市中心商业区的席位,1820年又重新获得这个席位。"他作为中心商业区托利党的首脑,是个很重要的人,虽然他是个可怜的蹩脚演说家,受的教育很差,经常成为辉格党有才智的人士的取笑对象"(《全国传记词典》)。

④ 见本书第 156 页,注②。

⑤ 《论谷物的对外贸易》,第 2 版,爱丁堡,康斯特布尔书店,1820 年。

自由贸易的文章，我敢说这是篇好文章。① 市里正在准备一份呈交议会的请愿书，赞同自由贸易，在这份请愿书里，商人们（请愿者）力陈不加限制的商业将产生的利益，这件事情表明，我们正在日益进步。请愿书由人们郑重地签名，并将由巴林先生呈交下议院。商人们居然谴责和揭露重商主义，这并非自由主张取得进展的不重要的证明。②

你不为萨里的你争我夺的选举所折磨，使我感到高兴。作为郡司法官，这会使你有一定程度的担心和责任感，这是你一定乐于避免的。

李嘉图夫人和我向特罗尔夫人致以衷心的祝愿。

相信我永远是

你真诚的

大卫·李嘉图

358. 麦克库洛赫致李嘉图③

〔答355—由359回答〕

爱丁堡，1820年3月19日

我亲爱的先生：

请允许我衷心感谢您于上月28日惠函。我收到您的信总是感到极为愉快；实际上，没有什么东西比您的来信更使我感到骄傲

---

① 1820年1月；见本书第162页，注①。

② 商人为自由贸易的请愿书，于1820年5月8日由巴林呈交下议院；见英文版《李嘉图著作和通信集》第五卷，第42页。

③ 信封上写着："伦敦　上布鲁克街　议员大卫·李嘉图先生"。

的了。

我猜想在这以前您已经看到第 65 期的《评论》。您不难确定谁写了那篇论赋税和谷物法的文章。① 为使那篇文章引人注目，我认为这是最好的办法，而且您也知道，力图表明谷物法作为一种赋税的效果，就是或者应该是一个评论者的最大目的。我并不认为我全然夸大了谷物法强加给我国的负担，对这种问题加以数学上的阐述，如果它接近于正确，将比最好的论据更能予人以强烈的印象。我很想知道，我关于赋税的增加相对迅速的意见，②您认为其正确性如何。如果我的阐述有充分的根据，它不是为反对突然增加赋税——为使国家能在一年之内筹集进行战争的经费，这是需要的——提供了强有力的论据吗？我感到遗憾，我没有像我要做的那样谈论您的偿债方案，③因为杰弗里先生认为对这个方案的审查最好推迟到以后的时期。尽管我并不担心，但我仍然能够公正地对待这个方案，并为它辩护，以反对那些无知地攻击它的人们吹毛求疵。

我同意您的想法，如果没有其他可供选择的办法，对谷物输入的永久性赋税，或者甚至随价格变动的赋税，总的来说，比现行制

---

① 《爱丁堡评论》，1820 年 1 月号，第 9 篇。麦克库洛赫写的这篇文章，在 1820 年 5 月的《绅士杂志》上被说成是李嘉图写的（第 425 页）。

② 《爱丁堡评论》，同上期，第 163—164 页；"赋税缓慢和逐渐地增加，提高了道德抑制原则的效能，因而有提高工资率的趋势"。但是，突然增加赋税，排除了预先改变习惯的可能性，"它不能带来任何减轻痛苦的作用。它造成的危害是纯粹的和没有掺杂的"。

③ 《爱丁堡评论》，1820 年 1 月号，第 9 篇，第 180 页；这个方案被描述为"大胆和果断的措施"，但"无论如何要看作是最后的凭借"。

358. 麦克库洛赫致李嘉图

度更为可取。但我相信,您将首先反对加在谷物贸易上的所有这类赋税和限制。您赞同任何一种限制谷物贸易自由的方案,无论方案怎样修改,都是最不幸的事情,这可能使那些满怀信心地盼望您努力确立的原理最终完全胜利的人们大失所望。请原谅我冒昧,并宽恕我说,在这个基本点上,您一定不要妥协。为了所有的人——甚至地主——的利益,必须抛弃现有的邪恶制度。改进或修改以根本谬误的原理为基础的东西的任何尝试,无论它同时多么有利,最终必将加重病症,并使回复到健康状况更为困难。当谷物法问题在议会里引起骚动时,那些不受最可鄙的偏见束缚或希望看到国家再度繁荣的人们,都把您看作他们的代表;并期望您建议的不是缓解剂或安眠药,而是将会有效地根除现在正在损害我们命脉的疾病的治疗方法。

我急于看到马尔萨斯先生的著作。他应当受到非常粗暴的对待。他帮助了我们虚假和独特制度的支持者,这使得揭露他的错误这一任务,无论多么令人厌烦,都是极为必要的。

关于《苏格兰人报》,您所说的话使我很满意,希望它继续得到您的赞同。我向您保证,参与本市任何一家不对政府歌功颂德的报纸,并不是一件小事。我相信,一位政治作家在马德里和爱丁堡都有同等的说公道话的机会。① 这里的陪审团起不了保护作用,因为他们常被收买,法院充满了奴颜婢膝的党棍,要是他们继续当

---

① 《苏格兰人报》第一期于1817年1月出版。这一事件的极端重要性只有这样一些人才能理解,他们记得不久前爱丁堡的报馆,虽不像圣彼得堡的那样受束缚(据说那里曾经是这样),至少同法律上是自由的报馆处于同样受束缚的情况。(H. 科伯恩:《他的时代的纪录》,爱丁堡,1856年,第308页。)

律师准会挨饿。尽管这个国家的公共机构比您所能想象的要坏得不可估量,无论什么样的聪明才智和热心公益的精神却可以在苏格兰存在。您有空时,我希望收到您的来信。怀着最大的敬意,我永远是

您最忠实的

约·拉·麦克库洛赫

359. 李嘉图致麦克库洛赫

〔答358—由360回答〕

伦敦,1820年3月29日

我亲爱的先生:

我非常愉快地接到您本月19日的信。我利用这个闲散的时期,同您就上一期《爱丁堡评论》①上您论赋税的文章的某些论点进行一些讨论。我知道我们有着同一目标,即确立真理。因此,在我们意见分歧时,如同在我们意见一致时一样,我总是毫不犹豫地使您了解我的看法。在这篇谈到的文章里,您以您惯常的精力和才能,拥护政治经济学这门科学的伟大真理,这些真理您以前曾经那么令人满意地和清楚地阐明过。但您涉及的某些次要的论点,我请您重新考虑。如果您发现我用来支持一种与您相反的意见的推论中有什么错误,请通知我,使我可以小心注意地检查它,我确信它是值得这样注意的。

---

① 1820年1月。

359. 李嘉图致麦克库洛赫

所有国家的劳动阶级都非常关心于使劳动的供给略低于需求。但当维持劳动的基金，从而对劳动的需求，以最大速度增加，他们维持家庭和结婚的手段处于所能达到的最高水平时，他们就最为幸福。仅仅因为赋税妨碍了资本积累和减少了对劳动的需求，赋税对工人阶级是有害的。有时候赋税只是减慢了积累率，在其他时候，它完全阻止了积累，而在有些场合，赋税是靠牺牲资本来提供的，实际上赋税减少了国家雇用以前同样劳动量的财力。工资可以按照一个尺度调整，并可持续好多年，这个尺度容许人口有规则地按照25年增加一倍的比例逐年增加。在其他情况下，在不到50年、100年或200年之内增加一倍或许是不可能的，或者人口受到高额工资的刺激极小，以致增加速度极慢，或者甚至走向倒退的方向。工资按这些状况中的某一种调整，赋税可能影响工资而对工人阶级极为有害，也可能不影响工资。

假定工资处于丰裕的状况，而鼓励人口在25年内增加一倍，并假定直接向工资或工资所购买的必需品课税20％，这种税将对劳动者的实际舒适有什么影响呢？① 我的回答是，除非它减少了对劳动的需求，否则什么影响也没有，因为赋税将立即被转嫁给劳动的雇用者，从而减少资本的利润。假定纳税后工资并不增加，每个人都能雇用同以前一样数量的劳动，而且在这种需求之外还要加上政府对劳动的额外需求，政府不能花费这些税款而不雇用士

---

① 麦克库洛赫的回答（《爱丁堡评论》，1820年1月号，第160—161页）是劳动者"不能按照他所消费的商品的价格上涨的比例提高他的工资；并且由于这一明显的原因，在存在着就业的竞争，或劳动者人数继续不减的时候，对他们的劳务的需求，无论可能减少了多少，都不能因为征税而增加。"

170 兵、水手和其他许多劳动者。这件事本身会很快提高劳动的价格，并把这种负担转移给劳动的雇用者。如果我以前雇用 10 个园丁，在工资这样提高之后，我用以前同样的资金能够雇用的也许不多于 8 个，因此 20% 的赋税落在我身上。没有雇用更多的人，还要从为我服务的人数中解雇 2 人，他们转而为政府服务。积累率继续同以前一样，除了如果直接向我征课相等数额的赋税将会产生的影响以外，不会产生其他影响。不管以前的工资率如何，显然赋税绝不会使劳动者的状况恶化，除非赋税影响积累率而减少对劳动的需求。赋税一般会影响积累率，所以赋税一般对劳动者有害。但是，当我们正在进行一场耗费巨大的战争，而必须在年内靠贷款或相等于贷款金额的赋税来筹集巨额资金时，我认为前者对劳动者最有害，因为它将更大地影响资本的积累。① 如果要求一个人每年纳税 100 镑，而不是只缴纳一次 2,000 镑，他就不会去努力储蓄，因为他很少意识到每年 100 镑的赋税在价值上相当于 2,000 镑。所以，贷款制度比同等金额的重税制度对全国的资本更有破坏性。

我必须赶快讲完我其余的意见。第 157 页。贫民的困苦被认为是资源减少的同义语。假定一个国家的资本每年按 2% 的比率

171 增加，但同时它的人口按 $2\frac{1}{2}$% 的比率增加，这不是很清楚每年将对慈善基金有新的需求吗？国家每年的纯收入将会增加，社会较

---

① 参见英文版《李嘉图著作和通信集》第一卷，第 220—222 页的同样论点。

359. 李嘉图致麦克库洛赫

高阶级的开支和享受的手段也随之而增加,但对人民大众来说,随之而来的却是幸福的减少,如果不是绝对痛苦的话。

我认为,使用机器绝不会减少对劳动的需求,它绝不是劳动价格下降的原因,而是劳动价格上涨的结果。如果一个人安装了一台蒸汽机,那只是因为使用机器比使用人工便宜。如果接着劳动的价格下降了,别人也就没有兴趣使用机器了。如果贷款由资本构成,特别是,如果政府的支出像通常那样增加对人的需求,即使资本稍有减少,贷款将由流动资本提供,而不是由固定资本提供。固定资本如建筑物、机器等不能提供贷款的手段,因为它们一旦建造和安装之后必须被作为资本来使用,或者被作为无用之物扔掉。①

您导致读者去推论,我们在机器和制造业方面的重大发现和改进特别有利于这个国家。② 除了在一段不长的时间里以外,即使它们仅仅保留在这个国家里,它们不是同样有利于所有其他国家吗?

您说,谷物法具有同样的作用,就好像为了公共的支出而向谷

---

① 麦克库洛赫争辩说,战争期间"虚假的和不自然的繁荣"部分地是由于贷款,因为"借给国家的资本,如果留在贷款提供者手里,……会主要用于增加固定资本或机器。但是,虽然它会对国家的持久利益作出这样的贡献,它却不会引起对劳动的同样的直接需求"。他还说,"投在一架机器上的固定资本,一定总是取代数量更大得多的流动资本,因为,否则就不可能有安装机器的动机。因此,它的作用首先是降低而不是提高工资率。"《爱丁堡评论》,1820年1月号,第170—171页。这后面的原理取自巴顿(《对劳动阶级状况的考察》,1817年,第16页,但请参阅第55—56页),名义上,这篇文章是对巴顿的小册子的评论。

② 《爱丁堡评论》,1820年1月号,第168—169页。

物消费者征税2,450万那样。① 我应当加以补充,倘若2,450万由土地所有者得到,那么全都被作为收入花费掉,而没有一部分增加到资本上去。

也许您会认为我所提的意见过分详细了。我自己也这样认为,但我的目的是要准确地弄清楚我们的意见究竟是相同还是不同。一般读者也许喜欢他的注意力不被这类细节所分散,而注意力分散了也可能并不重要。可是,这对于我的以当年的赋税优先于贷款来应付大量支出的理论却是重要的,②我要表明,这对于资本积累、对劳动的需求和一般人的幸福都更为有利。劳动阶级中的单身汉可以承担而且经常承担他的这部分赋税,但已婚的劳动者用要求增加工资的办法来补偿他自己,除非所课的税很重,干扰了积累率。

您丝毫不必担心我会让我的意见与谷物法妥协,在这个问题上我已经公开地说出来了,如果我能鼓起勇气去说,我还将再说。可是您知道,我经常主张,我国的谷物种植者应予豁免他们可能要承受的特殊负担,但那时他们应当表明他们是负有那样重担的。我相信事实是,所有其他行业的税负,在比例上大于谷物种植业。我的原理是,我们可以施加限制使事物恢复它们的自然关系,但绝不要去破坏它。

我最近在马尔萨斯先生处盘桓了两三天,他给我看了他的新

---

① 《爱丁堡评论》,1820年1月号,第180页。
② 参见英文版《李嘉图著作和通信集》第四卷,第185页。

著的一章,也许在这一章中他同我的分歧特别值得注意。① 我是个有私心的法官,我的决定必须被全盘接受。在我看来,这一章没有提出不容易对付的反对意见。

在读了这封长信后,我很想把它付之一炬。然而,我不知道做一次新的尝试,把我的意见传达给您是否会更为成功,我认为最慎重的办法是让这封信带着它的各种缺陷寄走。我知道,您对我是一个偏袒的法官,倾向于以纵容的态度来看待我的错误和疏忽。怀着极大的敬意,我永远是

忠实于您的

大卫·李嘉图②

360. 麦克库洛赫致李嘉图③

〔答 359—由 361 回答〕

爱丁堡,〔1820 年〕④4 月 2 日

我亲爱的先生:

非常感谢您于上月 29 日来信,以及您对我在上期《评论》上的文章发表意见。如果我能够假定,凡是作为赋税上缴国库的款项

---

① 很可能是马尔萨斯的《政治经济学原理》,第 3 章"地租"。
② 在《致麦克库洛赫书信集》第 60—61 页上,载有一份据说是李嘉图笔迹的备忘录,这是在盖特科姆的图书室里一册李嘉图的《原理》第一版中发现的。这份备忘录涉及这封信中所讨论的若干论点。可是,手稿的笔迹虽然在一般外观上同李嘉图的笔迹相似,在重要的细节上却不同,不像是他的手迹。
③ 信封上写着:"伦敦 上布鲁克街 议员大卫·李嘉图先生"。
④ 手稿上是"1819 年"。李嘉图注上"什么? 1820 年";邮戳上是"1820 年"。

都由政府雇用同样数目的劳动者,如同它们仍归纳税人所有时那样,我将毫不犹豫地赞同您的意见,即这类赋税在征收后会立即或者至少在一个极为有限的时期内落在资本家身上,并且工资会按比例增加。但我相信,略加思索您就会明了,这样的假定是根本不可能的。假定为了支付一笔补助金给俄国人,每一个4磅重的面包课以6便士的税,劳动阶级用什么方法能够按比例地提高他们的工资呢?然而,这类补助金构成每次战争支出的一个经常的和重要的部分。但是,承认赋税全部用于国内士兵的给养,以供应部队时浪费必定大得不可比拟来看,从支出采取战争军需品的形式来看,很明显,政府筹集的款项不是推动同样数量的劳动,像款项没有解入国库时那样。如果我们假定款项能起一半那样的作用,我们的假定也是太随便的。在上次斗争的许多年里,仅仅战争开支就超过了7,000万,假定劳动工资为30磅,那笔开支可以养活200多万人,至少比任何时期政府直接或间接雇用的人数多100%。所以,在估计赋税的作用时,虽然不应忽视它使政府能够提供更多的就业,可是这只是对纳税人所提供的业已减少的就业的很可怜的和不充分的补偿而已。因此,当一个资本和人口的增加已经差不多相等的国家不幸卷入敌对行动时,我毫不怀疑,如果不突然制止人口原理的作用,该国居民的状况一定会下降。在我看来,这是过多增加,特别是突然增加赋税的重大弊病。加紧努力可能对资本所遭受的破坏有所弥补;但当人民的情绪一旦降低时,当他们的生活水准下降时,总之,当政府的巧取豪夺使他们下降到如同爱尔兰人的景况时,他们的改进能力就将完结,他们的状况就会变得毫无希望和异常恶劣。

我完全同意您的意见,如果人口比生活资料增加得快,即使一个国家完全不征税,最终也必将沦于极端贫困的境地。但是,我认为我的论述已经充分表明,人口增加绝不是国内下层阶级现在贫穷的主要原因。

由于没有再多讲一句话,我关于谷物法这个问题的论述可能使人得到错误的印象。我的意思并不是说,2,450万进了地主的口袋。这笔款项有一部分是进了他们的口袋,但大部分,也许三分之二,一定是白白地花费在业已增加的生产成本上。

在马尔萨斯先生的著作出版时,您若把他对您的政治经济学理论的基本原理的反对意见,用评注的形式把您的意见告诉我(您可以放心,我不会把它们告诉别人的),我将非常感谢,我已经因为许多事非常感谢您了。请您在方便的时候来信。怀着最大的敬意,

我是,

我亲爱的先生,

您最忠实的

约·拉·麦克库洛赫

361. 李嘉图致麦克库洛赫

〔答360—由366回答〕

伦敦,1820年4月8日

我亲爱的先生:

接奉尊函后我立即写信,因为这个问题在我的头脑里是新鲜的,我希望我们将清楚地理解我们的分歧究竟是什么。在我看来,

您对此有误解。我并不否认战争带来了浪费和挥霍,其弊端,甚至就赋税而论,绝不局限于把可以使用的劳动仅仅从个人雇用转归国家雇用;相反地,我完全同意它的作用通常是破坏或妨碍资本的积累。但我坚决主张,贫民从资本的这种浪费遭受的苦难,不是由于向他们征收的特定赋税,而是由于它打乱了对劳动的通常需求。我说,对酒、绸缎、天鹅绒、富人的奢侈品课税,还是对劳动阶级消费的谷物和衣服课税,都没有关系,这两种情况下的具体弊病并不是赋税,而是赋税所引起的资本的消失。在年内以一笔 3,000 万的贷款来破坏那笔资本,而赋税只是支付贷款的利息;或在年内靠向奢侈品或贫民的必需品课税来筹集 3,000 万,其作用是一样的——贫民将遭受苦难,因为有 3,000 万资本不能再用于雇用劳动者。

我了解您在《评论》第 160 页那篇文章的一段中提出了一种很不相同的学说,那段话的开头是"在这方面,劳动者被置于更不利得多的境地,等等"。① 我承认,在课税等不利的情况下,劳动者会遭受不幸,但这只是因为资本减少了,对劳动的需求也减少了。如果为了给俄国以补助金而借款,或者如果这笔补助金是由对每个 4 磅重的面包课税 6 便士来提供,或由对每大桶酒课税 100 镑来提供;倘若在所有这些情况下筹集的款项在数额上相等,用什么方法筹集是劳动阶级不大关心的事;重大的弊病是所筹集款项的数额,而不是筹集的方式。

在我读过马尔萨斯先生的书以后,我将告诉您我对书中反对我们理论的段落的意见。这项要求使我感到高兴。我向马尔萨斯

---

① 见本书第 165 页注①的引文。

先生本人也将自由地评论那些段落。既然我们彼此了解,我们总是自由地讨论彼此的意见,我们在一起经过无数次争论之后,我们之间仍然存在着这么严重的分歧,这是我们的朋友感到奇怪的一个问题。

伦敦的商人们就自由贸易问题准备了一份呈交下议院的请愿书,它是您乐于看到的。我寄上它的一份副本,我必须请求您,在它呈交之前,不要在报刊上发表意见。当它呈交时,如果在您看来——我认为您会这样看的——他们的请愿书值得赞同,而表示您对它的赞同,我知道与它有关的各主要方面都会感到高兴。①

请相信我是

您真诚的

大卫·李嘉图

362. 李嘉图致麦克库洛赫②

〔由 336 回答〕

伦敦,1820 年 5 月 2 日

我亲爱的先生:

在我刚收到的上星期六的《苏格兰人报》上,我很满意地看到,您以素有的才干在我认为是马尔萨斯先生最坚强的阵地上同他进

---

① 请愿书(见本书第 161 页,注②)得到 1820 年 5 月 13 日《苏格兰人报》编辑部一篇短评的支持。

② 信封上写着:"爱丁堡　学院街　约·拉·麦克库洛赫先生"。由李嘉图签字和写上"1820 年 5 月 3 日"而免费邮寄。

行了交锋。① 我向您保证,我的不完善的论述,由于有您为它们辩护,而如此成功,我感到很高兴,因为没有您的有力帮助,我就没有机会使它们获得其他人的承认。从价值问题非常复杂的性质来看,我认为,马尔萨斯先生在论价值这一章里,比在这本书的任何其他部分里有更多的机会发现我的论点的一些缺陷,这种机会由于我假定媒介本身不变而增加了。可以假定这种媒介在许多种情况下生产出来。它可以像马尔萨斯先生假设的那样,②仅仅是使用劳动的结果,他假定媒介是在海边拣来的,它只需要垫支一天的食物;或者它可以在固定资本有各种不同比重的情况下生产出来,而且使用的时间不同。如果仅用劳动生产——如果一天的劳动能在海边拣到半盎司白银,劳动的自然价格将总是半盎司白银,它既不能上涨,也不能下跌。可是生产谷物可能比较困难,而且由于它的价格上涨,劳动者的工资不足以使他获得舒适和方便。在这种情况下,我应当说,工资将要上涨,因为我总是以生产每样东西所必需的劳动量来衡量它的上涨,工资虽然在数量上减少了,却需要更多的劳动来生产它们。但是,如果矿山使用很多固定资本,或者售出白银而收回流动资本之前要经过很长时间,劳动以这种媒介来衡量可能是非常容易变动的。如果这种媒介仅仅是劳动的产品,或者它使用的固定资本的比重小于货币的生产所使用的固定资本,那么在劳动上涨时,以这种媒介来衡量的每种商品也都要上

---

① 1820年4月29日的《苏格兰人报》,在对马尔萨斯的《政治经济学原理》的一长篇评论中为李嘉图的价值理论辩护。

② 参见英文版《李嘉图著作和通信集》第二卷,第81页。

涨。相反地，由于同样的原因，那些由较大比例的固定资本生产的或者需要较多时间来完成的商品的价格将要下跌。这些意思在我的书里全都有了，但我没有充分说明，因为我应该说，如果媒介是在某种情况下生产出来的，有许多商品可能由于劳动上涨而上涨，虽然有其他许多商品下跌，同时还有许多商品则很少变动。①

我知道，您是了解我的，但我担心我没有充分详细地表明这个问题的各个方面。在我对这个问题详加考虑之后，我认为有两个原因引起商品相对价值的变动：第一，生产商品所需要的相对劳动量，第二，在这种劳动的成果能送往市场之前必须经过的相对时间。所有关于固定资本的问题都服从第二条规则，如果您愿意听，我将努力加以说明。

我想指出马尔萨斯先生和我有分歧的各点，并为我的意见作些辩解，但除了重申我书中的论点以外，我没有别的办法，因为我认为他没有触及这些论点。马尔萨斯先生采取的价值尺度与我的很不相同，但他在任何地方都没有坚持它。有时他谈到商品上涨时，他的意思是指，它们以货币计算是上涨了，在其他时候他又指出，它们以劳动计算是上涨了。他的标准被说成是上涨和下跌。它以什么媒介来计算是上涨和下跌呢？以商品来计算，那些商品的价值就是用他这样衡量的标准的数量来计算的。他会说，衣料上涨了，因为100码衣料将支配更多的劳动。好吧，变动是在衣料中，劳动是衡量变动的标准；但劳动是充裕的，人口是过多的，工资是低的，其证明是为100码衣料和其他许多商品付出了比以前更

---

① 参见英文版《李嘉图著作和通信集》第一卷，第63页，并对照第43页。

多的劳动。

马尔萨斯先生的书中最引起反对的一章，也许是关于资本积累过多的不良效果，及其导致对产品需求的短缺那一章。① 这种学说自然地引导到马尔萨斯先生从中得出的结论。如果我没有读过它，我简直不能相信像马尔萨斯先生那样一位有识之士，竟会建议把征税作为解除我们目前困苦的补救办法。② 他没有意识到，一个国家的产品总是被消费掉的，储蓄不过意味着大部分将被那些再生产出来的价值大于他们消费的人们消费掉。由于劳动者人数不足，他们能够支配的产品数量竟使剩下作为利润的极少，因此阻碍资本家在再生产中投入追加的资本。但是，如果社会不是资源耗竭，低额利润的出现，只是因为劳动者人数不足以承担所需要的工作。除了我前面说过的资源耗竭的情况以外，资本和劳动同时过剩绝不可能发生。但马尔萨斯先生说低额利润是由于缺乏需求，并认为在人口过剩的情况下，你可以有比你能够使用的更多的资本，这是完全可能的。

按照他的意见，你生产得太多而消费得太少，而且因为你是这样固执，你自己不去消费，于是他建议应该征收赋税，并应由政府替你花费。

关于土地的改良，看来马尔萨斯先生并不了解我的看法。我并不否认改良最终将对地主非常有利，但改良的直接影响是降低地租。当同一块土地由于人口增加而被重新耕种时，地主的谷物

---

① 第7章，第3节。
② 参见英文版《李嘉图著作和通信集》第二卷，第432—433页。

地租将会较高，但他的货币地租将同以前一样，①因为谷物的价格将会较低。可是，由于劣等土地在谷物价格较低时也能够加以耕种，改良必然不久就对地主非常有利。所有这些，我认为，我已经都承认了。如果我没有，我应该予以承认。他在对我书中的一段话发表的评论中对我很不公正，那段话说，地主的利益与社会其余人的利益是对立的。我并不是要对地主发难。除了他们作为立法者，对谷物的输入加以限制以外，他们的地租是他们所无法控制的情况的结果。②

我感到惊奇，地租仍被说成是剩余产品，因而与工业品不同。它绝不是被转移的价值吗？如果土地全都比较肥沃或者在相对肥力上变化较小，地租能像它现在这样，以同样的程度存在吗？我们不能交纳较少的地租而有更多的产品吗？

这些是我想对马尔萨斯先生的著作提出的全部意见。如果您对他的著作写出任何评论，我很乐于看到它，并在阅读它时无论想到什么都将毫无顾忌地告诉您。目前我感到有一种实际的困难，因为我承认，我还没有很清楚地看出马尔萨斯先生的体系到底是什么。他和我对得自对外贸易的利益有意见分歧，但我不很知道他的意见是什么。我相当匆忙地并且断断续续地阅读他的书，所以我没有严格地做到公正地对待它。我打算仔细地把它再看一遍。

---

① 先写作"较低"，后改为"同以前一样"。
② 参见英文版《李嘉图著作和通信集》第二卷，第117页。

我预期商人们的请愿书将在几天内呈递。① 我很高兴看到，预期从自由贸易获得利益的学说正在每天获得信奉者。我确信公众是很感激您的，因为您在这个重要问题上启发了他们。

怀着极大的敬意，我永远是
您非常忠实的
大卫·李嘉图

363. 李嘉图致马尔萨斯②

伦敦，1820年5月4日

我亲爱的马尔萨斯：

你和马尔萨斯夫人将高兴地获悉，李嘉图夫人很好，她忍受了最近的哀痛，③比我们预料的安宁和平静得多。奥斯曼和他的妻子，克拉特巴克先生，以及小女亨里埃塔，曾和我们盘桓了一些时候。在发生这件令人悲痛的事情时，他们的到来是深受欢迎的。

我很认真地阅读了尊著。④ 我无需说，其要有许多部分我与你意见一致。你对贫民状况的看法特别使我感到高兴。确实应该经常对他们说，弥补他们工资不足的最有效的方法就在他们自己手里。⑤ 但愿你能使我们摆脱一切障碍，建立起较为美好的制度。

---

① 请愿书于1820年5月8日由亚历山大·巴林呈交下议院。
② 信封上写着："赫特福德　东印度学院　托·罗·马尔萨斯牧师"。
③ 李嘉图的女儿范妮（爱德华·奥斯汀的妻子）死于4月17日。
④ 《政治经济学原理》。
⑤ 参见英文版《李嘉图著作和通信集》第二卷，第262页。

我们之间经常争论,因而当我说,在我们长期意见分歧的那些问题上,你的论据并未使我信服时,你将不会感到惊奇。我认为,我们的分歧,在某些方面,可以归因于你认为我的书比我原拟写的更为注重实际。我的目的在于阐明原理,为了做到这一点,我设想了一些事例,我可以用它们来表明这些原理的作用。例如,我从未认为土地上实际有过会使产量立即增加一倍的改良,但是,为了表明改良的作用不受任何其他因素的干扰,我假定采用了那种程度的改良,并且我认为我已从这样的前提出发,正确地进行了论证。我确信我没有低估农业改良对于地主的重要性,虽然可能我没有阐述得像我应该做的那样有力。① 在我看来,你把农业改良估计得过高了,在土地上使用的资本同以前一样,而且没有耕种新土地时,地主是不会得到更多地租的。但当谷价较低时,新土地可以耕种,而且旧土地上投入了追加的资本,则地主显然会得到好处。由于没有这些情况地主的谷物地租也会增加,你似乎认为他会受益;但是他多得到的谷物交换不到更多的货币,也交换不到更多数量的其他商品。如果劳动比较便宜,则他在少雇用园丁和也许另外一些仆役上会受益,但这种利益将为所有拥有同样货币收入的人所共有,不管这种收入得自什么来源。你在一个注释中②对我赞美的话过于恭维了。我乐于知道你持有对我表示赞同的意见,但我担心全世界会像我认为的那样,认为你的偏爱在这个例子上迷

---

① 参见英文版《李嘉图著作和通信集》第二卷,第116页及以下各页。
② 同上书,第222—223页。

住了你的眼睛。

在你论资本积累的作用的那一章里,①我与你的分歧同过去一样多。一个国家由于土地进一步增加生产的能力递减而资源枯竭之前,〔我认为〕②资本和〔人口〕同时过剩是不可能的。〔我〕同意利润可能暂时很〔低〕,因为与〔劳动〕相比,资本充裕,〔但〕我认为两者不可能〔同时〕是充裕的。

在这一〔点〕上,我承认你是正确的,〔我却怀疑〕你的推论〔是否〕正确。〔在我看来,〕鼓励非生产性的消费〔是不〕智的。如果个人在这方面不尽他们的职责,政府纯粹为了支出的目的而征税就可能是正当的了。

麦克库洛赫在上一期《苏格兰人报》上对你的书有一篇短评,主要是关于价值问题,他与你有分歧,但处理得极为谦恭有礼。

托伦斯对《旅行家》晚报感兴趣(我相信他是编辑)。他对你的书也发表了一些评论,是以正确的精神写的,由于他的论点是站在我这一边的,我当然认为他的批评是公正的。③

---

① 第7章,第3节。

② 在这里和下面,手稿破损:本书第278页和英文版《李嘉图著作和通信集》第二卷,第426页有类似的论述。

③ "《旅行家》不是一种新的,而是一种采取新经营方针的晚报;如果说,它没有多少风趣或异彩,它却是以正确的判断、谨慎的报道和符合宪法的原则著称的"(《爱丁堡评论》,1823年5月号,第368页)。托伦斯是新的所有者,沃尔特·库尔森是(或不久后成为)编辑,他担任过边沁的抄写员。"托伦斯上校本人在他的报纸上写了很多政治经济学的论文"(约·斯·穆勒:《自传》,第86页)。有两篇未署名的关于"马尔萨斯先生的新作"的文章,发表于1820年4月26日(关于利润和自由贸易)和5月1日(关于地租),他答应写续篇,但未见发表。

请代我们向马尔萨斯夫人致以衷心问候,并相信我永远是

你真诚的

大卫·李嘉图

364.李嘉图致辛克莱

1820年5月11日

先生:

关于纸币流通而不是铸币流通带来的利益,我同您意见一致,并且我绝不希望看到这个国家流通任何其他货币;但关于调节纸币的价值和数额的方法,我们有分歧。我认为,使纸币可以按固定的比率兑换金银条块,就是最好的办法。我并不否认,限制流通使公众受到很大压力,但议会对于大约5%或6%以上的压力是没有责任的。在银行委员会被任命之前,限制已经实施,通货的价值已经上升了铸币厂价值的5%或6%。现在增加通货无疑会降低它的价值,使所有的价格上涨,并大大减轻赋税;但我认为没有比这更不高明的措施了。

这对所有的债权人是不公平的,并同比例地有利于债务人。如果支付国债利息是我们所不能承受的负担(我认为不是这样,并且不可能这样),公平的方法是同公众债权人协商来解决债务,而不是只给他们以假装的偿付。

关于清偿国债,我们没有重大分歧。我主张把它全部偿清,并且绝不再以任何借口举借新债。您主张只清偿一部分,并且不反对在遇到燃眉之急时举借新债。您不免除外国人作出必要的捐献。我则主张免除。您认为,在谷物等由于匮乏而涨价时,我们消

费的谷物和其他物品同它们由于丰裕而价廉时一样多。我认为这不可能。如果消费量相等,就不会有匮乏,从而也不会涨价。您主张,在继续清偿债务时,让国内的谷物种植者垄断国内市场。我主张,在债务清偿完毕时,取消对输入的一切限制。我主张,在清偿债务时,让法律保持现状,以后再逐步取消一切限制。以垄断来引导资本投入农业,以后又取消垄断,将给农民带来毁灭。我认为,增加限制不应着眼于最终抛弃农民。

我担心清偿债务的计划不会得到议会的任何支持。人们不喜欢为了未来的好处而立即作出牺牲;他们以想象中的财富自慰,实际上他们从那里得不到什么利益。我们因为拥有一些财富而得到一种收入,这种收入我们必须立即交给收税员,那些不是想象中的财富吗?先生,我永远是您忠实的仆人。

大卫·李嘉图

从男爵约翰·辛克莱爵士。

365. 李嘉图致内皮尔①

伦敦,1820 年 5 月 15 日

先生:

我将您寄下的论偿债基金的文章的清样奉还;但愿它值得刊登在您宝贵的出版物上。

---

① 信封上写着:"致麦克维伊·内皮尔先生"。未经邮递。
麦克维伊·内皮尔(1776—1847 年),1814—1824 年任《英国百科全书补编》的编辑,1829 年接替杰弗里任《爱丁堡评论》的编辑。

文末的表与题目无关,它包含一些资料,可以将它删去,或者予以刊登,按您认为最好的办法去做。①

如能给我这篇文章的两三册抽印本,则至为感谢。

先生,怀着最大的敬意,我是

您忠实的

大卫·李嘉图

366.麦克库洛赫致李嘉图

〔答361和362—由368回答〕

爱丁堡,1820年5月15日

我亲爱的先生:

您2日的来信使我非常高兴。虽然我以为我很了解您的学说,如果您能从其他更重要的事务中抽出很多时间,把您关于商品上市前必须耗费的相对时间对它们相对价值的影响的意见作一简短摘要寄给我,它将对我特别有用;并将使我能更好地支持这门科学的正确原理,以对付那些利用马尔萨斯先生的权威去复活斯密博士会首先放弃的错误的人们的攻击。我不确切地明了杰弗里先生是否会允许我评论马尔萨斯。我毋宁认为他不会允许。② 可是,没有人会对他的著作加以赞扬的,我有时要揭露它的某些部分的空洞虚假。也许我是错的,但在我看来,在马尔萨斯先生的著作

---

① 此表已被删去。
② 马尔萨斯的《政治经济学》第1版在《爱丁堡评论》上没有被评论。

中,矫揉造作比坦率自然要多得多。他的论述不清楚,论证也没有力量。前者充满了修饰词和限制词,后者则被假装坦率所削弱,实际上这本书里太缺乏坦率的品质了。要是我写出一篇对它的评论,我一定将清样寄上,请您修正。我想请内皮尔先生允许我在《英国百科全书补编》中写一篇关于价值的文章;①那时我将有机会详细讨论新的学说,并尽我的力量来帮助它们的传播。

在赋税这个问题上,我不能不与您有分歧。除了对资本的破坏以外,我认为奢侈品税和必需品税所产生的影响是很不相同的。假定爱尔兰被迫要汇 1,000 万补助金给俄国,有两种筹款办法——对马铃薯课税和对红葡萄酒及四轮马车课税。如果采纳第一种办法,显然工资不会与赋税同比例上升;因为补助金要汇到外国去,不能使政府雇用更多的劳动,而劳动者的人数仍旧相同,对他们劳动的需求没有增加,他们必须继续忍受极度的痛苦,直到饥馑的压力或人口原理的作用放慢使供给和需求相等。但对红葡萄酒和四轮马车增税,只在很轻微的程度上产生这些影响。积累的爱好一般来说一定总比花钱的热情强烈得多。对奢侈品增税,会引起对奢侈品和其他昂贵商品的同比例的节约;很少或者没有劳动者会失业,因为这实际上将会减少纳税的财力。

但是,虽然我认为对奢侈品课税要比对必需品课税来得好,我却反对任何取消商品税而代之以财产税或所得税的方案。这类措施肯定会增加公众的困苦。毫无疑问,它可以暂时起解救的作用;但它将扩大征税的基础,并使大臣们能够把这个国家的一份更大

---

① 在《英国百科全书补编》中,"价值"不是一篇独立的文章;在麦克库洛赫所写的《政治经济学》这篇文章的第 3 部分第 4 节,论述了价值。

得多的财富转入国库。

我为《爱丁堡评论》写了一篇文章,论述我国对于对外贸易施加限制的问题,我把文章的副本寄给了托伦斯上校。① 虽然这完全是关于实际问题的,简直不值得您注意,我想请他把它转交给您。我希望这次会议上会提出关于与法国贸易问题的动议。我确信,没有什么事情比您着手研究这个问题更使这个国家普遍高兴的了。

从托伦斯上校处获悉您的家庭遭到不幸,我感到非常悲痛。② 我期望在您方便的时候接到您的来信。怀着尊敬的感情,我是

您最忠实的

约·拉·麦克库洛赫

367.李嘉图致边沁③

亲爱的先生:

我明天不得不待在市区,以致不能在上午同您见面。我将在星期六平常的钟点在绿园见您。

您非常忠实的

大卫·李嘉图

上布鲁克街,〔1820年〕5月18日

---

① 《爱丁堡评论》,1820年5月号,第3篇。
② 见本书第178页,注③。
③ 信封上写着:"耶利米·边沁先生"。边沁加上提要:"1820年5月18日上布鲁克街李嘉图致皇后广场耶·边。约定去散步"。未经邮递。
从其他(未发表)信件来看,他们是要商讨把皇后广场边沁的花园的地基出租,在这块地基上建造学校。

368. 李嘉图致麦克库洛赫

〔答366—由372回答〕

伦敦,1820年6月13日

我亲爱的先生:

我不得不花费时间去注意的许多事务,使我未能早些回复尊函。关于商品上市前的相对时间对它们的价格,或者不如说,对它们的相对价值的影响,我担心我阐明自己的意思将有些困难。一切有价值的商品都是由劳动生产的。用于制造一架蒸汽机的劳动,可能与用于制造一件贵重家具的劳动在数量上相同,并花费了同样长的时间,从而蒸汽机和家具的价值相同。家具商在年底把他的家具售得1,000镑。蒸汽机也值1,000镑,但它没有售出,而要留作下一年的资本。如果蒸汽机所有者的利润是10%,与他必须使用的劳动和流动资本的数量无关,而他使用的这些数量与家具商相等,他必须在年底使他的蒸汽机恢复原来的效率,并且必须向他的货物收取100镑,作为用作固定资本的1,000镑资本的利润。如果他能从蒸汽机所做的工作获得报酬之前要经过两年,他必须第一年有100镑的利润,第二年有110镑的利润,而这与送往市场的商品中实际积累的劳动量完全无关。现在如果我使用贵重的机器而在两年内没有报酬,到两年终了时,我的机器和我的货物合在一起,除了那期间未为我产生报酬的资本所积累的利润以外,必定就是用于生产它们的全部劳动的价值。但是,如果我只使用流动资本,并在两年内不能将我的商品送往市场,①也会发生同样的结果:在两年终了时,商品将不仅值投入它的全部劳动,而且还值我的资本使用期间所积累的全部利润。严格地说,当投入商品的只有劳动,而且劳动的时间相等时,投入商品的相对劳动量调节商品的相对价值。当劳动的时间不相等时,投入商品的相对劳动量仍然是调节它们相对价值的主要成分,但它不是唯一的成分,因为商品价格除了补偿劳动以外,还必须补偿在商品能够送往市场以前一定要花费的时间。一般规律的一切例外,都受时间规律所制约,并且完成一件商品的时间因种种情况而不同,即使我们能够克服没有一种商品始终需要同样的劳动量来生产它这一困难,我们也难以确定一种可以适当地选作一般价值尺度的商品。看来有两种极端:一种是,商品仅由劳动毫不迟延地生产出来,没有资本的介入;另一种是,它是大量固定资本的成果,含有的劳动很少,并且要经过相当的迟延才生产出来。介乎这两者之间的中间状态,也许最适合于大多数商品;在这中间状态的一边的商品的相对价值会随着劳动价格的上升和利润率的下降而上升;而在另一边的商品可能由于同样的原因而下降。马尔萨斯先生利用了我的价值尺度的这一缺点,并像他可以做的那样,尽量利用这一缺点,而他自己的价值尺度并不是没有缺点的。实际上马尔萨斯先生并不坚持一种价值尺度:有时候,他谈到货物的升降,是指它们货币价格的升降;有时候,他用它们支配劳动的能力来估计它们的升降;有时候,则用它们以谷物计算的交换价值来估计。他的实际的价值

---

① 这16个字是后加的。

尺度本身是变动的,其变动程度并不亚于大部分其他东西的变动。他谈到这种变动时似乎并未意识到,他因此而表明他的价值尺度是多么不适用于任何实用的目的。

必须承认,价值这一问题已陷入重重困难。如果您解决困难获得成功,并为我们确立一个价值尺度,它将不易遭到迄今所提出的一切价值尺度所遭到的反对,我将感到非常高兴。我有时想,我若重写我书中关于价值的那一章,我应当承认,商品的相对价值不是由一个原因而是由两个原因来调节,即生产商品所必需的相对劳动量,以及商品送往市场前资本处于静止时期的利润率。也许我将发现,我对这个问题的这一看法与我曾经有过的看法有着几乎一样大的困难。地租、工资和利润这些重大问题,毕竟必须用全部产品在地主、资本家和劳动者之间分配的比例来阐明,而比例基本上与价值学说无关。把地租去掉,资本家和劳动者之间的分配就简单得多了。对于以最后投入的资本生产的谷物以及制造业中以劳动生产的一切产品,我们都可以把地租去掉。劳动成果中给予劳动者的部分愈多,利润率一定愈小,反之亦然。现在,这一部分必定基本上取决于生产劳动者的必需品的便利。如果很方便,作为资本和劳动的成果的任何商品的一小部分将足以为劳动者提供必需品,从而利润将是高的。这一学说的正确性我相信是绝对可以证明的,但我认为马尔萨斯先生并不完全承认它。

您认为向富人的奢侈品课税还是向劳动者的必需品课税,对劳动者至为重要,您用来支持您这一意见的例子选择得很好。您假定有一笔补助金(我相信是每年)要从爱尔兰汇往俄国。您问道,为筹集这笔补助金,向马铃薯、红葡萄酒还是四轮马车征税,是否无关紧要呢？由于政府将不雇用更多的劳动者，从而雇用他们的竞争不会增加，您就断言，尽管向穷人的必需品课税，在他们沦为极度贫困和饥饿或人口原理的作用放慢使供给与需求相等之前，他们的工资将不会提高。按照您自己对这个例子的看法，当需求对减少了的供给发生作用时，工资将上升得很高，不仅高到足以为劳动者补偿向他征课的税，而且还要高得多，因为其他条件都不能使他填补贫困在劳动者人数上造成的空缺。在课税前，他的工资仅足以使供给等于需求。如果您把赋税加在他的工资上，他就不能再做什么了。所以，如果饥饿和贫困使人口减少，就必须有非常的刺激使事物回到以前的状态。我应当说，按照您承认的看法，劳动者平均来说，要使他增加的工资等于①课税额，但他首先要遭受工资非常低的痛苦，然后从工资升得非常高时得到好处。可是，我认为，实际上工资将既不很低也不很高，但工资将适度增加，为劳动者补偿对他的必需品所课的税。工资应当这样上涨符合所有各方面的人的利益。我认为，一个劳动者的工资使他能购买的必需品数量，实际上是人口的有效调节器。国家的情况要求人口在补助金给予俄国以后按以前同样的比率继续增加，因为对劳动的需求并未减少，我们之间的问题就在这里。是人口将首先大受抑制，然后受到强烈的刺激，还是它将继续按照资本和对劳动的需求的情况原来对它要求的那样发展呢？我相信，各种物品的价值不仅受直接的供求的影响，而且受偶然的供求的影响。您切勿以为我在争辩，赞成对必需品课税，而不赞成对奢侈品课税，因为问题

---

① 先写作"工资增加到"。

不在这里。但我力求弄清楚这些税究竟有什么不同。我完全同意您的意见和您所提出的理由:在我们所处的情况下,所得税,而不是现在所课的各种税,绝不是一种合乎需要的税。

我在下议院就农业问题所说的话①中有许多方面已有不完整的报道。我向您保证,我坚决维护了您所知道的我认为是正确的那些原理。布鲁厄姆先生大大歪曲了我说的话,而他本人提出的原理全都是站不住脚的。但下议院太偏袒对这个问题的一种看法,而不容许我反驳他们。我可能另有机会来这样做。②

您登在《爱丁堡评论》上的文章好极了,我确信它在促进有益的事业方面大有用处。③ 今天《苏格兰人报》上您关于谷物的文章,预期也可使那些诚实的怀疑论者信服。④

您认为我在议会里提出同法国自由贸易的问题可能有些用处,您错了。首先,我没有承担这样的任务的才干;其次,农业家和制造业主把我看作商业问题上的极端改革者和空想家。您没有注意到,甚至巴林先生,那位自命是自由贸易的支持者,但我认为是不热心的支持者,也没有提名我参加他的委员会吗?⑤

您永远的朋友
大卫·李嘉图

---

① 5月30日;参见英文版《李嘉图著作和通信集》第五卷,第49页及以下各页。
② 在会议期间似乎没有这样的机会。
③ 见本书第184页,注②。
④ 1820年6月10日《苏格兰人报》的主要文章"提议谷物法应作的修改"。
⑤ 1820年6月5日,下议院根据亚历山大·巴林的动议,任命了对外贸易特别委员会。

369.边沁致李嘉图

皇后广场,1820年6月17日

亲爱的先生:

我不能肯定我曾否告诉过您,我不愿看到学校离开此地①的主要原因,而且最重要的原因,是这样做将失去穆勒先生督察学校的好处。我的花园是他的,他可能像过去那样,没有时间担任那项职务,将来也不能像所需要的那样经常履行职务。该职是他在其他地方所不能履行的,特别是考虑到他在东印度公司的事务。他用那种方式给予帮助极为重要:这不仅在于帮助本身,而且在于这种帮助所引起的信心,一封信中显示的他儿子约翰的进步就提供了证明。这封信我相信您看到了,虽然我从未告诉过他,我想把它印出来加以宣扬,这除了借助于以我自己名义出版的出版物所提供的微不足道的手段以外,还要借助于其他手段。

谈到的这封信是约翰·穆勒写的,回答我的兄弟给我的一封信,谈论他在学习中取得的进步。②

这是穆勒先生不能公正地对待他自己的一个题目,因此有必要由我来送请您过目。他不知道我写这封信,也毫不怀疑我会这样做。

您真诚的

耶·边

---

① 边沁的花园;见本书第185页,注③。
② 这封信是1819年7月30日由约·斯·穆勒写给塞缪尔·边沁爵士的,由A.贝恩(显然是第一次)发表在他的《约·斯·穆勒评论》中,伦敦,1882年,第6—9页。

除了普莱斯先生的帮助以外,要是不能保证得到他的帮助,我绝不会写我已经写的这本书,①也不会另外再参与这件事情。

370. 李嘉图致穆勒②

上布鲁克街,1820年7月3日

我亲爱的先生:

如果边沁先生要把学校设在他花园里的愿望落空,我将感到非常遗憾。我认为现在容易克服那些困难。③ 我已努力作了他的协议草案中我认为必须作的修改,我知道我的修改还很不完善。请看一下我的文稿,并补充其中可能有的不足之处。这样做过以后,请把它交给边沁先生,让他提出他认为必要的修改意见。他和我将在星期三上午见面,那时我们可以一起商谈这件事。边沁先生当然会理解,我表示的只是我自己的意见。

您有空时,请读一下我关于谷物输入的文稿。④ 您若能在星期六或星期日把它掷还,我将感到高兴。

您真诚的
大卫·李嘉图

詹·穆勒先生

---

① 《实用知识》,参见英文版《李嘉图著作和通信集》第六卷,第112页。
② 这封信里提到的在皇后广场边沁的花园里建筑学校的经过修改的协议,是李嘉图写的,由边沁加上注释;手稿在英国博物馆报纸图书馆,"普莱斯报纸剪贴集",第60卷,第25号。
③ "边沁提出了越来越苛刻的条件,经过大量通信之后,他提出的校址终于在1820年被谢绝了,这个方案被放弃了"。(沃拉斯:《普莱斯传》,第112页。)
④ 这篇文稿没有找到。

371. 特罗尔致李嘉图

〔由373回答〕

戈达尔明,昂斯特德伍德,1820年7月5日

我亲爱的李嘉图:

伦敦比以往任何时候更成为有吸引力的中心了!议会正在进行的议程极为重要,它们的后果非常令人担心。① 这个潘多拉盒子②将会怎样呢?它里面的东西都要跑出来,并把灾祸散布到我们中间吗?要继续调查吗?王后确实无罪,这真是可能的吗?或者说,她正在利用证明她有罪的困难吗?如果是这样,到目前为止,她的横行霸道是很成功的,因为她已成功地激起了有利于她的情绪,这将使公众不会对她的案件作出非常公正的评判。为了满足约翰牛的有偏见的心理,需要一些比外国的起诉者所能提供的更好的证据。她的顾问们对她的案件一定是感到很有信心,容许她这样让每件事情去冒险,并在审讯的时刻迫近时提高她的要求。如果她获得成功,我认为大臣们肯定要更迭;在用这种无效的、有

---

① 7月4日,上议院的一个委员会审查了关于王后卡罗琳的行为的文件,这些文件装在两个密封的袋子里呈交上议院。该委员会报告说,文件的内容"指责王后与一个外国人通奸……并认为王后有一系列行为与她的身份和地位很不相称,是属于很放荡性质的"。因此,利物浦勋爵宣称,第二天他将提出一个给王后以处分的议案。(《议会议事录》,新系列,第2卷,第167页及以下各页。)上议院关于这个议案的议程,通常被称为对王后的审讯,引起了以后四个月全国的注意,直到议案于11月10日被撤销为止。

② 据希腊神话,宙斯因为普罗米修斯偷取天上火种给人类,而命令潘多拉带着一个盒子下凡。潘多拉打开盒子,里面的各种灾祸全跑出来散布到世上,只有"希望"还留在里面。—译者

害的和无意义的议程揭露了国王以后,或者不如说,也许让他揭露自己以后,大臣们要继续保持他们的地位是不可能的。在这种情况下,大臣们的更迭可能是有益的,可以指望它安定公众的心理,而且我们有权利期待,那些这样长期高声宣扬经济学的人,会一有机会就开始实施它。

我高兴地看到,你不失时机地在议会里你的席位上站起来,维护政治经济学的正确原理。只有反复阐述这门学科的正确学说,我们才有希望看到它们被付诸实践。经济学家们对马尔萨斯的书①说了些什么呢?他有什么皈依者吗?这本书引起了人们的关心吗?你已开始你打算进行的同他的通信论战吗?我读他这本书还没有什么进展;但到目前为止,我不能认为他已成功地推翻了你的任何见解。他费劲地证明,商品价格不是由生产成本来调节的,然而我认为,即使从他论证这个问题的方式来看,他是承认这一点的;因为他承认,生产成本对价格有很强大的影响。"但是",他又说,"正确的看法是,把生产成本看作所需物品的供给的一个必要条件"。② 现在,如果所需物品的供给取决于包括生产成本在内的价格,而价格取决于供给和需求之间的关系,那么,价格一定受生产成本所支配,因为如果价格不适当,供给和需求之间的关系就改变了,价格必然要受到影响。老实说,在我看来,这毕竟不过是名词之争,以不同的方式来说明同样的问题;我不知道为什么他把这些论点看作"两个体系,各有其本质上不同的起源,因此需要十分

---

① 《政治经济学原理》。
② 参见英文版《李嘉图著作和通信集》第二卷,第49页。

371. 特罗尔致李嘉图

仔细地加以区别"。① 毫无疑问,马尔萨斯先生的崇高声誉和他长期致力于这些课题,使他的意见都是经过深思熟虑的;但是,如果他这种看法是正确的,我却并不认为他做到了使他的读者明了他论点的基础,至少他没有做到使我满意或信服。价格直接受到供求之间关系的影响,对此没有人有争议,而他没有表明价格并不最终决定于生产成本。亚当·斯密本人说过,"自然价格就是一切商品的价格不断向它移动的中心价格"。②

议会大概什么时候休会?我猜想,你在休会之前是在伦敦的。有什么关于储蓄银行基金数额的账目呈交下议院吗?我想知道增加了多少。尽管在这里我们的积累继续进行在时间上有困难,我还是要高兴地说,我们的济贫税正在趋于减少。

看到我们的朋友休姆在议会不停地活动,我觉得有趣。什么问题都没有逃过他的注意。他完全像只雪貂,一定会遭到那些喜欢"干酪碎屑和蜡烛头!"的老鼠憎恨。可是,可惜他没有运用他努力鼓吹的经济学的原理!如果他减少这些努力的供给,他将大大提高它们的价值。但是,我担心它们的供给一定继续充裕,因为生产似乎没有使他花费成本!

特罗尔夫人和我向李嘉图夫人和你全家竭诚问好。请相信我是,我亲爱的李嘉图,

你非常真诚的

哈奇斯·特罗尔

---

① 英文版《李嘉图著作和通信集》第二卷,第44页。
② 《国富论》,第1册,第7章;坎南版,第1卷,第60页。

372. 麦克库洛赫致李嘉图①

〔答 368——由 375 回答〕

爱丁堡,1820 年 7 月 16 日

我亲爱的先生：

请原谅我拖延了这样久才奉告您,收到了您上月 13 日非常宝贵的和卓越的来信。它对于我草拟为《补编》写的关于价值的文章大有用处。② 我不会那么放肆,以致设想我能够确定一个价值尺度,它将不会受到迄今为止所使用过的那些价值尺度所受到的反对。但我认为,为使您的价值学说有充分清楚的观点,必须做的事情是把不同情况下生产的商品同也是在不同情况下生产的标准加以比较。不必作非常复杂的论述就可以进行这种比较。如果比较进行得很恰当,就现在实际存在的标准来说,可以详尽地说明这个问题,并阐明商品相互关系中发生的许多看来是异常的现象。这几乎是我曾想尝试的全部工作,由于您的帮助,我也许有希望获得成功。

我曾想为《评论》试写一篇关于什一税问题的文章。③ 什一税像您所表明的那样(我对政治经济学所了解的一切几乎都要感谢您),只是一种谷物税。但这种税是以最令人厌恶的方式征收的,这还必须加以论证,这种论证将您的结论作了较大程度的引申,如

---

① 信封上写着:"伦敦　上布鲁克街　议员大卫·李嘉图先生"。重寄往:"布赖顿　炮兵广场 13 号"。
② 见本书第 184 页,注①。
③ 见本书第 213 页,注①。

有可能,希望讲得更通俗些。关于这个问题,如能得到您的任何建议,我将非常高兴。

我知道您提出动议要得到与法国酒的贸易有关的文件。这是一个我乐于了解的问题。您的动议包括过去一个长时期输入和消费的法国酒的数量吗?它们区分了不同的税率吗?请允许我说,这是我认为它们应该包括的,而不要局限于某几年或输入伦敦口岸的。① 1817年3月布鲁厄姆先生在他关于国家状况的著名演说中提到,夏普先生呈递的请愿书要含有酒的贸易的准确历史。② 我从未能得到这项请愿书的一份副本;如果我可以那么放肆,我请您寄给我一份副本,要是容易得到的话,连同您提议要的文件,以及必要的简短评论,使我理解它们。

关于王后的讨论,以及更多的关于道德哲学的教授职位的讨论,在最近五六周内完全打乱了我的研究。可是,这些干扰中的一项将被迅速消除,像我推测的那样,被威尔逊的当选消除了。他是这个国家所能找到的一个彻头彻尾的无赖,但是他与沃尔特·司各脱爵士的女婿有关系,司各脱使梅尔维尔勋爵代表他进行干预,我猜想这就够了。几乎托利党的所有正派人,都对这一最最令人厌恶的玩笑提出了抗议。我确知有一次威尔逊在杰弗里先生的乡间住宅进餐,其后不久他就发表了一篇关于他的博学多才的主人餐桌上所见所闻的报道,极尽虚构和攻击之能事,甚至嘲笑杰弗里夫人!可是,这是这位受大臣们保护的人所犯的一千次罪行中最

---

① 见本书第206页,注①。

② 1817年3月13日布鲁厄姆提到的酒进口商的请愿书,由理查德·夏普于同年2月25日呈交下议院;见《议会议事录》第35卷,第639页及以下各页和1,034页,以及《下议院议事录》,第82卷,第107页。

轻微的一次。我用这件事情来分散您的注意力,我要向您道歉。但我确信,您对于这种贬低这个王国最有效率的学院的卑鄙企图不能不感到愤慨。① 怀着最大的爱慕和尊敬,我是

您最忠实的
约·拉·麦克库洛赫

以后来信请寄　巴克留广场10号

373. 李嘉图致特罗尔②

〔答371—由376回答〕

布赖顿,1820年7月21日

我亲爱的特罗尔:

我在这里已一周以上,应该在此刻之前就已奉告你,收到你本

---

① 最后,约翰·威尔逊当选了。同威尔逊有私人仇恨的麦克库洛赫(见英文版《李嘉图著作和通信集》第九卷,第205页)在《苏格兰人报》上开展了一次反对他的激烈运动;在选举以后,司各脱的女婿J.G.洛克哈特用一首诗("证明",载《布莱克伍德杂志》,1820年7月)来庆祝他朋友的胜利,他在诗里对"盖洛韦雄犊(我是指麦克库洛赫)"大肆漫骂。教授职位是与道德哲学和政治经济学这些学科结合在一起的,当1825年麦克库洛赫的朋友们提议在爱丁堡为他设立政治经济学讲座时,威尔逊成功地呼吁政府保护他的既得利益,从而挫败了这项计划。那时威尔逊用"克里斯托弗·诺思的私人秘书莫迪凯·马林"的假名,发表了《关于麦克库洛赫先生的政治经济学原理的若干说明》,爱丁堡,布莱克伍德书店,1826年。他在这本书中揭露了麦克库洛赫惯于把同一篇文章一再重印在《苏格兰人报》、《爱丁堡评论》、《英国百科全书补编》和他的书里,把它们说成是新作。可是,如费里尔教授所写,"后来威尔逊教授和麦克库洛赫先生彻底和解了"。(见A.兰格:《洛克哈特传》,1891年,第1卷,第239—243页;戈登夫人:《"克里斯托弗·诺思",约翰·威尔逊的回忆录》,1879年,第297页及以下各页;J.威尔逊:《著作集》,费里尔编,1855年,第1卷,第140页注。)

② 信封上写着:"戈达尔明　昂斯特德伍德　哈奇斯·特罗尔先生"。

373. 李嘉图致特罗尔

月5日的亲切来信。我在离开伦敦之前,已在下议院里把所有重要事务都打发完了。由于我的家人把我一个人留在这所大住宅里,我急于同他们在此地团聚,在我们起程去格洛斯特郡之前,他们选择这里作为几周的住处。他们比我更偏爱布赖顿,并且比我更相信海边的空气对所有的人和各种体质都有益处。我更喜欢一离开伦敦就直接去盖特科姆。看来公务不会允许我今年长期待在格洛斯特郡。毫无疑问,研究对王后的指控,将使下议院必须很早开会,当我们开会时,我认为我们不会很快就散会。我感到遗憾,这件不幸的事情未能不诉诸议会就解决了。在这件案子的各种情况下,我并不认为大臣们使它成为国家大事是正当的。除了使王室本身丢脸和削弱人民对君主政体的感情以外,它不可能有其他结果。如果这些做法竟导致大臣们的更换,我并不期望辉格党人在执政时的做法会与他们将要取代的那些人的做法根本不同。他们必须做些事情来保持表面上的一致,但实际上将很少。同托利党人一样,他们心里对任何真正的改革都是不支持的。

我在议会里维护政治经济学的正确原理,你对我过奖了。我觉得我不能胜任一个较好的演讲者所能做的事,我看到每一处要制止滥用权力的地方都要反对那样一些强大的势力,他们总是使得较坏的理由显得像是较好的理由,这使我比往常更气馁了。

我没有遇到许多读过马尔萨斯的书的人。他对我的价格最终由生产成本来调节的学说说了一些话,可是你对他的话发表的意见使我感到高兴。根据自然价格的真正定义,它完全决定于生产成本,而与需求和供给无关。一件商品能被生产出来并使生产者获得报酬的条件将仍旧是一样的,虽然需求竟是生产的数量的5

倍。我们大家都承认这种需求对市场价格的影响。

马尔萨斯先生在他关于地租那一章的末尾,给我以很不应得的赞扬,①但他在同一章中评论我的地租和利润的学说时是很不公正的。他说我举出地主加以谴责,因为我说过,他们的利益与社会其余人的利益相对立,地租的上涨是牺牲了别的阶级的收益。我的书的整个大意表明,我应用那些意见是什么意思。我说过,如果地主放弃了他们的全部地租,社会并不会得益,这种牺牲不会使得谷物较为低廉,而只会使农场主得益。这难道不表明我并不把地全主看作公众利益的敌人吗?他们拥有具备各种生产能力的机器,使用生产力最小的机器符合他们的利益,而不符合公众的利益。他们一定希望使用生产力较大的外国机器,而不是生产力较小的英国机器。马尔萨斯先生还指责我否认农业的改良对地主的好处。我不承认这项指责是公正的,我不止一次说过,很明显,他们一定终于因土地更加丰饶而获益。也许我在这个论点上没有表述得像我应该做的那么有力,但显然我是承认这个原理的。我请您参阅我那本书的最后一章,特别是以"根据马尔萨斯先生的说法,地租上涨的另一原因是"开头的那一段②那里表明我的主张是正确的。

请看马先生的书第237页,③你将会看到一个大大歪曲(我确信不是故意的)对手的论点的例子。我坚决主张谷物的自由贸易

---

① 参见英文版《李嘉图著作和通信集》第二卷,第222—223页。
② 参见英文版《李嘉图著作和通信集》第一卷,第412页。
③ 参见英文版《李嘉图著作和通信集》第二卷,第221—222页。

的理由是，在贸易自由和谷物低廉的同时，不管资本的积累多大，利润不会下降。如果你把自己局限于你自己土地上的资源，我说，地租终将吸收支付工资后剩余的产品的最大部分。因此利润将是低的。尽管资本增加了，不仅个别利润而且利润总额都将减少。全部净产品将增加，但资本家享有的部分将较少（参看论利润的那一章，第2版，第128—129页①）。现在，马先生怎样应用我的论点呢？他说，"不要让廉价的谷物输入，因为，如果你这样做，你将丧失现在以地租形式出现的你那份剩余产品的一部分"。我同意后果将会是这样，但大家知道，我主张丧失的将会比增加的利润所补偿的来得多，可是马先生却成了恰好相反的结论的权威：他说，你不会从增加的利润中得到补偿，我要求李嘉图先生修正这个意见，他承认在社会的发展过程中不仅每一笔单个的资本将产生不断减少的收入，而且得自利润的收入总额也将减少。我承认这个意见！是的，我承认，但那是在高地租和高谷物价格的情况下，而不是在他把它应用于低地租和低谷物价格的相反情况下。

请看第192页第6节，你将看到我的理论据以建立的全部论点都被承认了。谷物的高②价只有两个原因。货币的价值下降。生产谷物所必需的劳动量和资本量增加。在承认这一点以后，生产谷物所必需的劳动量和资本量的增加引起马先生所谓的实际地租上升的时候，③竟还说什么赞同这种上升的话，岂不奇怪吗？然

---

① 参见英文版《李嘉图著作和通信集》第一卷，第122—124页。
② 这里删去了"相对的"字样。
③ 先写作"上升只能是"，后改为"上升的时候"。

而，我认为这是马先生的论点，因为按照他的意见，高地租本身是件好事，与它是财富和权力的象征无关。用劳动和资本的最小牺牲来获得你所有的产品，这不是件好事吗？这本书里在我看来是谬误的论证和前后不一致的地方，我可以写满一张又一张的纸，但我还是省掉你阅读的麻烦吧。

无疑，你已经注意到，休姆成功地经受住了选举委员会的严峻考验。① 大臣们没有一个更为可怕的对手了。他没有一大串令人生畏的数字来支持他的主张是绝不发言的，并且他以百折不挠的热忱和注意力钻研文件，而其他大部分人对那些文件是带着讨厌和畏惧的心情避之唯恐不及的。我认为，他的演说风度有了改进，可是他一般讲得太散漫、太经常，有时在不值得注意的琐事上浪费了他的精力，并使他的听众失去耐性。他说他是为正确的原理而斗争，那些原理被一笔几百镑的不正当支出所玷污，如同被一笔100万镑的不正当支出所玷污一样，他实际上是为他讲得琐碎作辩护。我认为，他是议会里最有用的一位议员，总是坚守他的岗位，而且我相信他受到一种有益于国家的强烈愿望所支配。

我希望特罗尔夫人和你的姑娘们都好。李嘉图夫人和我一起向她们竭诚问好。

我亲爱的特罗尔，请相信我永远是
你非常真诚的
大卫·李嘉图

---

① 反对约瑟夫·休姆回到阿伯丁选区的请愿已经失败。《泰晤士报》，1820年7月13日。

我在下议院的桌上没有看到储蓄银行资金的账目,但我相信它已奉命要呈递一份。

374. 李嘉图致穆勒[1]

布赖顿,1820年7月27日

我亲爱的先生:

我希望在这封信之前穆勒夫人已消除焦虑和担心,平安地生下一个健康茁壮的婴儿。[2] 在这种场合,对夫人及其丈夫来说,最后消除焦虑之前的一两周,一般是极其不愉快的,特别是,如果拖延的时间超过了预料的时期。我们将很高兴在下星期五见到您。任何钟点都有驶离伦敦的马车,您不能在上午10时启程,可以搭乘3时离开斯普雷德伊格尔的快速马车。

我很高兴地阅读了您为下一卷《百科全书》写的论政府的文章。我认为它写得好极了,是特意写出来为有益的事业服务的。这篇文章写得真是带有哲学气息,它为提出的命题提供了最好的理由,这些理由都条理清晰,令人信服。文章没有攻击别人的意见,没有点别人的名,而只是正确、一致和清楚地发挥您自己的观点。我确实很喜欢这篇文章。您没有阐明舆论对政府的影响,大概您有充分的理由,但因为舆论是一种抑制,一种对我们这样的政府最有力的抑制,我盼望您注意它。甚至在人民普遍获得选举权

---

[1] 信封上写着:"伦敦 东印度公司 审查员办公室 詹姆斯·穆勒先生"。

[2] 亨利·穆勒的第七个孩子是这一年生的。

以后，您也不考虑对一次良好选举的保障，我认为您是对的，因为这会使这篇文章看起来很像是在论述议会改革，而议会改革也许是它希望回避的。可是，这是如此重要的问题的一部分，我希望您有机会写它，并提出可以支持它的一切有力论据。我没有把这篇文章寄还给您，我希望再读一遍。当我们在这里见面时，再奉还给您。如果在这之前您需要它，我将立即寄还。

212　　在这里，除了马尔萨斯的和我自己的书以外，我没有别的书了。我正在非常注意地读他的书，并在我认为应予评论的段落上加评注。它们比我预料的要多。如果我要回答我认为该书论述中存在错误的段落，我将写出一本比他自己的书还要厚的书来。支持他对萨伊和您的积累学说的攻击的论据最为薄弱，与他自己公开宣布的许多意见有矛盾，而且谬误如此明显，以致人们怀疑他可能是有意这么写的。

我绝没有放弃我想去格洛斯特郡的念头。我希望在您光临布赖顿之后不久就去那里，并盼望您也随后就来。我的第一个目的地是格洛斯特，巡回审判将于9日在那里举行。我希望您能于16日到我们这里来。现在我已改变计划，我将不回伦敦，而从此地直接去。请让边沁先生和普莱斯先生知道这一点。如果协议①已准备好，等我签署，也许您愿意把它带来。我不必专为这项协议进城。李嘉图夫人和家人都将返回伦敦，再从那里去盖特科姆。

虽然下议院将于8月21日开会，我认为在10月或11月之前不大可能着手议事。上议院不可能在那时以前通过议案。如果您

---

① 见本书第192页，注②。

有理由不这样认为,或听到关于那一问题的任何好意见,请让我知道,因为在那种情况下,我将停止我们正在做的迁往盖特科姆的准备。

我的家人从这里的空气获益匪浅,尤其是克拉特巴克夫人,她初〔来〕①这里时,几乎是个病人。他们全都向您竭诚问好。奥斯曼夫人在这伙人中是最勇敢的水手,她在最恶劣的天气里也从未失去她的美貌,而她周围所有的人却都认为到了他们最后的时刻。男人们吃的苦头比女士们多得多。

您永远真诚的
大卫·李嘉图

福克斯通勋爵在这里。我把您的文章借给他看,因为我知道他是个热心的改革者。他归还文章时,说了许多赞扬的话。他说,不同意它的结论是不可能的。但他惋惜论点没有更充分地展开。他认为开头和结尾有点太突然了。

375.李嘉图致麦克库洛赫

〔答372—由377回答〕

布赖顿,1820年8月2日

我亲爱的先生:

我在此地享受海风已经有些时候了。我自己的倾向是在格洛斯特郡我自己的住宅里过着更隐退的生活,但我的家人很希望在

---

① 被火漆盖住了。

这里住几周,这使我不得不按照他们的意愿办。我将于星期三到格洛斯特,不久以后再去盖特科姆庄园。这里是个适当的地方,让我请求您发出指示,把《苏格兰人报》寄到明钦汉普顿去给我,并请您指示该报在伦敦的代理人,接受舍弟和我的订阅,我从代理人处得知,现在他们没有指示是不接受订户的。

还要过些时候,您论价值的文章才能在《英国百科全书补编》上披露。我渴望看到它,因为我确信,您将驱散一些现在包围住价值问题的乌云。什一税问题引起了您的注意,也使我感到高兴。关于这种赋税的性质,流行着许多错误和误解的意见,您一定会使它被更好地理解的。目前,关于它,我想不起要说什么能够引起您注意的话。

我已指示别人将我提出的关于向法国酒和其他酒征税的文件寄上。还有另一套尚未付印的文件,继续载有至今年7月为止的资料,也将寄给您。① 我应贸易委员会的请求,提出这些文件,他们期望文件载有他们可据以提出请愿书的资料,而且他们要求我呈递请愿书。但我了解,这些文件揭露的事实并不正是他们所期望的,因此他们已放弃呈递请愿书的想法。我相信它们载有您想要的资料。我希望您将发现它们是有用的。在我写信给选举办事处要求米切尔先生把文件寄给您时,我提到您提起的由夏普先生呈递的请愿书,并恳求他们,如果他们有那份请愿书,就把它寄给

---

① "外国酒加仑数账目,法国酒与其他酒已分开",奉命于1820年6月29日刊印于《议会文件》,1820年,第7卷,第201—203页;续篇奉命于1820年7月5日刊印于同上书第208—210页。从1787年起,每年的数量、缴纳的税额和输出时退回的税领都已列出。

您。我担心那份请愿书已日期太久而不在选举办事处了。

在您作出一切值得称赞的努力去表明威尔逊先生担任如此尊严的职位是何等不适当之后,他竟被选为道德哲学教授,使我感到遗憾。世界正在变得比过去更美好,但我担心,功绩将被看作担任这类重要职位的最好要求的时候,离我们还很遥远。

自从我到这里以来,我第二次阅读了马尔萨斯先生的书。我对它甚至比第一次还要不喜欢。几乎没有一页没有错误。他不停地详细论述增加商品价值的重要性,他认为这比保证商品的丰富供应重要得多。他总是赞成为了商人的利益而牺牲消费者的利益。对他来说,增加利润是最重要的,尽管利润可能是不公平的,并且实际上来自不公平的垄断。为了前后一致,他应当赞同各式各样的垄断,因为毫无疑问,垄断会损害消费者的利益而有利于商贩,并给商品以高价值。如果您靠生产上的便利来增加商品的数量,(他说)您就给社会造成损害,除非生产上的便利给劳动以同样的或更多的就业机会。① 这显然是不正确的,因为如果您能以较少的劳动获得同样数量的商品,就必定会发生两种情况之一:或者您雇用同样的或更多的人数,并进一步增加您享受的物品,或者您支付同样的,甚至更少的货币工资而能使受雇者支配更多的商品,并且,如果他们喜欢懒散怠惰多于喜欢劳动报酬,他们就可以较少的劳动支配同样数量的享受品。我不明白,产品的丰富怎么会导致对劳动的需求较少。在我看来,马尔萨斯先生把两件截然不同的事情混为一谈了。一个人生产商品所得的报酬,可能偿付不了

---

① 参见英文版《李嘉图著作和通信集》第二卷,第350页及以下数页。

投入商品的劳动的价值。这种商品会低廉,而且我们应该说,它们是丰富的,但是它们的低廉会带来这种结果——它们的生产会使全国的资本减少。但是当商品因生产上的便利而产量丰富,价格低廉,而且实际上多于商品所使用的资本时,这是一种纯粹的利益,在实质上与其他情况不同。不能否认第一种情况有时会发生,但这常是计算错误的结果。一件或一千件商品可能发生这种情况,但不可能所有的商品同时都发生这种情况。

马尔萨斯先生谈到不愿意消费的心情很普遍。我说,无论在哪里都从不存在这种情况,即使在他津津乐道的南美洲也不存在。① 在南美洲,并没有不愿意消费的心情,却有不愿意生产的心情。一个人要有权利在那里和其他地方消费,他必须生产,但他喜欢懒散怠惰多于喜欢他将支配的商品给予他的满足,马尔萨斯先生把这叫做不愿意消费的心情,这使他否定了有效需求取决于生产这一命题。如果一个人勤劳,而所有其他人都懒惰,他生产的商品可能其他人都无法购买。但他生产商品的目的是什么?他只能有两个目的:或者他自己把商品消费掉,或者把商品同其他人交换他想要消费的物品。如果他采取后面那种办法,在没有别人给他以他需要的物品时,他就犯了计算的错误,他应当直接生产他需要的物品。那么,资本积累怎么会有害呢?在某种情况下,它可能对资本家没有好处,然后它将在比例上对劳动者较为有利。除非资本积累对资本家有利,否则它将停止;在这一点上,我们全都意见一致,但怎能把它说成不利于整个社会,以及有损于劳动者,如同

---

① 参见英文版《李嘉图著作和通信集》第二卷,第337页。

它有损于雇主那样呢？在我看来，这同说二二不得四一样荒谬。

请相信我是怀着极大敬意的
您非常真诚的
大卫·李嘉图

376. 特罗尔致李嘉图①

〔答 373—由 380 回答〕

戈达尔明，昂斯特德伍德
1820 年 8 月 13 日

我亲爱的李嘉图：

多谢你最近亲切的来信。也许你不知道，五个多星期以来，我一直是，而且现在仍然是沙发上的囚徒。我在翻过大门时，不幸我的膝关节猛然脱臼了。虽然我没有遭受痛苦，我担心我将有一些时候要受禁闭之苦。我不能责备自己开了稚气的玩笑，不适合于我一生中应该稳重的时刻的玩笑，因为我是从我坐的院墙门上很轻地跳下来的。情况既已如此，我仰仗我的图书室作为主要的材料来源，其中李嘉图和马尔萨斯的书籍占据了我的时间和我的思想的不小部分。毫无疑问，马尔萨斯的书是殚精竭虑的作品，一定花费了他很多劳动。就我读他的著作到目前为止的进度来说，我完全同意你的想法：他没有接触到你所有主要的和实质性的论点。在我看来，他反对的是你的原理的局限性，而不是原理本身。在地

---

① 信封上写着：“格罗夫纳广场　上布鲁克街　议员大卫·李嘉图先生”。

租问题上，我认为，即使照他自己的表述来看，他也已经放弃了有争论的论点。他承认，可能有些土地只支付工资和利润，谷物价格必定受最劣等土地上的成本的限制。土地的特殊性质他谈得很多，并把它看作地租的来源，而它只不过是剩余产品，剩余产品在农产品和工业品中都是利润的来源。毫无疑问，要是没有剩余，也就没有地租。但不能因此而就认为，这种肯定会有的剩余将产生地租。

我同意你的看法，在他的书中会发现许多错误的论证和不少前后矛盾的地方。请翻到第125页，他在那里说道："当劳动支配食物的数量最小时，它支配其他商品的数量就最大"等等；而在第128页，他又说道，"在一定数量的谷物支配的必需品数量最大的时期，一定数量的劳动支配的这类物品的数量却总是最小"等等。这两种说法肯定不能都是正确的吧？在一个先进的社会里，谷物的价值高，必需品的价值低，劳动所支配的食物数量最小，而所支配的必需品数量最大；因此，我认为第125页的见解是正确的。但是，当谷物能够支配最大数量的必需品时，它对必需品的交换价值一定是高的。当谷物价值与必需品相比是高的时候，虽然劳动者用于食物的那部分工资只能使他获得小量的谷物供应，他用于必需品的那部分工资却能使他获得充裕的必需品供应。

第145页。在我看来，他从土地肥力降低一半这一假定作出的推论是不正确的。他的目的似乎要表明，绝大部分土地要被停止耕种，不是因为消费者的毁灭使需求减少，而是因为同样的劳动和资本获得的产品数量只有以前的一半，不足以支付生产成本。但是，在这种可悲的情况下，幸存者的处境肯定是悲惨的，人们需要的产品的价格将足以抵补生产成本,产品价格必须被提高到那种程度,无论它会多高。它可能没有为利润留下剩余,那时只有耕种者能够生存,按人数的比例来说,被耕种土地的数量将比以前增加一倍。

我阅读马尔萨斯的书还没有多大进展,但我将继续探讨我很感兴趣的问题。

你在尊著第一版第 566 页上①说:"在事物的一般过程中,所有商品的需求总是先于供给。"你在第 560 页上②又说:"不是需求者由于必需品多而增加,而是必需品由于需求者多而增加。"

这是正确的吗?我对此有怀疑。人口不受资本的限制吗?必需品不构成资本的一部分吗?在采集劳动果实之前,不要经过一段时间吗?在那段时间里,就不必先有供给来满足劳动者的需要吗?资本的增加不引起对劳动的需求吗?对劳动的需求与必需品的供给不是同样的事情吗?资本和劳动不等同于供给和需求吗?如果需求者不拥有或不支配必需品的供给,以满足劳动者直接的和必不可少的需要,怎么能对劳动有需求呢?还有,什么是资本的利润?它只是超过社会需要的剩余商品。但是,商品的剩余与丰裕是同一回事,利润率与丰裕的数量成比例吗?毫无疑问,在每一个进步的国家中,经常保持着资本和劳动的作用和反作用;但是,如果不先有必需品的供给,这些作用怎么能开始呢?如果我们光辉的始祖没有被送到一个具备适合他情况的必需品的世界,或者

---

① 参见英文版《李嘉图著作和通信集》第一卷,第 409 页。
② 同上书,第 405 页。

换句话说,如果供给不先于需求,他会怎么样呢!?

我大胆抛出这些看法来供你考虑。它们对我在这些问题上的意见有很大影响,我乐于知道你对这些意见将说些什么。

你什么时候从事可怕的调查呢?我希望它可以避免。毫无疑问,这个案子的情况是值得调查的。但是,目的并没有重要到要把追究它而危及国家的和平看作是适宜的。很大一部分公众的意见已经如此强烈地表示出来,完全置之不理会产生什么后果是很可怀疑的。约翰·拉塞尔勋爵的讲话当然不会有效果。它包含的论点早已公之于众了;但我期望有一位高贵的勋爵,一位上议员,特别是,有一位作者把材料更好地加以整理,更恰当地加以编排。但信和讲话都写得很草率和马虎,根本不适合需要它们的那一重要场合。①

《晨报》上有一篇署名老辉格党人的很好的对它们的回答。可是,它证明了新辉格党人认为,他们通过不断涌向王后邸宅的致意者的行列,侦察唐宁街对前景的展望!

再见,我亲爱的李嘉图,请代我们向李嘉图夫人和你全家问好,并相信我是

你非常诚挚的

哈奇斯·特罗尔

我提到了尊函中引用的马尔萨斯的几段话,我同意你所说的对它们的意见。

---

① 约翰·拉塞尔勋爵致威尔伯福斯的公开信和他向国王呈递的反对对王后起诉的请愿书,已在报上发表。(《苏格兰人报》,1820年8月12日。)

请告诉我,你在尊著第 2 版里作了什么修改吗?这对于我继续考察你和马尔萨斯之间的争论点是必要的吗?

377.麦克库洛赫致李嘉图

〔答 375—由 381 回答〕

爱丁堡,巴克留广场 10 号
1820 年 8 月 24 日

我亲爱的先生:

对本月 2 日华翰,我向您深表谢忱。关于马尔萨斯先生的近著,您数次惠函,它们不仅是对该书极有价值的批评,而且发展了原理和展现了十分重要的观点。它们对我将来的研究极为有用。

附上数页我论什一税的文章。[①] 我希望您原谅我这样做。我知道,它并不包含您以前所不知道的事情;但我渴望您看到我的全部劳动,不管它是多么的不重要。我认为,您看到您那么成功地和令人钦佩地发展的那些原理得到进一步的实际应用,您不会不高兴的。在论述这个问题时,我拘束得很。我很想对待这位牧师更粗暴一点;但《评论》在英国的广泛流传和它非常巨大的影响,使得很大程度的克制成为十分必要。可是,如能引起公众的注意,而使他们适当考虑什一税问题,就会产生很大好处。教会组织的一个部门的改进,会为另一个部门的改进铺平道路。

---

① 《爱丁堡评论》,1820 年 8 月,第三篇。

我想为《英国百科全书补编》或《评论》准备一篇关于国债的文章。① 在这篇文章里,我力求提供各种不同计划的轮廓和对它们的批评,这些计划是为国家摆脱巨额负担而提出的。当然,我也将评论您所赞同的计划。我认为,我很了解它的采纳所将产生的利益,我也很了解把它付诸实施的尝试无疑会有的困难。可是,您若有余暇,而惠我以您对这篇文章所遇到的最普遍和最强烈的反对意见的看法,我将感到很高兴。

我希望您在明钦汉普顿定期收到《苏格兰人报》。我将盼咐把您和拉尔夫先生订阅的收据,在您回伦敦时寄上。我已很久没有收到拉尔夫先生的信了。我希望他没有完全忘记我。如果您为我向他致意,并向他保证我不会久久不复他的下次来信,则不胜感激。

这里的公众对王后的案件非常关心。这是件令人震惊和厌恶的事;她究竟是无辜还是有罪,是件无关紧要的事。讨厌而丢脸的调查就是件坏事。

我盼望您在方便的时候来信。怀着尊敬的感情,我始终是,

    我亲爱的先生,

    您最忠实的

    约·拉·麦克库洛赫

---

① 这篇文章没有刊载于《英国百科全书补编》;见《爱丁堡评论》,1823 年 10 月,第一篇文章"基金制度——英国的财政",并参阅本书,第 216 页,注①。

378. 马尔萨斯致李嘉图①

〔由379回答〕

东印度学院，1820年8月28日

我亲爱的李嘉图：

我不知道这封信是否能在布赖顿递送给你，我是冒险写的。我们的假期比往常的长些，但我们现在已经回来了一段时间，我经常想写信。

我们在巴黎大约逗留了五周，过得非常愉快。我见到了我希望见到的大部分主要人物，并对法国的状况有所了解，它是很奇妙的，但是这个题目太大了，现在不能谈它。

我找到了一些读过尊著的人，但在我看来，他们并不理解它，而且总的来说，并不赞同它。② 不过，我要把布罗格利公爵从这一总的评论中除外，他似乎倾向于采纳您的见解。他是教条主义者之一，他们在政治学和政治经济学方面被人认为是非常重视理论

---

① 信封上写着："布赖顿　西悬崖　议员大卫·李嘉图先生"。李嘉图在盖特科姆收到；见下一封信的开头。

② 其中有一位是重农学派的杜邦·德·奈穆尔的寡妇，她在1820年11月6日致西斯蒙第的信中，承认西斯蒙第的文章是反对李嘉图学派的（见本书第355页，注②），她写道："我亲爱的好朋友，我十分感谢您如此出色地回答了那个李嘉图，我钦佩您这样恰当地对待他，因为那位作者胡说八道，令人生厌。我非常高兴您正确地评价了我们的好马尔萨斯。我之所以说我们的，是因为他在巴黎逗留期间曾让我阅读了他的英文近著，他在书中也攻击了李嘉图。"

的。亚当·斯密的翻译者加尼埃先生①猛烈地攻击你,虽然在我看来他在许多基本论点上是与你一致的,也许他不知道。他想出版亚当·斯密的新版本,附有一卷评注,反驳所有与亚当·斯密意见不一致的现代作者。

我拿了一册我的书给萨伊先生;但他已经有了,并且回答了书中涉及他的部分。他已把他的手稿②交给印刷商,但在我们离开之前还没有出版。他把他著作的最近版本寄给我,③但我没有收到。他说,由于我没有看到这个版本,我提出的意见他已经回答了。但我在看这个版本时发现,销售那一章几乎没有什么不同。

一般说来,法国人很少读政治经济学。政府中反对政治经济学的偏见如此之深,以致实际上导致萨伊先生改变他即将讲授的题目,以工业这个名词代替政治这个名词。④ 可是,他说社会上较年轻的人正在取得相当大的进展。承担翻译尊著的书商⑤告诉我,他已售出了 900 册,我认为,在任何情况下,这都是一个有利的报告。我的书正在翻译中。⑥ 我看了几页清样,担心它译得不是很好。当然,没有多少人读过它。那些读过的人,基本上同意我对

---

① 热尔曼·加尼埃(1754—1821 年),他的亚当·斯密的译本有 5 卷,于 1805 年出版。
② 《致马尔萨斯先生书信集》;见本书第 218 页,注①。
③ 《政治经济学概论》,第 4 版,1819 年。
④ 参阅本书第 276 页,注①。
⑤ J.P.艾劳德;见英文版《李嘉图著作和通信集》第七卷,第 348 页,注①。
⑥ 《政治经济学原理及其实际应用》,"托·罗·马尔萨斯先生著,由 F.S.康斯坦西奥先生译自英文",巴黎,J.P.艾劳德书店,1820 年,两卷本。

价值的看法；但对我的积累学说却有点怀疑。由于地产大量分割成小块，它对法国确实不大适用。法国在它的现行制度下，对生产的妨碍，主要是缺乏生产的能力，而不是缺乏需要。但对这个问题我看得越多，想得越多，就越相信，我确立的关于财富增长的直接原因的学说基本上是正确的，没有它，就不能说明社会的实际现象。自从我回来后，我什么都没有看过。请告诉我，你是否知道有人写过反对我的文章吗？托伦斯继续在《旅行家》上写文章吗？① 关于价值问题，麦克库洛赫说了些什么？

这次奇怪的审判你以为如何？我们怎样摆脱这一困难呢？

马尔萨斯夫人同我一起衷心向候李嘉图夫人，我们希望她和你全家都好。我将于今晚去林肯郡，但不到一周就回来。

您永远真诚的
托·罗·马尔萨斯

379. 李嘉图致马尔萨斯②

〔答378—由388回答〕

盖特科姆庄园，1820年9月4日

我亲爱的马尔萨斯：

我很想听到你的音讯，而且正要这样告诉你时，接到从布赖顿转来你的信。我的邻居汉弗莱·奥斯汀先生告诉我，他在巴黎看

---

① 参阅本书第180页。
② 信封上写着："赫特福德 东印度学院 托·罗·马尔萨斯牧师"。

见你,我还听说你已平安抵英。我非常高兴地听说,你旅途愉快。这次旅行给你机会会晤法国的主要文人,同他们交谈,并听到他们对那个重要国家目前状况的意见,这次旅行一定是令人愉快的。我希望那里的目前状况继续维持一些时间不至中断。但是,如果他们要开展运动,我相信其目的是尽人类的种种办法来完善代议制度,以更有效地保障人民的自由。广大人民的幸福主要依赖于代议制度。

我并未期望我在法国有那样多读者,像你告诉我法文译本的销售册数所表明的那样。你发现正确地理解我的理论的人很少,同我意见一致的人更少,这并不使我感到惊奇。我在自己的国家里还未做到使许多人皈依我,但我对于看到人数增加并未丧失信心。我现有的少数皈依者是合适的,他们并不缺乏宣传真正信仰的热忱。

我已看到萨伊给你的信。[①] 在我看来,关于正确的原因,他说了许多,但没有把能够说的全都说完。在一个论点上,我认为,同托伦斯在《爱丁堡评论》上他的文章里一样,萨伊陷入同样的错误。[②] 他们两人似乎都认为,商业停滞是由于用以购买销售的商品的一批商品没有生产出来,而且他们似乎由此推论,在这种商品上市之前,这种坏处就消除不了。但是,真正的补救办法当然是调剂将来的生产。如果一种商品过剩,就少生产这种商品,而多生产

---

① 《致马尔萨斯先生书信集,关于政治经济学的各种问题,尤其是关于商业普遍停滞的原因》,让·巴蒂斯特·萨伊著,巴黎,博桑热书店,1820年。

② 1819年10月(见本书第156页,注②)。在托伦斯的文章里,"错误"出现在第471页及以下数页。在萨伊的《书信集》里,第5页以及书中各处。

另一种商品。但在购买者愿意看到更为需要的商品生产出来之前,不要让这种过剩继续下去。萨伊说的关于我的话,并不使我信服。他不理解我,而且他在论述价值问题时,常与他自己的意见不一致。在他的第4版①第2卷第36页上,他说,由于生产上的便利,每件物品在数量增加时,其价值下降。现在假定你必须为价值已经这样下降的这些商品中他所谓的"生产性服务"付款,如果你同以前一样,为它们而付同样数量的商品,你是付出同样的价值吗?根据他自己所承认的,当然不是,然而他在第33页上坚持认为,生产性服务并没有发生变化,如果它们获得同样数量的某种商品,尽管那种商品的生产成本可能已经从每厄尔②40法郎下降到30法郎。他有两个相反的关于价值的概念,如果我同两个概念都不一致③,我一定是错了。

法国政府对政治经济学抱有偏见,我感到遗憾。不管这门科学的作者之间存在着什么样的意见分歧,他们对于已被证实的许多重要原理是意见一致的。只要坚持这些原理,各国政府就一定能促进受它们统治的人民的幸福。什么比贸易自由带来的好处,或特别鼓励人口增长带来的坏处,更为明显呢?

我已经第二次极为认真地阅读了尊著,但我与你的分歧仍同以前那样根深蒂固。你对我的某些反对意见只不过是字面上的,并不涉及原理。我认为你根本错误的主要论点,是萨伊在其信件

---

① 《政治经济学概论》,1819年。
② 古长度名,各国算法不同,英国每厄尔等于45英寸。——译者
③ 参见英文版《李嘉图著作和通信集》第一卷,第280页及以下数页中同样的批评。

中所攻击的那一点。① 对此我毫不感到怀疑。关于价值这个词，你给它下了一个定义，而我下了另一个定义。看来我们不是指同一回事，我们应该首先在标准上一致起来，然后再检查哪一种定义最接近于你所提出的不变标准，或我所提出的不变标准。

我没有听说麦克库洛赫或托伦斯又写了什么东西反对你，我也不知道他们在考虑什么。自从我上次见你以来，麦克库洛赫给我写过两封信，都没有谈到价值，可能还要过一两年他才能在《百科全书补编》上发表关于这个问题的文章。下一期《评论》上，将有一篇他论什一税的文章，那篇文章我已看过。他的原理是对的，但我不喜欢他对现有弊病的补救办法。②

穆勒同我在一起已有两周，还将再逗留一些时候。他打算写一本通俗的政治经济学著作，他将在书中用初学者最易懂的方式来阐明他认为正确的原理。他不想谈别人的意见，也不想就有争议的论点进行论战。

我已看过我的第一章，想在该著作印行新版之前作一些修改。我发现我的任务非常艰巨，但我希望把我的意见表述得更明白易懂。我曾经想为自己辩护，反对你对我的一些攻击。但经过考虑，我认为，要公正地对待我自己，我必须说得很多，我将很麻烦地扩大我的书的篇幅，而且我将不断地分散读者对〔主〕③题的注意力。如果我要为自己辩护，我一定在另外〔一本〕出版物中这样做。

---

① 谈到的这个论点，是贸易普遍停滞的原因。
② 见本书第227页。
③ 被火漆盖住了。

关于对王后的审讯，我比以往任何时候都更加相信，导致这一审讯的起诉是失策和不智的。我确信，把它说成国家的问题乃是虚构的口实。这只是为了发泄一个人的愤懑和敌意而已，他本人的行为是那么恶劣，无论他抱怨说他是多么有理，任何人都不应当参加他的争吵，或者要求惩处对他的冒犯，而他自己的行为是对这种冒犯起了作用的。

李嘉图夫人同我一起衷心问候马尔萨斯夫人。盖特科姆是非常可爱的，希望我们去伦敦之前你和马尔萨斯夫人能光临此地。

穆勒先生向你们竭诚问好。

永远属于你的
大卫·李嘉图

380. 李嘉图致特罗尔

〔答 376——由 384 回答〕

盖特科姆庄园，1820 年 9 月 15 日

自 8 月 9 日以来，我一直在这里。

我亲爱的特罗尔：

我非常担心地获悉，你的膝关节不幸脱臼了。除了你必须忍受的痛苦以外，对于一个像你这样好动的人，要很长时期困坐在沙发上，像你上次写信时已经有的情形那样，这是一种残酷的精神痛苦。我希望你在大部分乡绅感兴趣的日子即 9 月 1 日之前，能够继续你所习惯的积极的研究工作，并希望我收到你的下一次报道将是你已完全康复，像以前那样以同样的兴趣和愉快来照料你的

种植园和各种改良品。

我已经很久没有写信给你,但这部分地要归咎于穆勒先生。他同我在一起已三个多星期,由于他爱好锻炼,我们利用好天气,经常活动。我们最近一次游览是顺着怀河而下,从罗斯到切普斯托。我们再从切普斯托去马尔文,同住在那附近的我的儿子①一起度过了几天。穆勒赞扬我们在盖特科姆的住宅和园地,但他更喜欢小儿的住宅和园地。我们周围的土壤是贫瘠的,树木主要是长得非常茂盛的山毛榉,但我们很少有橡树。在小儿住的乡间,土壤肥沃,橡树比任何其他树木都更为繁茂;园地也很美丽而又多样化。希望你光临,让我带你看看周围适当距离内的各个美丽地点。我们都很喜欢怀河两岸的景色。报道并没有夸大它的美丽,而它的美丽却出乎我意料之外。我们乘坐一辆我最近购置的低矮的四轮马车旅行。为了少走几英里路程,还为了去看我们以前未曾去过的一些乡村,我们决定乘船横渡塞文河,而不经过格洛斯特的桥。当我们到达纽纳姆对面的渡口时,正值低水位,按照船家的指点,我先驾车越过干燥的沙地,然后傍着准备接我们的小船驶入。我前进得非常安全,而在我离船仅三四英尺时,马车开始陷入沙里,马匹则向前猛冲,尽力脱离它们也正在陷入的地方。人们都为我们的棘手处境大为惊恐。有六个人,另外还有我的仆人,都立刻跳入水中。要不是他们在下沉最快的一侧协力支持我们,穆勒先生、在后面的两位年轻女士②和我自己全都会翻入水中。第一件

---

① 奥斯曼,那时他住在布罗姆斯贝罗地区。
② 李嘉图较小的女儿玛丽和伯瑟。

事是把马同马车分开,其次是把我们背到船上。可怜的马由于尽力挣扎而筋疲力尽,它们躺在地上,头刚好露出水面,不再费力去离开水,一时我以为我要失去那两匹马。可是,它们终于站了起来,并走到比较结实的地方。把马车从陷入的沙中抬起来花费了将近一小时。靠杠杆的帮助和人们的协力,马车终于被抬起来了。最困难的是把马载到船上。随后马车也运了上去。最后我们全都在纽纳姆安全登陆。除了鞍具略有损坏以外,马匹完全未受损伤。我们的两位年轻女士表现得像女英雄。

你把空闲时间用于阅读马尔萨斯的书,并检查他与我有分歧的原因,使我感到高兴。遵照你的要求,我翻到他著作的第125页,我认为必须承认,当谷物由于生产上的困难而上涨时,工业品一般将因生产上的便利而下跌,这常使工资不必因谷物涨价而上升。我完全同意你的意见,第128页的那段话同这种学说是不一致的,因为他在一个地方说,当谷物价高时,劳动将支配除谷物以外的大量其他物品,而在另一个地方他说,在同样的情况下,劳动将只支配少量的其他物品。第128页的那段话是很错误的,而且是从"当谷物比劳动昂贵时,劳动一定比谷物低廉"这一假定出发的。但说谷物上涨从而将支配更多劳动,与说劳动下跌从而将支配较少谷物,是很不相同的;因为当我们谈到一件物品上涨或下跌时,我们总是参照某种我们假定不变动的物品来说的。因为与谷物对照,劳动下跌,而与其他物品对照,劳动并不一定发生变动,所以实际上劳动并未下跌,说它下跌是不合适的,实际情况是劳动的价值与以前一样,但用工资购买的一种商品的价值上升了,不仅与劳动对照,而且与其他每种物品对照都是这样。现在,如果我们假定有利于谷物上涨的同样情况也有利于工业品的下跌(这是第125页上马尔萨斯先生的学说),当与谷物对照劳动下跌时,不仅与工业品对照劳动不会下跌,而且恰恰相反,在劳动相对于谷物而下跌时,与那些商品对照劳动会上涨。可是,这不是阐明所发生的事情的正确方法。我应当说,①劳动始终价值相同,但用工资购买的物品之一——谷物的价值上升了,同时用工资购买的其他物品工业品的价值却下降了。

马尔萨斯先生用谷物和劳动之间的一个中点作为价值的标准和尺度,这一论点,在耐心地加以考察时,是完全错误的。谷物上涨是因为生产它更加困难。由于这一主要必需品的上涨,劳动也上涨了,但与谷物上涨的程度不同。现在,这里有两样物品的价值上升,而马尔萨斯先生却选择两者之间的一个中点作为良好的价值尺度。虽然它们的价值都上升,在把它们互相比较并把一种作为另一种的尺度时,一种似乎下降了。在这里,马尔萨斯先生说,我有两种商品,它们的变化方向相反,因此它们之间的一个中点是个极好的价值尺度。假定每夸脱谷物从80先令上涨到100先令,劳动从每周10先令上涨到11先令,没有人会否认它们都上涨了。现在把谷物和劳动加以比较,1夸脱谷物在80先令时,可支配8周的劳动,在100先令时,可支配9周多的劳动。与劳动相比,谷物上涨,因而昂贵。但是,如果与劳动相比谷物昂贵②,则与谷物相比,劳动一定低廉。过去8周劳动可支配1夸脱谷物,现在必须

---

① 这里删去了"工资"字样。
② 这里删去了"说"字。

9周劳动才能换取它,谁能怀疑劳动是低廉了呢?你没有看到,整个论点从头到尾是完全谬误的吗?一种实际上变得昂贵的商品被说成低廉了吗?

在第145页上,我并不认为马尔萨斯先生是错误的。我认为他的意思是说,如果你把土地的肥力减少得那么多,以致全部产品都必须归耕种者所有,就不能有剩余产品作为利润或地租。即使剩余产品足以提供微薄的利润,也不可能有地租,因为没有更坏的土地可加以耕种。现在马尔萨斯先生说,如果你把土地的肥力减少一半,你就会使我们处于这种境地。这是一个事实和程度的问题,而不是原理的问题。我对他的抱怨之一是,他不回答你的原理,而希望表明你举的事例是那么广泛,它在任何情况下都不能存在;但是,无论你的事例受到什么样的限制,它涉及同样的原理,应当予以回答。

没有商品会被生产出来,除非对它有需求。如果它生产出来而没有需求,它的价值要下降,而不能提供必要的价格来补偿投入它的劳动和提供资本的通常利润。如果真是这样,谷物在什么方面与丝、酒或糖不同呢?那些制造或种植这些商品的人,如果生产得多于某种价格时的需求,将会蒙受损失。但是,谷物生产者不也处于同样的情况吗?如果价格有利可图时,对谷物没有需求,他就不会生产谷物。如果有人想要增加他的资本,他就生产他有充分理由认为他能按有利可图的价格销售的东西。他要用货币去支付劳动,他谋求取得的是货币。他确实可以期望,立即有比以前更大量需求的商品将是谷物,但那时他生产谷物是作为达到目的的手段,如同他生产任何其他商品一样。生产谷物是因为立即有对它的需求,或者可以合乎情理地预期对它的需求会增加。但我们不应该因此就认为这样说是正确的:谷物增加对它自己的需求者,或者它的充裕诱惑人们生存,因为这总是假设谷物价格低于自然价格或有利可图的价格,没有人有兴趣按这样的条件来生产谷物。对劳动的需求增加,并不立即有额外的人数来供给劳动。较高的工资诱导同样的人数做更多的工作。资本的增加和随后对劳动的需求,并不必然使得对食物的需求增加,而是使得对劳动者喜爱的其他物品的需求增加。那些物品将被首先生产。在儿童人数增加之前,对谷物不会有异乎寻常数量的需求。然后,那些首先有需求的商品将被放弃,对谷物的需求则将增加。我曾提出过这种意见,即谷物增加需求者并不比上衣增加穿著者或酒增加饮用者更多,我希望你认为这就是提出这种意见的正当理由。一个生产者有权利需求他自己的商品或别人的某种商品。如果他想增加他的资本,他自然谋求拥有他要利用其劳动的那些人将需求的商品。这种商品可能是谷物,但并不必须是谷物,正像并不必须是衣料、鞋、袜、茶叶、糖、铁或任何其他商品那样。我并不和你一样地认为,对劳动的需求与必需品的供给是同一回事。劳动和必需品进入市场的数量可以同时增加,在这种情况下,它们都不会下跌;它们的供给和需求都会更加充裕。假定只有必需品进入市场的数量增加,那不会引起对劳动有更大的需求,正像铁上市的数量增加那样,因为没有人要消费铁,增加资本的最有效途径,是生产一种你知道会有需求,因而价值不会下降的商品,而不是去生产一种不会有需求和价值会下降的商品。请你理解,我是在回答马尔萨斯先生,他坚决主张,与所有其他物品不同,谷物有某种特殊东西使它具有能够增加需求者的特征。相反地,我坚决主张,它们之间没有什么不同,除非弄错和算错,在有需要之前,什么物品都不会被生产出来。237

你读这封长信一定厌烦了。关于王后只讲一句话。无论她的行为如何,在她受到残酷对待的情况下,大臣们能够表明国家的真正利益是需要一项处以刑罚的议案吗?每个人必须给这个问题以否定的回答。

李嘉图夫人和我一起向特罗尔夫人亲切问候。

你非常真诚的

大卫·李嘉图

拙著的第 2 版没有什么新东西。

381. 李嘉图致麦克库洛赫

〔答 377〕

明钦汉普顿　盖特科姆庄园
1820 年 9 月 15 日

我亲爱的先生:

我很满意地阅读了您论什一税的文章。您把以前许多人心里感到模糊的问题讲清楚了,我希望您为这种最压迫人,最刺激人的赋税的有益改变奠定基础。您认为,使那些迄今为止土地免征什一税的人缴纳这种赋税是正当的,我不十分同意你的意见。许多免除什一税的农场每年都有产品送往市场,由于它们享有特殊优势,付给了它们额外的价格。在农场主为了免税而支付了一大笔补偿费以后,还要他纳税确实是很不公平的。向那些持有自己的产业已经有您所说的350年的人征收这种税,我认为几乎是同样不公平的。您认为对地租按镑征税来代替什一税是适宜的,我也与您意见不一致;这将是专向社会的一个特定阶级课税。我这样说,并未考虑到我作为土地所有者的利益,我向您保证,我没有任何免征什一税的土地。

我感到高兴,您正在准备一篇文章,论述国债和各种不同的建议清偿它的计划。① 我不很熟悉反对把我们自己从这一沉重负担下解脱出来的种种意见。我听到的主要反对意见是,所有者为了免除每年缴纳税款,不得不放弃他的大量土地。难以使这些人理解,每年支付1,000镑比一次支付2万镑是更沉重的负担。我还怀疑他们设想,由于清偿国债的需要,他们的地产大为减少会使他们的重要性降低。如果清偿并不影响他们全体,清偿后他们所处的相对地位不会与现在完全一样,那么在这一意见上,也许他们在某种程度上是对的。我听到的另一种反对意见,而且我认为似乎最有道理的反对意见是,这会使那些有职业的、收入来自工资或薪水的人免税。这我已在我的文章②中尽力回答,但它需要您的才华来加重它的分量。至于进行这样巨大的工作所需要的时间和实施办法,是有一些困难的。我有时想过,为了便利清偿,需要发行一种特殊的纸币。假定政府向5,000万资本的持有者发行国库券

---

① 麦克库洛赫在一篇论"赋税—紧缩—减少政府债务"的文章中,广泛运用这封信中的论点,《爱丁堡评论》,1827年10月(第5篇),第409页及以下各页;关于发行国库券和关于土地所有权的论点,几乎逐字逐句地在这篇文章中再现,第412页。

② "公债基金制度";参见英文版《李嘉图著作和通信集》第四卷,第188—189页。

来开始这项工作,这种国库券可用于抵付资本家的认购额。如果不用于这个用途,则可在确定的日期以货币偿付。5,000万可以用这种方法清偿,而对国家的流通媒介没有大量的需求。立即重新发行国库券和时常重新进行这项工作,全部清偿工作可以在适当的时间内实现。必须采取一些预防措施来防止人们隐匿财产,或转移到国外,以规避分担负担。布鲁厄姆先生在下议院里反对这项计划,①认为这会使我国的地产落入低级的有不良意图的代理人手中,但我认为他的反对意见是容易回答的。根据议会的法令,土地所有者为认购公债筹集必需的资金而出售的一切土地的所有权,应当被看作是完全的所有权,尽管它可能不适于作其他的出售。假定A曾为土地付款,而此后它似乎是B的财产。B不会受到损害或不公正的对待,因为要是他以前曾拥有土地,他一定会和A一样,把法令给予有效所有权的那部分地产因认购而出售。国内的地产都不会有更有效的所有权,所以购买者喜欢地产胜过其他一切,它绝不需要低级代理人的干预或指点。目前,关于这个问题,我没有更多可说的了。

我在这里按期收到《苏格兰人报》。在议会开会议事的时候,我将感谢您再把它寄往伦敦给我。自从接到您的信以来,我没有见过舍弟拉尔夫。因为他现在既是丈夫,又是父亲,我们在伦敦附近地区以外不像以前那样经常见面。

您说的关于王后的每一件事我都同意。她是无辜还是有罪,

---

① 在1819年12月24日;参见英文版《李嘉图著作和通信集》第五卷,第40页。

不是重要问题。她受到可恶的对待,没有说明或不能说明理由来证明这种令人讨厌的调查是公正的,或者是公共利益所必需的。

怀着极大的敬意,

您非常忠实的

大卫·李嘉图

382. 穆勒致李嘉图

〔由 383 回答〕

威斯敏斯特　皇后广场

1820 年 9 月 16 日

我亲爱的先生:

我抵达这里时,收到这里附上的一封信和一卷《补编》。① 我认为要做的事最好是把那封信寄给您,请您提示我,我应该说些什么。因为我认为,如果我和您在一起,您很可能会征询我的意见,我就不揣冒昧主动地提出来了。我认为您应该接受报酬,您应该骄傲地接受这笔钱;但无论报酬多少,您不要接受高于他们普通报酬率的报酬。我认为这是每一印张 10 几尼。至少我是按这个比率接受报酬的,《政府》那篇文篇除外,那篇他寄给我的较多。我无须浪费您的时间,为这个意见提出我的理由,因为它们是您容易想象的。如果这些理由您感到不满意,就只有留待您把您的意见告

---

① 《英国百科全书补编》,第 4 卷,第 2 篇,有李嘉图的文章"公债基金制度"和穆勒的文章"政府"。附件(内皮尔的一封信)尚付阙如。

382. 穆勒致李嘉图

诉我了,像我发表自己的意见那样坦率。

请代我向所有我亲爱的朋友们竭诚问好。我使用一点法文,①是为了女性,因为我主要想起了女士们,上个月我从她们那里得到许多偏爱的词句,并从同她们的交往中得到莫大的愉快。可是,在使用女性这一名词时,我完全没有忘记戴维先生,我理应为他做许多好事;如果我不知道他不在那里,我是要向他致以最良好祝愿的。

这里所有的人都很健康,一切如常。

我听说水兵们列队去向王后致意时,威风凛凛。这样多特殊种类的人前所未有地参与政治问题——从来不怕作殊死搏斗的人们准备在任何时候开始斗争——引起了异乎寻常的恐惧。韦尔斯利勋爵去会见他的银行家,经过他们的行列时说道,如果这种情况经常发生,这出戏就要结束了。

麦克库洛赫②的一封信于星期四寄到这里(我猜想与他的宴会有关),穆勒夫人以为这封信可能是重要的,据悉她已经附寄给您。

根据王后现在被控告的状况,正在准备召开一次会议,起草向王后的致辞,这篇致辞将由伦敦居民乘马车列队去呈递。预期伦敦的每辆马车都将被征用。他们说,像玛丽博恩那样的行列证明这种预期是有根据的。

---

① 原文中"我亲爱的朋友们"是法文。——校者
② 毫无疑问是威廉·麦克库洛赫(见本书第240页,注①)。9月14日,星期四,穆勒还在盖特科姆。

边沁先生很好,我还没有见到他。

您最真诚的
詹·穆勒

383. 李嘉图致穆勒

〔答382〕

盖特科姆,1820年9月18日

我亲爱的先生:

听说您抵伦敦时阖府安好,我们都很高兴。

您的亲爱的朋友们接到您的问候都非常满意;她们都因失去同您相处的机会而伤心,并异常兴奋和愉快地谈起您和她们一起度过的时光。李嘉图夫人和我都为您谈到戴维的几句话感到高兴。我相信他是个使人有好感的青年。

您预料,在内皮尔先生给您的信这个问题上,我特别希望听到您的意见,您是十分正确的。您提出了意见使我感到高兴,如果您经过进一步考虑而没有理由改变它,我决定遵照您的意见办。我不可能因为内皮尔先生要给我报酬而不快,我的自尊心也不会妨碍我接受它,如果这是通常付给业余人员和不配称为作家的人们的稿酬的话。您一定知道《爱丁堡评论》是怎样支付稿酬的。

我有两种顾虑。首先,我认为这篇文章本身是拙劣的,纯粹从商业观点来看,极其微薄的报酬也是致酬过多。其次,在必须让人知道酬金并不是我写这篇文章的部分动机时,我怕接受酬金会被人认为卑鄙。在说了这许多话后,我让这件事悉听尊便吧。①

我想,伦敦的集会和游行一定会对有较高权力的人产生一些影响。可是,我希望王后也许能证明她是无辜的。埃·克拉特巴克先生②昨天告诉我,切尔特纳姆的人们听说,登曼已在前往该地的途中,想要敲钟欢迎他。③ 教士拒绝交出钥匙,结果有一千多人出来迎接他,使得和他在一起的登曼夫人大吃一惊。他们兴高采烈地拉着马车穿过城区,之后登曼向他们发表演说,他说王后是无辜的,或者他能证明她是无辜的,她的光荣会像他当时凝视的星星那样光芒四射。他建议他们散开,各自回家。他们没有照办,直到他们把牧师们家里的每扇窗子都打破为止。詹姆斯·克拉特巴克先生是城里唯一的行政长官,对他们毫无办法,最后不得不向登曼求援。登曼欣然给予帮助,再次向暴民致词,他们立即散开了。

威尔金森一家已于今晨离开我们去伦敦。雨正在徐徐地下

---

① 穆勒在1820年9月20日致内皮尔的信中写道:"我同李嘉图在格洛斯特郡消磨了一个月,我和您的信于同一天到达我家。由于我感到同李嘉图本人谈论您向我提出的那一点并无困难,我就转抄了您说的话。我已得到了他的回答,他说,他不会骄傲到拒绝接受,而是在接受这种报酬时感到骄傲,如果这是业余人员在这种情况下惯常做的。在这一点上,他征求我的意见。由于我不了解,我必须向您请教。李嘉图还说,他接受报酬有两种顾虑:首先是由于那篇文章,他说它不值得付酬;其次,因为报酬并不构成他写那篇文章的部分动机,他认为他自己没有取得报酬的权利。于是他请我为他作出决定,但说他绝不接受高于您们最普通的报酬率的报酬。由于我认为这一决定非常恰当,您会知道该怎么办的"。(手稿在英国博物馆,Add.34,612号,第383页;在贝恩的《詹姆斯·穆勒》中,印刷有错误,日期错定为11月20日,第190—191页。)

② 埃德蒙·克拉特巴克和下文提到的治安官詹姆斯·克拉特巴克,都是李嘉图女婿的叔父。

③ 下院议员托马斯·登曼(后来是登曼勋爵),是卡罗琳王后的副检察长。

着,但下个不停。李嘉图夫人、玛丽和伯瑟要我代为竭诚问好。

您真诚的

大卫•李嘉图

384. 特罗尔致李嘉图①

〔答380—由387回答〕

昂斯特德伍德,1820年9月20日

我亲爱的李嘉图:

我这么早回复你最近的来信,你将会感到奇怪。实情是,我想对我上封信里要求你注意的一个问题发表一些意见。这个问题是重要的。我承认你的论证未能使我满意。如果我有错误,我切盼你帮助纠正。但是,我必须首先祝贺你逃出了非常惊人的困境,你和你的朋友们在渡过你提到的那条河时,似乎陷入了那种困境。陷入沼泽,并不是你事业的非常光荣的结束!我猜想,在任何场合,你都是最后脱离深渊的人之一!

你说:"你并不和我一样地认为,对劳动的需求与必需品的供给是同一回事"。并说,"必需品的数量增加,并不会引起对劳动有更大的需求,正像铁上市的数量增加那样。"

一切财富的基础是人具有的力量,人借助于他的劳动,并与自然的力量相结合,生产的商品多于他自己必需使用的。由此产生了商品的剩余产品,它是利润的基金和收益,资本的增殖就从它

---

① 信封上写着:"明钦汉普顿　盖特科姆庄园　议员大卫•李嘉图先生"。

而来。

在一个文明较为先进的国家,它的生产资本和劳动自然地分成两部分,即用于土地的部分和用于制造业的部分。为了适合我论点的需要,我把它们分成必需品和便利品这两大类。必需品是指食物和在任何社会状况下劳动者和下层阶级人民生活必需的其他商品。便利品是指一切给予我们舒适和享受的各式各种商品;它们是由高于劳动者阶级的所有各阶级不同程度地消费的。必需品和便利品每年都会有剩余产品。这些剩余产品将互相交换。

但是,必需品的剩余产品必须首先在便利品的剩余产品之前生产出来;因为如果没有这种剩余,便利品就不能生产出来。必需品生产者创造的商品多于他们自己生活所必需的,他们用这些剩余(必需品的生产所不需要的)使劳动者开始生产便利品。便利品生产者创造的商品也多于他们自己需要使用的。但是,他们不能用他们的剩余去雇用劳动者,因为剩余产品中没有劳动者需要的物品。如果他们的目的是要增加他们生产的商品的数量,他们必须把他们的便利品换成必需品,或者,如果他们的目的是要增加他们的舒适,他们就要把他们的便利品去交换其他便利品。

你说:"没有商品会被生产出来,除非对它有需求"。这完全正确,没有商品会被继续生产,除非对它有需求。但是,一切商品都有创造对它们自己的需求的性质。必需品的剩余产品的数量限制了能用于便利品生产的全部劳动量。但是,在这个限度内,这些便利品可以根据消费者的爱好和欲望而增加和变化。

但是,这里有作用和反作用;因为,占有便利品的欲望的增加,与便利品的增加成比例。这种欲望是必需品生产者共同感觉到的,他们为了占有这些便利品而增加他们自己的产品,并因必需品产量的增加,而使便利品生产者能够雇佣更多的劳动,来进一步生产便利品。

什么是剩余产品？它只是生产出来的商品超过生产它的费用的余额。在这一余额是必需品时,它可以用于雇佣更多的劳动来生产同样的商品；或用于雇用更多的劳动来生产便利品；或用于雇用更多的非生产性劳动。如果生产性地雇用,则非生产性的消费者可以转变成生产性的消费者。但是,不管这种余额如何使用,它引起对某种劳动的需求增加。如果增加的需求不能由增加的供给来满足,于是由必需品构成的全部这种剩余产品就在现有劳动者中间分配;他们的状况因此得到改善;并且从这种改善中,人口得以增加。诚然,这种增加并不必然发生,也不是有时会发生,但这种剩余是能够引起人口增加的基金,而且是唯一的基金。

现在,让我们假设这种剩余是便利品的余额。能够怎样使用它呢？不是用于雇用劳动,因为它并不包括必需品。它可以交换必需品,然后,那些必需品可以被生产性地使用；或者它可以交换其他便利品,但它雇用劳动的能力,必定取决于它首先获得必需品的能力。那么,必需品和铁怎么能够具有同样的作用呢？在每个国家,劳动和资本的分配中存在着一种自然的划分；在我看来,国家的繁荣主要取决于与这种自然划分相一致的实际划分。

假定自然划分需要人口的四分之一和同比例的资本量用于为全部人口生产必需品,假定另外四分之一的人口和同比例的资本用于生产便利品；其余的四分之二都是非生产性的消费者。如果这是自然状况,任何与此偏离很远的状况一定会带来可以感觉到

384. 特罗尔致李嘉图

的不便;如果用于生产便利品的比例太大,或成为非生产性消费者的比例太大,而使得用于生产必需品的部分大为减少,则情况尤其如此。的确,与这一自然状况偏离很远的状况都不能长期继续下去;资本和劳动会重新找到它们的适当位置;但是,在这期间,会发生使国家繁荣受到影响的那些不便和苦难。

你说,你并不和我一样地认为,"对劳动的需求与必需品的供给是同一回事"。

你承认(第561页)①,"使人口普遍增加的是资本的增加",并且你给资本下定义为(第93页)②〔"〕国家财富中用于生产的部分,包括食物、衣服等等"。所以,结果是人口的普遍增加受食物和衣服的增加所影响。但是,食物和衣服都是必需品,因此,人口增长受必需品的增加所影响。什么是必需品的增加呢?这只是必需品的供给增加,它影响到人口的增加。除非必需品的供给先增加,否则供给的增加怎么能影响到人口的增加呢?如果供给先增加,那么"必需品的丰裕使需求者增加"。你还承认(第561页),"资本的增加引起对劳动的需求和工资的上升"。那么,对劳动的需求与必需品的供给不是同一回事吗?如果需求者没有必需品的供给准备提供给他所需求的劳动,怎么能有对劳动的需求呢?或者,如果他没有供应那些劳动者以他们需要的食物和衣服的手段,那也是同一回事。除非资本是由必需品构成的那部分生产性资本,或者

---

① 参见英文版《李嘉图著作和通信集》第一卷,第406页,这里所指的都是第1版的页数。

② 同上书,第95页。

除非资本有支配必需品的能力,否则没有资本能使他对劳动有需求。我将在这里停笔,因为这已够一次的量,我怕你会认为太多了。实际上,我在读我的信时,认为我可以把问题缩成较小的范围。但是,我切盼你理解我的论点。如果我有错,请指出错误的根源,因为这是个重要问题。

你看到9月份的《新杂志月刊》上萨伊先生致马尔萨斯先生的信了吗?① 你认为这封信如何?

他提出来反对马尔萨斯先生的论点,在某种程度上与我在这里考虑的问题有关。他坚决主张,商品不会过剩,生产使得市场向产品敞开着。

但是,我承认,我认为这个命题必须受到国内资本的适当分配所限制,正像我在上文竭力要限制它那样。因为,在我看来很明显,如果由于土地上的利润低,或者制造业的利润高,国内的资本用于生产必需品的比例太小,以致这类商品会(在这种情况期间)继续过剩。

萨伊先生关于非物质的服务等等的观念,在我看来,是空想的和无用的。他关于写作政治经济学的人都应该在他们的思想中消除耐用商品和易损商品之间的区别的观念,是根本错误的。但是,我真的必须停笔了,否则你会没有耐心用我希望你具有的注意力来读我的信的。

我愉快地说,我的膝关节好多了,但我的行动很小心,因为锻

---

① 萨伊的《致马尔萨斯先生书信集》的第一封信的译文;其他的信发表在以后的几期上。

炼的快乐已一去不复返,至少暂时我只能有我认为健康所必需的运动量。

但愿我能够找到解决王后这一可怕事件的办法。翁斯洛中士的建议①是荒谬的。你们下议院的绅士们现在都是十足的专制统治者;在拥有审查誓言的权力时,你们会变成什么样子,我,至少我一个人,不想去弄清楚!这是为了眼前的方便而牺牲原则;而且是树立一个最危险的先例的手段,从此以后将不难找到采取行动的借口。

特罗尔夫人同我一起向李嘉图夫人竭诚问好。我亲爱的李嘉图,请相信我是

你最诚挚的
哈奇斯·特罗尔

385. 穆勒致李嘉图

〔由 386 回答〕

东印度公司,1820 年 9 月 23 日

我亲爱的先生:

现在我要写信告诉您一个非常重要的问题;有人极力使我相信,您对于我即将向您提出的建议不会有很好的反对理由。以前我曾以有点开玩笑的气氛但非常真诚地向您提起过,我希望您担

---

① 建议提出一项议案,使下议院能够审查宣誓的证人(《议会议事录》,新系列,第 3 卷,第 51 页)。

251 任东印度公司的董事。刚才和麦克库洛赫先生①谈话时,他为渴望这一地位的人目前进行的竞争所造成的前景而向我喟然长叹,并把几位主要董事们的想法告诉我。我抓住我一直在留神的这个机会说道,我希望能够劝说李嘉图出来担任这一职务。他从他的椅子上突然站起来说:"上帝啊,如果能够说服李嘉图,他明年4月就可以来!董事会会欣然接受他的。他们全都会支持他的。如果他接受劝说,我可以用生命担保,他会进入董事会的。"

您会注意到,这些话是一个在这方面比任何其他活着的人知道得更多的人说的;他是我认识的能作出最正确判断的人之一。如果您愿意,您很容易进来。我认为这件事是不会有争议的,情况就是这样。我确信,您不应该犹豫。这将使您处于这样的地位,您为您的同胞造福的办法将会非常之多;这将在很大程度上提高您的尊严和重要性;提供给您的这个职位将会增加您的幸福。您长期用心思考,对您来说,您目前所处地位的主要不便之一是,它没有提供与您直接有关的目标,因此,您偶尔感到生活空虚乏味,活到60岁就够长的了。所以,为了您自己,为了您的千百万同胞(您

252 将被授予对他们的喜怒哀乐有很大影响的权利),为了您的家庭(这将在许多方面增进它的尊严和利益),并且为了我(我确信我的幸福对您也是件重要的事),我希望您对这个问题不仅予以很认真的考虑,而且予以有利的考虑。

我写得很匆忙,我将满足于只是开始提出这个建议。您若来

---

① 威廉·麦克库洛赫,东印度公司的印度文牍审查员;1830年他退休后,穆勒继任为该部门的主任(见贝恩,《詹姆斯·穆勒》,第194、355—356页)。

信表示赞同,麦克库洛赫将立即予以宣布,并给您必要的通知。他是一个您可以绝对信任的人。他明察秋毫、机敏通达、受人尊敬;我知道在这些方面是没有人胜过他的。这封信是得到他的同意和遵照他的意见写的。

您最真诚的
詹·穆勒

386. 李嘉图致穆勒①

〔答385—由389回答〕

盖特科姆庄园,1820年9月25日

我亲爱的先生:

自从接奉尊函以来,您向我提出的建议不断涌上心头。我从各方面作了考虑,对您提出的赞同它的理由我并非无所感觉,但我毕竟不能同意接受它。首先,我不能相信我竟会得到董事们的支持。在私人方面,我同他们任何人都不认识,我认为我在各种场合公开表示的看法并不会使我得到他们的青睐。我总是这样理解的:董事们的支持一般都来自个人的好感和喜爱。其次,我没有担任东印度公司一名董事的职位的必要才能,这不是我假装谦逊。我在许多问题上缺乏知识可以靠学习和应用来消除,但我不能自以为能够胜任这样重要和负责的职务。您说,或者可以说,现在渴望这项职务的人比我更为无知,这可能是真的,但这不能说明我占

---

① 信封上写着:"伦敦,东印度公司,詹姆斯·穆勒先生"。

据这一我不适合担任的职务是正确的。最后,这一方案不会增进我的幸福。您设想,由于我把整个生命看成在60岁以后不是很值得保留的东西,所以,我对我的状况不满意,或者没有与我直接有关的目标,而您错了。情况正相反,我很惬意,并且从来不缺少感兴趣的目标和生活的乐趣。当我想到我们可能遭受许多意外事故和不幸时,我轻视生命的价值。就我自己的情况来说,我的一只耳朵已经完全失聪,我的牙齿日益脱落,几乎没有一颗牙齿是有用的。没有人比我有更好的脾气来忍受这些严重的损失,然而我有时候认为我得到的某些启示使我不能不预料,还有更多的损失在等待着我。您可以相信,我并没有过于苛求生活,我同生活相处得很好,而且打算在我具有生命的时候,最充分地利用我的生命。但我也看到,老年人时常由于他们自己的缺陷和行为失常,有时也由于年轻人缺少宽容和体谅,而失去了家中小一辈人对他们的尊敬和关心。这使我深信,如果死亡,平均来说,更早一些降临到我们的头上,将大大增进人类的幸福。如果我是东印度公司的一名董事,我将比现在更多地离开我的家庭。我将不能像现在这样,离开伦敦达六个月之久。除了下议院的事务以外,我几乎每天必须到市区去履行我的职责。尽管我意识到那时这个位置将提高我的尊严(顺便说一下,虽然我并不追求提高尊严),我的家庭或朋友可以从这个位置给我的权力得到许多利益,尽管我关心您的幸福(它是并将永远是我非常关心的目标),冒险采取您建议的步骤对我来说是不智的。

麦克库洛赫先生可能善于判断这种情况成功的可能性。他对于我如果接受劝说而获得成功所表示的赞赏意见,使我非常高兴。

然而我不能不认为,他对我的资格,以及我在市区和在东印度公司股东中的影响,了解得很不够,而他的意见是在这个基础上形成的。至于我的资格,他可能是从您过于偏爱的报告得知的,而关于我的影响,他可能根据我号称的财产作出判断,要根据这些标准作出正确的判断是很不可靠的。我相信,拥有我实际财产一半的人,或拥有我号称的财产四分之一的人,都不会像我拥有这样小的影响。我从来没有为了获得这种影响而去费一点神。在这种情况下,我亲爱的朋友,我必须谢绝参与这一事务。

您真诚的
大卫·李嘉图

387.李嘉图致特罗尔

〔答384—由390回答〕

盖特科姆庄园,1820年9月26日

我亲爱的特罗尔:

你看我在仿效你的好榜样,当问题在我记忆犹新的时候,就为我对它的看法进行辩护而提出最好的理由。争论点是,谷物的供给是在对它的需求之前,还是之后呢?你持前一种意见,我持后一种意见。你没有回答我向你提出的一个重要反对意见,即如果谷物的供给先于需求,谷物价格就一定低于种植者能够生产它的价格,这是供给超过需求的不可避免的结果。在这种情况下,谁会去种植数量过剩的谷物呢?在我看来,你的错误在于,你从过于一般地考虑这种情况出发。如果生产完全在一个人的控制之下,而他的目的在于增加人口,则除了在国内种植比现有的社会所能消费的更多的谷物以外,他不能更好地实现他的目的,这无疑是正确的。在这种情况下,谷物价格会低,并给人口以最大的刺激。于是我们确实可以正确地说,谷物的丰裕使消费者增加,在这方面,谷物与铁、丝或任何其他商品不同,但这不是我们考虑的问题。我们需要知道的是,在财产的现有分配情况下,在引起生产的动机的影响下,生产谷物的原因是否与生产铁、丝、酒等等的原因不同,它们是否全都不是因为对它们有实际的或预期的需求而生产出来,这种需求是否并不总由市场价格对自然价格的关系来表明?如果供给比需求先存在片刻,市场价格必定降到自然价格以下,商品的制造者或谷物的种植者,无论是谁,都不会得到通常的和一般的利润率,因而不愿生产这种商品。

所有的生产者不断注视的是市场价格,以及它同自然价格的关系。假定今年你想把你的收益增加到资本上去,这不会使你改变生产的性质,因为下年不管你把你的收益花费掉,还是把它用作资本,你的直接目的是把它变为货币。但是,随着你资本的增加,下年你生产什么呢?如果价格表明供给与需求不相等,或者如果你有充分理由预期,要是你不生产,供给与需求就不会相等,那么,毫无疑问应当生产谷物。现在我要问的是,同样的动机不会使你用追加的资本去制造衣料、铁、丝等等吗?如果你回答不,那么,我要请你提出你的理由,为什么你或任何其他生产者会这样明显地忽视你的最大利益。如果你回答,生产这些商品中的任何一种的动机是一样的,那么,争论就到此为止,因为这一切就是我极力主张的。假定一个打算储蓄的人把他的储蓄用于生产谷物。如果他并不期望谷物价格至少同它的自然价格一样高,那他就做了蠢事,这你是一定同意的。那时他将不生产谷物。但谷物是同它的自然价格一样高,于是争论就到此为止,因为如果供给先于需求,就不可能这样。你总不能说,他可以既生产谷物,又生产任何其他商品,因为谷物和所有其他商品都在它们的自然价格以下是可能的。你这样说就犯了马尔萨斯先生的根本性的大错误,他极力主张所有的商品可能同时过剩,而这可能是由于对所有的商品都缺乏需求。他实际上是争辩说,这是我们目前正在遭受的特有的弊病。我认为,这是你能为你的意见做的唯一辩解。如果你这样做,我知道在以后的信中怎样对付你。目前,我这样说就够了:我想不出有什么人会故意和存心生产一种卖价低于它自然价格的商品。我并不否认常有这种情况,但我说这是出于错误和失算,而且不能持续一两年以上。

你说,"必需品的剩余产品必须首先在便利品的剩余产品之前生产出来。"但是,必需品的剩余产品先于对它们的需求吗?这是问题的所在。我说它们并不这样,因为以他们的劳动换取必需品的人们,是这种剩余产品的有效需求者,而便利品乃是这种需求的结果。

一个人首先生产必需品,是因为他本人有对它们的需要或需求。他生产更多的必需品,是因为他需要便利品。他可以用他的必需品所支配的别人的劳动来获得便利品。到目前为止,他没有生产没有需求的物品。但他需要增加他的所有物,而这只有靠有力量雇用更多的人才能办到。他的第一步不是必须为这样增加的人数提供必需品吗?并非绝对如此,因为他可以有力量雇用更多

258 的人，而其他人可能只有雇用较少的人的手段。他的资本将增加，而另一个人的资本则减少。但其他人的资本都不减少！总资本将增加！如果不能①获得劳动，追加的资本将无更多的工作可做，但工资将上升，产品的分配将有利于工人。在这种情况下，如果工人以前吃得很好，将不会生产更多的食物，他们将对便利品和奢侈品有需求。但劳动者的人数或劳动者的子女都增加了！于是对食物的需求确实将要增加，食物将因这种需求而生产出来。由此推论说，资本的增加将使要做的工作量也增加，总是错误的。如果劳动者的处境恰好使他们能够支配维持劳动的基金的全部增加额，而并不做更多的工作，就不会产生这种结果。*

半小时以前我就想停笔，但我的笔却写个不停。现在我不能结束而不对你的膝关节的进步表示满意。我希望你最近意外事故的一切痕迹将很快消失。

永远属于你的

大卫·李嘉图

你信中有一部分我没有提到，我是指涉及萨伊先生的需求只受生产限制的学说的那一部分。在我看来，他的学说是正确的。你说，需求必定受到资本的适当分配的限制。无疑你是对的，但萨伊先生会回答说，私人利益总会导致这种适当的分配。他不会否259 认，可能会发生错误，生产的商品比有效需求多出一件、两件、三件或五十件。但他不会同意你的这一意见，即无论时间多长，制造业都能有高利润，而土地上只能有低利润。高利润是高价格的结果，

---

① 这里删去了"按通常的价格"字样。

而高价格是需求增加的结果,而需求增加是资本的分配不完善的结果,这是补救办法,而不是发牢骚。

＊根据这种理由,我对你的这一见解,即对劳动的需求与必需品的供给是同一回事,提出质疑。

388.马尔萨斯致李嘉图[①]

〔答 379—由 392 回答〕

东印度学院,〔1820 年〕9 月 25 日

我亲爱的李嘉图:

我高兴地听说,你在盖特科姆过得愉快。我毫不怀疑它现在看起来令人赏心悦目,如果在两个假期之间的时期,我们的腿不被完全拴住,前来访问你和李嘉图夫人将使我感到莫大的愉快。我毫不怀疑,你将于 10 月遗憾地离开那里,去参加那件关于王后的可怕事情。我倾向于认为,这与其说是你的事情,也许不如说是国家方面的问题。但是,她具有一个王后的一切权利和特权,无论这会产生什么弊病,它们总比当前不幸的讨论带来的弊病少些。人们简直看不出这种讨论会有什么差强人意的好结局。

我接奉尊函时,没有看到萨伊的出版物。[②] 他曾答应寄给我,我一直在期待着,但最后我等得厌倦了,派人去向我的书商购买。

[①] 信封上写着:"格洛斯特郡　明钦汉普顿　盖特科姆庄园 议员大卫·李嘉图先生"。邮戳,1820 年。

[②] 《致马尔萨斯先生书信集》。

我并不认为它是一部才华横溢的作品。书中的矛盾比那些与价值有关的著作中更多。除了那些直接涉及我的学说以外,有些学说在我看来模糊不清,而不是阐明了整个问题。他不把服务和产品区别开来,他奇怪地和无益地运用效用这个词,他关于收益的非物质性的见解,以及他发出惊叹而使他在触及争论的重点时突然停止的论证方式,我都不能同他意见一致。在第101页上涉及你的一个注释中,他终于完全承认了我坚决主张的一切。他说:"有大量储蓄在使用上有困难而没有投资,或者已经投资的在计算不当的生产中浪费掉。"他以法国的现状来说明这一点。的确,英国、美国、荷兰和汉堡的现状似乎比法国的现状更加明显地同他的以及你的理论相抵触。货币的利息下降和资本难以找到用途是众所周知的,而你的朋友当中没有一人曾以差强人意的方式说明这一事实。但是,怎么能够相信一种与过去和现在的状况绝对不一致的理论竟是未来政策措施的基础呢?

关于萨伊和托伦斯在谈到各种情况下都需要筹码商品时所犯的错误,我完全同意你的意见。正如你所说,凡是数量过多的商品应当减少生产的数量。真正的问题是,这样撤出来的资本和劳动是否肯定能找到使用场所,而不使利润下降,除了土地的状况必然使利润下降,或劳动阶级状况的改善暂时使利润下降以外。你说,不会发生其他的下降。我说,并不必然发生这样的其他下降,但按照最正确的供求理论,它可能发生,并可能使资本家支配劳动的意愿和力量确实减少,这当然将使劳动者失业和状况恶化。关于这两种不同的说法,我想我们之间是有争论的。我深感遗憾,你第二次细读了拙著竟没有给你留下什么印象。但我非常尊重你的权威,如果如你所说,你的说法是真理,尽管我具有正统的倾向,我很担心我一定继续是一个异端。可是,就萨伊所陈述的我以前的学说来说,我不承认我是异端。我从未断言,如果分配给劳动者的必需品很丰裕,并不会使人口迅速增加。但我断言,如果农场主的产品没有充分的市场,他将很快停止分配更多的必需品给他的劳动者,这种事情正在全世界不断发生。可是,萨伊没有为我作出这种重要的区分,而是信手写道:"唉!先生"。

你指出的很正确,在谈到价值时,我们指的不是同一回事,我愿意用两个定义对于研究财富的性质和原因的相对效用来试行解决这个问题。可是,这并不只是一个任意下定义的问题。你声称,除了少数例外,投入商品的劳动量决定它们互相交换的比率。这是一个命题,而且是一个没有充分根据的命题,因此,我怀疑你是否能把你的第一章修改得使你自己满意。可是,我很想看到它,并且非常高兴听到你正在准备另一版。托伦斯没有继续在《旅行家》[262]上发表评论,使我感到惊讶。我将乐于看到麦克库洛赫论什一税的文章。我怀疑我是否完全同意他的原理。你看到或写信给穆勒时,请代我向他亲切致意。我将非常高兴地期待他关于政治经济学的著作,虽然我认为一部关于这门学科的基本论著应当推迟几年。

我尚未看到《百科全书》的最近一卷,但我期望不久能看到它,它载有你论基金的论文。

马尔萨斯夫人衷心问候李嘉图夫人。我们希望阖府在盖特科姆都安好。

你永远真诚的
托·罗·马尔萨斯

389. 穆勒致李嘉图①

〔答386—由394回答〕

我亲爱的先生：

我不想在这个问题上麻烦您，因为我认为，在目前情况下，仔细推敲应当留待您到城里来的时候。但我认为必须立即告诉您，您的理由绝不是令人满意的。可是，我全都预料到了，并已告知麦克库洛赫，②我们会收到什么样的答复。实际上，除了您不能在一年之中在远离伦敦的地方住上六个月以外，您所说的不方便没有一项是真实的，或者它比您设想的要少得多。可是，我认为，对您的补偿足足有余。需要您在东印度公司的时间难得多于一周一次。

但我现在不再多说。我希望你们全都很好。奥斯曼先生现在遇雨了。我向我的忠实仆人、我的检察总长问候，她为我服务的才能和努力无疑正在增进中。她将及时得到最高的奖赏。③

您真诚的

詹·穆勒

东印度公司

星期二〔1820年9月26日〕

---

① 参阅本书第278页，注①。
② 威廉·麦克库洛赫。
③ 奥斯曼·李嘉图夫人。

上面的信写好后想在昨天寄出。但雷文肖董事①来到我的房间,一直待到4点钟以后,以致我忘记把信送往邮局。麦克库洛赫同时和我在一起。雷文肖悲叹董事会补充的前景,麦克库洛赫对他说道,雷文肖,我问您一个开门见山和无需准备的问题。如果李嘉图来参加董事会,您认为董事们,绝大多数董事们,会支持他吗?雷文肖立即回答道,这是毫无疑问的。如果他此刻拜访主席,说明这种意图,主席将会欢呼,这是上帝派来的。他还说,我们在心里对董事会稍有尊重的人也都将如此。然后,我们向他说了一点麦克库洛赫和我以前谈过的话,我还提到一些您的反对意见。我们谈得很多。所以,如果您能被说服,像您应该做的那样,您就绝不要对成功的机会抱有什么怀疑。

星期三〔1820年9月27日〕。

390. 特罗尔致李嘉图

〔答387—由391回答〕

昂斯特德伍德,1820年9月29日

我亲爱的李嘉图:

这么早就接到复信,使我感到高兴,因为我渴望在我们之间有疑问的论点上满足我的想法,这个论点在我看来涉及一些非常重要的后果。所以,我要着手答复你的反对意见。可是,我觉察到我在轻率地从事一项很不相等的争论。"没有人可与凶狠的战神

---

① J.G.雷文肖,从1819年起,任东印度公司的董事,1832年担任董事会主席。

匹敌!"

我完全承认,如果商品不能支付生产成本,它们就不能继续生产。我承认,生产资本有一个利润的大致水平,这个水平指引资本作最有利的使用,而符合这些成本的价格是商品的自然价格。我还承认,在资本和劳动之间,以及在供给和需求之间,总是不断进行着作用和反作用。但我坚决主张的是,按照事物的本性,供给一定先于需求。

你说:"我没有回答一个重要的反对意见,即如果谷物的供给先于需求,谷物价格就一定低于种植者能够生产它的价格,这是供给超过需求的不可避免的结果。"让我们把价格放在问题之外。你会承认,虽然把一种商品固定为一般的交换媒介这一情况改变了事物的外表,却没有改变事物的实际性质。但商品的交换价值仍由它们的相对供给来调节,而这些供给受生产成本所支配。虽然货币的采用使得带了货币去市场的人被称为买者(或需求者),带了商品去市场的人被称为卖者(或供给者),实际上他们都既是卖者,又是买者;他们商品的交换价值取决于它们的相对供给。一切资本和一切利润的基础乃是人的劳动所具有的力量,这与土地的力量相结合,生产出比他自己消费所必需的更多的食物。他生产的全部产品被称为总产品;生产的费用,即对雇用的劳动者的供应和消耗掉的资本的重置,被称为生产成本;扣除这些费用后剩余的产品,被称为剩余产品。这种剩余构成资本的利润;这是取得收益的基金,资本只有靠它才能扩大。顾名思义,这种剩余不就是超过生产者绝对需要的产品吗?由于生产过程必然要占用一些时间,除非先有必需品的供给来维持他们的生活,并由他们的劳动产生新的基金来重置必需品,否则生产中雇用的劳动者怎么能生存呢?由于物物交换的停止和货币用作交换媒介,就有必要把资本的利润加到生产成本上去,并把它们两者都包括在商品价格内。但是,按照事物的本性,利润与这些成本很不相同,是补偿这些成本以后的余额。假定一个人拥有一笔1,000夸脱谷物的资本,他用它使100个人工作,他们在生产过程中消费了1,000夸脱,而他们生产了1,200夸脱。显然,总产品是1,200夸脱,成本是1,000夸脱,剩余产品是200夸脱。现在,这就是利润;它等于20%。如果没有剩余,也就不可能有利润。这全部利润暂时使国内的资本增加。但是,它有这样一种性质,即它一定很快就被消费掉。它可能被消费在非生产性劳动的维持上,或者在必需品或便利品的生产上。如果资本的这种新创造并不使得人口随之而增加,它将改善现有劳动者的状况,从而最后使人口增加。这种剩余产品(暂时)减少生产出来的商品的交换价值。但是,由于它是一切利润存在的必要条件,每次使用生产资本,剩余产品都以同样的方式生产出来。所以,交换价值的总水平保持住了。这为我提供了一个对你的反对意见的回答,即没有需求而生产出来的谷物,将在它的自然价格以下出售。毫无疑问,如果谷物是这样生产出来的唯一物品,它就会这样。但是,一切商品的生产情况都是相同的,即没有剩余,就没有利润。因此,一切商品的自然价格暂时都改变了,所以,水平仍旧保持着。诚然,这种作用是暂时的,因为人口随着资本快速前进。但是,这一原理的作用仍然一样,我是在为原理的正确性而争论。

关于物物交换的情况,我要说,不提供剩余的商品是不会被生产的。提供最大剩余的那种商品会被优先生产。只要提供任何剩余，就不能对这种剩余确定一个限度，低于这一限度，商品将不会被生产。这是以剩余具有交换价值，而且商品的交换价值与它们的相对剩余成比例作为条件的。

关于货币的情况，我要说，不能支付生产成本的商品是不会被生产的。提供最大利润的商品会被优先生产。只要提供任何利润，就不能对这种利润确定一个限度，低于这一限度，商品将不会被生产。这是以资本的使用没有更好的机会，而且商品的交换价值受它们的生产成本调节作为条件的。

你说："我们需要知道的是，在财产的现有分配情况下，在引起生产的动机的影响下，生产谷物的原因是否与生产铁、丝、酒等等的原因不同，它们是否全都不是因为对它们有实际的或预期的需求而生产出来，这种需求是否并不总由市场价格对自然价格的关系来表明？"我回答，所有商品的生产动机都是一样的，需求总是由这种关系来表明。这一回答与我一直持有的见解是完全一致的。至于什么东西优先于另一种东西来调节一种商品的供给，我们之间没有，也不可能有任何分歧。利润是强有力的枢纽，一切生产资本都依托它而转动。我要争论的是，一切利润都是剩余产品，一切剩余产品都暂时使资本增加。对生产性使用的一切资本来说，资本总是这样不断增加（虽然很多可能被迅速消费掉），这是财富的唯一源泉。如果把利润设想为按一般的平均率（这是设想的），它并不改变商品相互间的交换价值。但是，如果这一日益增长的利润并不使人口随之而按比例增长，它就要改变资本和劳动的相对比例，以及商品对劳动的交换价值。于是所有商品的生产成本都要增加,剩余产品要减少,所有的利润率都要降低。

在你说"如果供给先于需求,谷物就不能按照它的自然价格出售"的时候,你似乎没有想到,谷物的情况也是所有其他商品的情况,因而它的自然价格同所有其他商品的自然价格一起改变。请向我表明,生产资本的利润不以商品的剩余产品,还能以什么别的方式来实现。如果不能,那么国内的资本就一定每年都有所增加;这种增加,如果不使生产性劳动的数量按比例增加,就一定(暂时)有降低利润率的作用。商品的交换价值与它们的相对供给是成比例的。现在,商品必须分成不同的两类,因为它们对国家的状况产生不同的作用:1.必需品,2.便利品。必需品对劳动相对增加,有降低必需品对劳动的交换价值、增加生产成本、改善劳动者状况和最终增加劳动者人数的作用,因为劳动的供给取决于支付的它的生产成本,这同任何其他商品一样。现在,便利品的供给增加产生不同的作用。在一般情况下,便利品和劳动之间没有直接的交换价值,因为劳动者不是便利品的消费者。与必需品相对而言的便利品供给的增加,(暂时)减少便利品的交换价值,并增加它们的生产成本。因为,便利品必须大部分用于交换必需品,这些必需品是供给便利品生产中雇用的劳动所需要的。便利品的消费者以比较容易的条件得到它们,社会的舒适和便利的设备就增加了。但它们对增加国内的人口没有直接作用。它们只是靠刺激必需品的生产者增加生产,靠交换必需品时向他们提供需要的物品,而促进人口的增长。增加必需品的供给为人口的增加提供直接的手段,虽然那种作用不可能经常产生。但是,增加便利品的供给就不提供这种直接手段。它增进社会的舒适,但除了迫使必需品增长以外,不能促进人口的增加。把非生产性消费者转变为必需品生产者，或者把便利品生产者转变为必需品生产者，则可以做到这一点。我所争论的是，有两大原则不断在对国家繁荣所依赖的措施起作用。1.调节必需品和劳动的相对供给之间的比例的原则。2.调节必需品和便利品的相对供给之间的比例的原则。你会说，利润就是那项原则。我承认，但我要问，什么调节利润？你会说，生产成本。我承认，但我要再问，什么调节生产成本？在这里，我认为，我曾提到过，唯一令人满意的解决办法要在一个国家的资本和劳动的按比例分配中去寻找。在我看来，在那种分配中，用于必需品生产的资本和劳动所起的作用，与用于便利品生产的资本和劳动所起的作用很不相同。

你说得很对，"由此推论说，资本的增加将使要做的工作量也增加，总是错误的"。但我看不出那句话有什么理由"对我的这一见解，即对劳动的需求与必需品的供给是同一回事，提出质疑"。如果资本的增加将不使要做的工作量增加，这只是证明，对劳动的需求没有得到满足。我并不一般地说资本的供给，而是说〔"〕由必需品构成的那部分资本的供给与对劳动的需求是同一回事"。如果不存在必需品的供给，也就不可能有对劳动的需求。

现在回答你所说的关于萨伊先生的话，我同意，生产资本提供的利润很不平均的情况不会长期存在。但是，它存在的时间可能长到足以造成不少个人的苦难和国家的灾祸。记住这一点是重要的：国家和个人的利益都深受偏离自然趋势的严重影响，而不受正常事态的影响。政治经济学这门科学应把它的影响和重要性，归功于它教导我们去找出人类事务的发展过程中不断产生的混乱现象的真实原因,从而使我们能够查明那些混乱现象的症状,而避免它们造成的弊病。

请代我们向李嘉图夫人和全家竭诚问好,并相信我是

你永远真诚的

哈奇斯·特罗尔

391.李嘉图致特罗尔①

〔答390—由397回答〕

盖特科姆庄园,1820年10月3日

我亲爱的特罗尔:

我们在与讨论的问题有关的许多点上意见一致,我认为,我们不会在现在意见对立的地方长期有分歧。你那样计算利润是完全正确的。如果支出1,000夸脱谷物会得到1,200夸脱,这1,200夸脱就是总收入,200夸脱是纯收入或利润。如果支出1,000磅铁会得到1,200磅的报酬,200镑也是纯利润。但我认为你的错误是,你设想生产1,200夸脱谷物与生产500英担铁和100匹衣料的支出相同,因而它们的价值全都相同,所以,当这些商品的每一种的数量加倍时,它们的价值仍将相同。你认为这会影响总产品在资本家和②劳动者之间的分配,但因为这也将影响所有的商品,

---

① 信封上写着:"萨里 戈达尔明 昂斯特德伍德哈奇斯·特罗尔先生";李嘉图签字和写上"10月4日"而免费邮寄。

② 这里删去"生产者"字样。

它们的相对价值仍将相同。如果一种商品暂时低于它的自然价格,所有的商品都将这样。现在这整个问题取决于这种学说的正确性。我坚决主张,在所有通常的情况下,有些商品在假定的情况下将大大低于它们的自然价格,就是说,低于它们与其他商品的相对关系。如上文所设想的那样,如果1,200夸脱谷物与500英担铁和100匹衣料的价值相同,尽管它们的数量可能增加若干倍,那些是它们之间应当保持的相对关系,使它们全都符合自然价值,并为每种商品的生产者提供相等的利润。但每种商品的市场价格取决于需求和供给之间的关系,当商品下跌到它们的自然价值以下时,停止生产它们是符合所有商品供给者利益的。在人口的数量一定时,对谷物的需求是有限的;没有人想要消费比一定数量更多的面包。它对那些只按需要数量生产的商品的相对价值将下降。但对奢侈品那样的商品的需求,或对园丁、仆役、建筑工等等所从事的服务的需求,是无限的,或者不如说,仅仅受到需求者的购买手段的限制。在这种情况下,不需要生产任何没有需求的物品,因此,任何物品也就不一定要低于它的自然价格。如果对谷物的需求是1,000夸脱,当我们知道生产结果将是1,200夸脱时,用1,000夸脱去得到这个结果是荒谬的,因为200夸脱是不必要的;用833夸脱去取得1,000夸脱是更好的政策,多余的166夸脱去取得一些便利品或奢侈品,对它们的需求肯定是可以预期的。这同样的说法也适用于铁、衣料,等等。如果我们有义务生产它们,或者什么也不生产,可能商品普遍过剩,一种充斥市场的商品可能与另一种充斥市场的商品继续保持以前的相对关系,但任何商品都不会过剩,因为国内的资本总可以用于生产有需求的商品。如果在总产品的分配中,劳动者支配了一大部分,他们的需求是对某一批商品。如果雇主的份额比通常的多,他们的需求是对另一批商品。假定劳动者生活优裕,他们不会需求比他们自己需要的更多谷物,但他们的收入不会不花费,劳动者会需求异乎寻常数量的奢侈品和便利品。什么时候开始需求更多数量的谷物呢？只有在异乎寻常数目的孩子出生的时候,而这种情况是终于要发生的,因为劳动者处境安乐时,这种情况一定会随之而来。在这以前,不会有这种需求,在这以前,也不会有这种供给。我认为,从你自己的"利润是强有力的枢纽,一切生产资本都凭借它而转动"这一学说,必然得出这种结论。在社会的各种状况下,都有对某些商品的需求,资本家有兴趣生产的是这些商品。如果他们在有人消费谷物之前生产谷物,他们生产的这种商品就会多于能够消费的,因而它对那些有需求的物品的相对价值就要下降。如果在这一点上我使你感到满意,争论一定会到此为止。资本家说："如果我生产谷物,我将蒙受损失,因为它的相对价值的下降。""如果我生产更大量的铁,也许对它没有需要。但是,如果我生产劳动者需要的奢侈品,我确信我将为它们找到市场,它们的价格将为我提供更多的利润,比我如果生产更多谷物或更多铁提供的多。〔"〕如果所有的商品都等价,我无论生产哪一种都会充斥市场,那时我将同意你的意见。但我完全可以肯定,对某些种类的商品会有需求。如果利润高,资本家会有需求。如果工资高,劳动者会有需求。我确信,除估计错误外,没有商品的生产会先于对它的需求,或先于对它预期的需求。我们的分歧在于你说,如果谷物和所有其他商品〔以〕①同一比例增加,它们〔相〕互之间将继续保持同样的相对价值。对这一点,我的回答是,如果人口不立即增加,对谷物就〔不〕会有更多的需求,但对其他物品会有更多的〔需〕求,因而谷物的生产不能不提供较少的利润,比生产其他物品所能得到的少。"如果这种日益增长的产品并不使人口随之而按比例增长,它就要改变资本和劳动的相对比例,以及商品对劳动的交换价值",这是极为正确的。但劳动者将选择用他们增加的工资去购买什么商品,我们完全可以肯定,谷物并不是其中之一,还可以肯定的是,有些便利品或奢侈品将被选择。我想,如果由于劳动上涨,生产谷物要花费更多的成本,那么,生产其他物品也将如此,所以,如果它们相互间保持同样的关系,就不可能有生产一种商品而不生产另一种商品的动机;那时它们可能都非常丰裕。但我说,它们相互间不会继续保持同样的关系,对一种商品会有需求,而对另一种商品则没有。这不是一个生产成本问题,而是生产时市场价格对生产成本的关系问题。看一下你自己的家庭,并告诉我,把你的收入增加一倍会有什么影响。你会把它全部花费掉,但你对你家里现在消费的每种商品的需求都会增加一倍吗?你会购买两倍数量的面包,两倍数量〔的〕②肉类、家禽、马匹、马车等等吗?不;你会消〔费〕更多的面包,你可能多消费一点〔肉〕和鱼,因为你会有更多的交际,但你在绘画和其他许多〔物品〕上花费的〔会〕比你现在花费的增加一倍还

---

① 在这里和下面,手稿破损。
② 同上。

多许多，使你自己和特罗尔夫人高兴。没有什么比设想对每种物品的需求都以同一比例增加更错误的了。你说，劳动者不是便利品的消费者。这是真的吗？如果他不是，我们不把这归咎于他的贫困吗？给他以购买手段，你认为他缺乏这种爱好吗？他不要改善他的房屋和家具，他的衣服和他妻子及孩子的衣服，他不要购买更多的燃料，并纵情享受更好的啤酒、茶、烟草和鼻烟吗？

我忘了关于萨伊先生的学说我说了些什么，但无论我说了什么，我同意你的意见，生产资本提供的利润很不平均，可能导致就业的改变，而使许多人蒙受苦难。可是，这种弊病一般是随着不良的立法而来。如果现在建立了自由贸易，有多少人要受苦啊！政治经济学教导我们要防范所有其他的骤然变化，但〔我们〕不能防范来自国家的兴亡、其他国家的进步和时髦风尚的骤然变化。但我们不要因为采取好制度来代替〔坏制度〕将给某些人带来损失，而永远使我们的国家丧失〔许多〕重要的利益。我要使他们容易倒台，但我不会为了支持他们而让弊端永远存在和赞成不良的法律。只为公众的利益立法，而不照顾某一阶级的利益，乃是稳健的规律。我毫不怀疑，在这些看法上，你会同我意见一致的。

我毫不稽延地答复尊函，因为明天我恭候几位朋友光临，我将有一段时间完全没有空。

李嘉图夫人同我一起〔向〕特罗尔夫人竭诚问好。

你非常真诚的

大卫·李嘉图

392. 李嘉图致马尔萨斯①

〔答388—由395回答〕

盖特科姆庄园，1820年10月〔9日〕②

我亲爱的马尔萨斯：

王后的辩护看来进行得很好。还有一些像威廉·盖尔爵士这样的证人，我认为上议院不会通过议案。如果这样，我不会被召进城来。要是你圣诞节在这个地区，也许我们将在盖特科姆见到你。

沃伯顿正在伊斯顿格雷逗留，曾同史密斯一家访问了我们两三天，他非常令人愉快。他说得不十分明确，但我认为他是我的追随者之一，并在你争论得最激烈的一些论点上同我意见一致。

你认为萨伊先生给你的信写得不很好，我完全同意你的意见。他甚至没有以特有的才能为他自己的学说辩护，而且在他接触到的另外一些复杂问题上，依我看，他是使人很不满意的。在他争辩说商品的价值与它的效用成比例时，他对于价值指的是什么肯定没有正确的概念。如果只有买者调节商品的价值，这是正确的；我们确实可以预期所有的人都愿意按照他们对物品的估计给物品一个价格，但依我看，事实是买者与调节价格毫无关系，价格完全由卖者的竞争来调节。可是，买者可能确实愿意给予铁比给予黄金

---

① 信封上写着："赫特福德 东印度学院 托·罗·马尔萨斯牧师"。
② 手稿上是"10日"；但信封上李嘉图签名和写上"10月9日"（先写作"10日"）而免费邮寄。

392.李嘉图致马尔萨斯

更高的价格,他们却不能这样做,因为供给受到生产成本的调节,所以,黄金必然与铁成为现在这种比例,虽然可能全人类都认为黄金是用途较少的金属。

我认为,还可以多说几句,为他的服务学说辩护。我认为服务是价值的调节者。如果他愿意放弃地租,他和我在那个问题上就没有重大分歧。他关于服务所说的话,与他另一关于效用的学说完全不一致。在我看来,他谈论英国赋税非常无知。在第101页的注中,他承认得太多了。在你提到的国家中,资本难以找到用途,是因为人们坚持他们的旧职业的偏见和固执;他们天天期望情况好转,所以,继续生产没有充分需求的商品。由于资本的充裕和劳动的低价,有些行业一定会提供优厚的利润。如果有一个优秀的天才把国内资本的安排置于他的控制之下,他可以在很短的时间内使贸易像以往那样活跃。人们在他们的生产中会有错误,但不会有需求的不足。如果我需要毛呢,而你需要棉织品,我们希望互相交换就是一件大蠢事,因为我们中间一个人生产天鹅绒,另一个人生产酒。现在我们就有些傻,我简直说不出这种错觉要继续多久。这种危害毕竟不会像它看起来那么大。你已经相当清楚地阐述了我们之间的争论点。我不能设想,没有严重的估计错误,资本和劳动同时过剩竟是可能的。

当我说我的意见是真理时,我只是要表示我确信我是对的,我希望你不要把我这种说法视为傲慢无礼。我习惯于向你强烈地表明我的意见,并且我确信你不希望我有别的做法。我感到满意,你自己也会这样做的,并且我敢说,你会同意我的这一意见,即你没有被说服是不会比我更愿意向权威屈服的。我肯定你的这一意见,"如果农场主的产品没有充分的市场,他将很快停止分配更多的必需品给他的劳动者",叫他们去生产更多的必需品。但他将因此而让他的那部分资本闲置不用,他或别人将不用它生产有充分市场的某种物品吗?你谈到我们关于价值的两个定义的相对效用。我承认,你的定义没有使我感到与我的价值观念是相近的。你说工资的实际价值是指给予劳动者的必需品数量,同时你又同意这些必需品像任何别的物品那样是可变的,在我看来,这很矛盾。你认为政治经济学研究财富的性质和原因。我认为不如说,它研究决定劳动产品在共同生产它的诸阶级之间分配的规律。不能确定关于数量的规律,但能够相当正确地确定一个关于比例的规律。我日益感到满意,前一种研究是徒劳和虚妄的,后一种研究才是科学的真正目的。你说我的命题"除了少数例外,投入商品的劳动量决定它们互相交换的比率,是没有充分根据的"。我承认,它不是严格地正确的。但我说,作为衡量相对价值的尺度,它是我所听说过的最接近真理的。你说,需求和供给调节价值。我认为这是什么也没有说,理由我在这封信的开头已经说过了:调节价值是供给,而供给本身又受生产的比较成本控制。以货币计算的生产成本,是指劳动的价值和利润。现在,如果我的商品价值与你的商品价值相等,它们的生产成本也一定相同。但生产成本按照使用的劳动的比例,而有一些偏离。我的商品和你的商品都值1,000镑,因此,每件商品中包含的劳动量可能是相同的。但这种学说在不用于衡量相比的商品的全部绝对价值,而用于衡量相对价值不时发生的变化时,它引起的反对意见较少。这些变化是什么原因——我指永久性原因——造成的呢?有两个而且只有两个原因;一个原因——工资的升降,或者我认为是同一回事的利润的升降的作用不重要,另一个原因——生产商品需要较多或较少的劳动量——的作用很重要。第一个原因不会产生重大作用,因为利润本身只占价格的一小部分,价格不会因为利润而有大的增加或减少。不能给另一个原因定一个狭小的限度,因为生产商品需要的劳动量可以有两三倍的变化。

这个问题是困难的,而我是个不大精通语言的人,因而词不达意。我的第一章将不作重大修改,我认为原理根本不需要修改。

我们在这里全都很好,我们全体一起衷心问候马尔萨斯夫人。

你永远真诚的

大卫·李嘉图

393. 萨伊致李嘉图①

〔由430回答〕

先生,我寄上一册我的小书《致马尔萨斯先生书信集》,书中有些地方您支持我,使我感到荣幸,而在您的意见与我相反的场合,我却冒昧地同您争辩。

我殷切地希望,我在这里对我价值学说所作的阐述,比我在以往的著作中所作的阐述使您较为满意。在我看来,现在这个学说值得您加以采纳和发挥。我以迫切的心情等待着您发表的优秀著作,以便了解您对这一学说的想法;因为我相信我已经证明,它正

---

① 李嘉图于1820年10月14日收到(见本书第269页)。

是您自己的学说,只不过用了另一套词汇来表述,因为它承认一件物品的价值只是该物品在交换中获得支配一定量效用的能力,这一价值与物品能够获得的效用量成正比。因此,价值和效用量是同一方程式的两个等项。在财富的定义上,当您引用某些词汇,而我用另外一些词汇时,您我之间并无分歧。

我希望您的健康状况一直很好,先生,请接受我对您的崇高敬意和极度忠忱。

让·巴·萨伊

伦敦,李嘉图先生

巴黎,1820 年 8 月 10 日

  附言:请您费心把附上的邮包中我送给马尔萨斯先生的一本书转交给他。我希望此书在公开出售之前能达到他手里,虽然我发现我的书商在这部著作在巴黎装订之前,因而在我能得到它之前,已把散页送往伦敦。

394. 李嘉图致穆勒[①]

〔答 389——由 398 回答〕

盖特科姆庄园,1820 年 10 月 14 日

我亲爱的先生:

  我是在晚上写信给您的,白天我昏昏欲睡,因此,您若发现这

---

① 信封上写着:"伦敦 东印度公司 审查员办公室 詹·穆勒先生"。李嘉图签字和写上"10 月 15 日"而免费邮寄。

封信比往常更为驽钝,您就知道是什么原因了。这几天我接到两封信,要求我同意接受董事会的下一个空缺职位。正像应有的情况那样,候选人早已上场,并积极活动,这使我感到高兴,因为这将使您的慎重考虑得到满足。我渴望得到列席这个尊敬的委员会的荣誉是不适宜的,如果不是在实际上,至少在名义上,统治着千百万人。该委员会越是不复考虑您受人之托而提出的建议,我越深信我接受它是错误的。没有比人们把自己放在他们的习惯和才能都不合适的位置上更常见的错误了。他们在进退两难时发现这一错误,往往已为时太晚,他们追悔莫及,这是一个负责的位置在这种情况下必定带来的结果。我若离开我现在正在走着的安静平稳的道路,我就很不明智。这不是一条我能做很多好事的道路,但它仍给我以机会去做我力所能及的一切好事。

自从您离开我们以来,史密斯一家,贝利小姐一家和沃伯顿先生曾来访问我们,我们已约好下星期一去伊斯顿格雷,同他们一起过几天。尼维特先生①接受了我们的邀请,而史密斯先生只在盖特科姆逗留一夜,没有再履行同他会见的约会。我不得不自己接待尼维特先生,因为我以前常有这样的经验,这项任务不像我担心的那么难。他是个性情温和的人,见过很多世面。他平易近人,乐观知足,我希望他离去时对他这次访问十分满意。

从住宅到小山上,再从山上下到远处的尽头直到连接空地的人行道已经完成。星期一我们开放修筑空地上的人行横道,我们打算在那里栽灌木,以遮蔽现在从住宅望去太显眼的围墙,其他人

---

① 音乐家。

行道全都在仔细的考虑中。我已把小灌木林以 1,600 镑售给普莱恩先生,①他放弃了在湖里撒网的权利。在他们指挥下,并经他们指点,我正在湖中筑一道墙横截湖面防止鱼游到小溪去,他说在那里鱼大部分要遭到毁灭。这道墙有点带装饰性,因为它将给我一道瀑布,而且墙还可以用作小池塘的一边,小池塘可以养鱼。我把小灌木林出售后,买进了普莱恩先生的一块地,它不大恰当地挤在我的地中间。这块地要那么多钱,老实说,我是不想买的,但由于朋友们的劝告,更多的是为了和平安宁,如沃泊顿先生所说的那样,我就牺牲了我的金钱。是否将建筑从奈尔斯沃恩到这里的公路,看来尚未确定,规划人员对我很客气,不经我同意他们是不会做什么的。

我利用一切空闲时间写我给马尔萨斯的答复。我把他看作一种令人惬意的消遣,并说了我想说的一切。我可能不打算发表它。如果我真要把它寄上,它需要大加删改。我希望您正在进行您的工作。不久前我收到马尔萨斯一封信,②他要我向您亲切问候。在谈到您打算写的著作时,他认为在争论点解决之前不应着手。如果您等待他赞同这些论点,我担心您的著作会永远不能问世。

对于我的第一章,我已经做了目前我认为必须做的事情,并把它搁置一旁,待我有点遗忘以后再重新审查它,目前我对它太熟悉了,不能对重复作出差强人意的判断。

---

① 可能是威廉·普莱恩,明钦汉普顿的磨坊主,李嘉图的邻居。(见 A. T. 普莱恩:《明钦汉普顿和艾文宁的教区史》,格洛斯特,1915 年,第 41、140 页。)

② 第 388 号信。

394. 李嘉图致穆勒

今天我收到萨伊先生从伦敦寄来的他致马尔萨斯的书信集，并附了一封很亲切的信。① 他说，"我殷切地希望，我在这里对我价值学说所作的阐述，比在以往的著作中所作的阐述使您更为满意。现在这个学说在我看来值得您加以采纳和发挥等等"。

我不能同意他的这个意见，我认为必须在拙著的下一版里对他最近的出版物作一些评论，因为他说，"我以迫切的心情等待您发表的优秀著作，以便了解您对这一学说的想法；因为我相信我已经证明，它正是您自己的学说，用了另一套词汇来表述"。

奥斯曼·李嘉图夫人的父亲马洛里先生去世了，他在最近12个月里受了很多痛苦，他的痛苦终于结束了，他最好的朋友们一定感到高兴。

您认为王后的辩解如何？他并不正像我所希望的，但比我大胆预料的还是令人满意得多。掀起了一场多么大的风波啊！国王死时，大臣们会多么高兴的回到他们的位置上去啊！结果将如何呢？上议院现在肯定不能通过这个议案。王后宣扬纯粹的激进主义。她对待教会和国家都很不客气。

李嘉图夫人、玛丽和伯瑟都向您竭诚问好，她们是我全家现在在家的仅有的一部分。戴维到剑桥去了，两周前来我们这里的舍妹雷切尔已去巴思，几天后再回来。

永远是您最真诚的
大卫·李嘉图

---

① 第393号信。

395. 马尔萨斯致李嘉图

〔答 392—由 402 回答〕

东印度学院〔1820 年〕10 月 26 日

我亲爱的李嘉图：

萨伊先生的短笺（如果有这种短笺的话）可能会提到一些需要回答的事情；请你把邮包打开，如果你找到这类东西，就把它附寄给我。当然，我并不急于要那本著作。②

我将很高兴再讨论以前常成为我们谈话主题的那些饶有兴趣的题目。我还设想我已得到新论据来清楚地证明，决定把全部产品都用于生产必需品，就绝对不可能有纯收益，因此，如果对奢侈品和便利品或者对非生产性劳动没有足够的爱好，必然产品普遍过剩。但我要和您详细地谈谈这个问题中您认为我误解了你的那些部分。你知道我不会故意这样做的；但我想，可能有些部分的词句可以很好地解释我的意思，而你不想去这样理解它，在这种情况下，我可能不该受那么多的责备。我正在准备一个新版本。③ 你就与你有关的部分和其他部分向我提出纠正和建议，都将使我感到高兴。

至于你给我政治经济学对象的新定义，我承认，在我看来，它

---

① 信封上写着："格洛斯特郡 明钦汉普顿 盖特科姆庄园 议员大卫·李嘉图先生"。邮戳上是 1820 年。

② 见第 393 号信的附言。显然李嘉图的一封信尚付阙如。

③ 马尔萨斯的《政治经济学原理》第二版在他死后于 1836 年出版。

太狭窄了。如果它是正确的,那么我要说,政治经济学将会立即从一门我始终看作整个社会最有实际用处的科学,变成一门仅仅用来满足好奇心的科学。同样地,当你在商品价格中拒绝考虑需求和供给而只提到供给的手段时,在我看来,你只看到问题的一半。除非对商品的需求或估价超过生产成本,否则财富就不能存在。对于大量商品来说,不是需求实际上决定着成本吗?谷物的价格和最后被耕种的土地的质量,是怎样仅仅由人口的状况和需求决定的呢?金属的价格是怎样决定的呢?按照亚当·斯密的说法,为什么木材、家禽、猪的价格比从前高得多呢?①

50棵橡树,每棵价值20镑,与格洛斯特郡一道花费1,000镑的石墙包含一样多的劳动吗?但邮车在等着。

匆匆草上。

永远属于您的

托·罗·马尔萨斯

396.格伦费尔致李嘉图②

布鲁克斯,星期五,〔1820年11月10日〕

我亲爱的李嘉图:

这项议案③在上议院被否决了。所以你可以来,也可以不来,

---

① 《国富论》第1篇,第11章,第2和第3部分;第1卷,第166—167页和第224—225页。

② 日期是从信的内容推算的。

③ 对王后处以刑罚的议案。

我想你最好 23 日来。

    108 票——赞成

    99 票——反对

    只有 9 票的多数——→

对此利物浦勋爵主动提出放弃议案。城里要张灯结彩。这是我刚从塔普洛收到的尊函的最好回答。

你非常真诚的
帕斯科·格伦费尔

397. 特罗尔致李嘉图①

〔答 391—由 403 回答〕

昂斯特德伍德,1820 年 11 月 12 日

我亲爱的李嘉图:

    我看到你上次惠函的日期,我已经很久没有奉复了。但我一直不在家,时光流逝比我感觉到的快得多。这是一个多事之秋,并且是我国历史上永远令人难忘的时期!感谢上帝,大臣们放弃了这项议案。如果由你们下议院调查,它将于何时结束,它将如何进行?可是,我承认,我不是那些认为皇后无罪的人之一。我认为有充分的证据来确定她有罪。但是,在本案的各种情况下,采取的措施的违宪性质,当事人的身份,许多证人的品质不好,审判她的法

---

① 信封上写着:"明钦汉普顿 盖特科姆庄园 议员大卫·李嘉图先生"。

庭不称职（就司法程序而论），以及措施的极端不得人心，全体人民群众都要上街，所有这些考虑使得在这个问题上立法完全失策。但是，现在怎么办呢？我乐于看到下议院一些最有独立精神的议员建议通过决议，宣告下议院对王后行为不轨的看法。埃伦巴勒勋爵已就性质问题作了某些暗示，它以强烈的措辞表述她已多么可耻地羞辱了她的身份和尊严，同时它还断言，对她的指控不是毫无根据的。如果你认为她无罪，你当然不会赞同这样的措施。但是，如果你认为她有罪，虽然没有达到指控的程度，你一定会认为那种罪行不应被忽视。也许可以说，将议案付诸三读，充分证明了下议院多数人持有的意见。如果议案被决定性的大多数通过了，这个证明就是充分的。但许多人因议案的违宪和失策而反对它，然而他们相信王后有罪。还有其它人不相信证明她有罪的法律证据，对这个问题也没有道德上的怀疑。所以，一项起我提到的作用的决议，会博得下议院大多数的支持，并且我认为对于上街会起有益的影响。当然，这个女人一定不能继续留在这里。正像她对议员们的演说的诽谤性回答中所表明的那样，她已不幸地成为心怀不满的人团结的中心，并成为广大人民热烈议论的主题。

我每天都在盼望听到大臣们辞职的消息；因为我认为，他们遭到失败一定会威信扫地，丧失信心，他们几乎无法保持他们的位置了。但舆论关心的是，谁来接替他们？毫无疑问，这是个难题。我同意不久前布鲁厄姆发表的意见，政府完全由下议院中双方的一方来组成，全国都不会满意。我承认，我渴望看到这样一个内阁,它将扫除对商业的许多限制;净化我们的刑法;把所有无能之辈从罗马天主教徒中清除出去;节省我们开支;把我们的财政放在巩固的立足点上。这些都是我国国内政策体系应当注意的要点。如果我国政治家不利用和平提供的喘息时间来完成这些重大目标,从常识来说,当我国被迫再起战端时,我国将会处于什么情况呢?我让政治这个主题占据了我的信的很大一部分,没有留下篇幅来答复你对我上次关于政治经济学的论点所作的评论。我再找别的机会来讨论它们;目前我只要说,我高兴地发现,事实上我们之间没有什么分歧。我希望,更充分地证明我对这个问题的看法会使你相信,我不是商品普遍过剩学说的拥护者。我的心思已有一个时期离开了这个问题,我发现回过头来熟悉它要作许多思考,这是进行讨论所必不可少的,因此我目前不去谈它。

你看到葛德文对马尔萨斯人口论的回答吗?① 它值得一读吗?不要忘记让我得到你将会供给《百科全书》的一卷的那篇文章。你听到有人提出要回答马尔萨斯的《政治经济学原理》吗?

请告诉我,你们是否减低了你们邻近地区的劳动工资。由于谷物食品跌价,这里的劳动工资已从一周 12 先令减至 10 先令。

---

① 见本书第 276 页,注②。

特罗尔夫人同我一起向李嘉图夫人和全家竭诚问好,请相信我是,

我亲爱的李嘉图,

你非常真诚的

哈奇斯·特罗尔

398.穆勒致李嘉图

〔答394—由400回答〕

东印度公司,1820年11月13日

我亲爱的先生:

我未曾回复您最近的来信,因为我一直忙于为《百科全书补编》写"法学"这篇文章,并因我右手有点痛风而妨碍我们这项工作和其他工作。可是,我没有什么重要的事情要说。只有一件公共事务,①关于它,我们能够很好地预料到彼此的看法。我毫不怀疑,您对它结束的方式是高兴的,因为它免去您早日移居城里和调查工作的辛苦乏味。至于我,我不知道是否应该高兴。此刻对国家只有一种基本的好处,那就是表明贵族统治的实质是什么。目前的调查已向最大的目标前进了一大步,但仍有许多事情要做。您一定要想想,更好地想想,如何促进这项工作。我试图在"政府"这篇文章②中奠定基础,至少要说明和宣传这些原则。顺便说一

---

① 对王后的审讯结束了。
② 在《英国百科全书补编》里。

下，我刚才收到萨伊的信，为这篇文章向我祝贺。他说，它"论证严谨，意义重大"。他还说，他将常有机会在他正要开始的一系列演讲中引用我的话。我不知道他将常有机会提到我的一系列演讲的题目是什么。① 我希望，我在"法学"这篇文章里，总之，我能够比我预期的走得更远得多，把每件事情都讲清楚，我为法律问题所做的事更多于我在另一篇文章里为政府问题所做的。至少我自己更喜欢它。把它建立在有根据的基础上，表明为完全达到预定的目的必须做什么，并表明这可以轻而易举地做到。我有点急于知道，它在别人看来是否也完全清楚，同我自己一样。如果是这样，这就做了一件大事。

您看到葛德文反对马尔萨斯吗？② 在我看来，这不值一顾。他似乎不知道争论点，并且像其他许多人一样，不能区分论据和用未经证明的原理作为论据之间的差别；他不知道用业已确立和大家公认的方式，来证明宗教和政治方面所有的正统意见。

我全然不为您所说的关于董事会的话所打动。我觉得抵消有力的赞同理由的几点是，调查民意所必需的时间和劳累，董事用于次要细节的时间长度，以及无法很好地自行安排。但像我以前说过的那样，我们将在见面时谈论所有这些事情。我感到遗憾的是，那不是现在，而是在相当长时间以后。希望您抓紧利用这段时间，

---

① 让·巴·萨伊曾被任命为美术工艺学院的工业经济教授；见他的"1820年12月2日发表的工业经济课程引论"，《杂文》，第133页。参见英文版《李嘉图著作和通信集》第九卷，第192页，注①。

② 《论人口，关于人类增殖力量的研究，答马尔萨斯先生关于这个问题的论文》，威廉·葛德文著，伦敦，朗曼书店为作者出版。1820年。

使您自己愈来愈适应于高度紧张的工作。您什么都不缺,只缺少相信自己。那时畏缩就不会妨碍您去做很多力所能及的事,时局要求您去做这些事。一个有作为的人让自己随波逐流是很不够的。这不是他对人类大家庭应有的态度。这不是他对自己的幸福应有的态度。

我一直不很好。我的胃很容易失调;我发现它几乎不能维持正常的消化过程。我希望我会好一点,现在写完了"法学",打算继续努力写政治经济学。在您完成对马尔萨斯和萨伊的评注,并决定发表那些评注的方式时,如果您把它们交给我,给我一个机会向您提供建议,我将感到高兴;因为,您最有可能到城里来的时间将是最好的发表时间。

我希望盖特科姆及其在外地所有的成员都好。我渴望听说戴维先生怎样在剑桥取得了他的学位。您谈到您已经筑成和将要筑成的人行道,使我得到很多启发。对于像我这样的行人来说,您将大大增加这个地方的吸引力。我很高兴您已把小灌木林出售,但您付给普莱恩土地的价格高于它的价值使我不大高兴。我祝愿李嘉图夫人百事顺遂,并向亲爱的姑娘们表示最良好的感情,我衷心感谢她们问候我。约翰在蒙彼利埃,现在正在上大学,他读的其他课程还没有完全向我报告。①

您最真诚的

詹·穆勒

---

① 见约·斯·穆勒:《自传》,第57—58页。

399. 穆勒致李嘉图①

〔由 400 回答〕

边沁给我任务,要我请您努力回忆,他借给您的关于他的年金票据问题的那些文稿包括些什么。② 他不知道把它们放到哪里去了。他特别想要知道印出的文稿究竟有两章表,还是三张表。第三张表是打算发行的票据的形式。除表以外,是否有印好的两页和第三页的半页。

请您尽可能完整迅速地回答我这些问题。他正在向西班牙议会提出他的方案,他期待西班牙议会邀请他去制订一部法典。③

我忘记了您反对把他的票据作为通货的意见是什么。

我昨天给您写过信,没有什么增加的了。

佩里④正在努力钻进辉格党,但我听说国王对他的大臣们非常满意,并感谢利物浦勋爵为他尽力。

星期二〔1820年11月14日〕

---

① 这封信的手稿(穆勒的笔迹和第389号信)是在一包全是1820年9—12月的信件中找到的。

② 边沁的"流通年金"计划,最初以这一题目发表:"为了免去股票转移中的麻烦和费用,并使股东无需委托书或去英格兰银行就能得到股息,而把股票换成票据年金的计划",载鲍林编的《边沁全集》,爱丁堡,1843年,第3卷,第105—153页。鲍林注:"编成以下著作的文稿,都是边沁在1800年写的,头四章这一主要部分那时已经印刷。编者能够找到的只是这些章的一册复本"。有一册(弗·普莱斯的)在英国博物馆,6025.d.7(1);它仅仅标明《流通年金,等等》,共有48页和两张折叠的表,第二张表是"拟议的年金票据的形式"。

③ "这一年(1820年)西班牙议会对于边沁愿为该国准备法典,确实一致通过了一项决议"(鲍林:《边沁全集》第10卷,第514页)。

④ 詹姆斯·佩里(1756—1821),《晨报》的编辑。

400.李嘉图致穆勒①

〔答 398 和 399〕

盖特科姆庄园,1820 年 11 月 16 日

我亲爱的先生:

您最近的短笺必须首先奉复。我感到遗憾的是不能满意地回答边沁先生,因为对他的大部分问题我必须回答"我不记得"。② 关于年金票据问题,我唯一记得起来的是计划本身,但我所知道的文稿或其形式我却什么也记不起来了。我感到遗憾,我不能为他效劳,但我的头脑是世界上记忆力最坏的。

我想,我对边沁先生的方案的反对意见是,在我看来,它不是建立一种纸币的最好方式。很清楚,使用纸币所能得到的全部利益,是以一种没有什么价值的商品,而不是以一种很有价值的商品作为贸易的工具。国家或者一个或更多的个人可以享有这种利益。我认为它应当由国家享有,而您不能过于直接地达到这个目的。在我看来,边沁先生的目的是用迂回和复杂的途径来得到这种利益,我相信这构成我的反对意见的主要根据。

我认为辉格党人很少有机会上台。但愿他们再一次尝试。我认为会由此产生益处。他们或者为人民做些事情,其结果将是好

---

① 信封上写着:"伦敦 东印度公司 詹姆斯·穆勒先生"。
② "我不记得",这是在审讯王后时意大利证人对难以回答的问题常用的回答。

的，或者沿着所有其他贵族政府的道路走下去。在后一种情况下，我们至少应当从审讯中得到这种好处，这将使公众睁开眼睛，他们会知道良好的治理方法必须从另一个方向去寻找，而且只能靠他们自己的努力去取得。这会使我们更为深信您的结论是正确的。如果这是一个正确的结论，一架贵族统治的机器就绝不会给我们带来我们的制度所迫切需要的改进。

我感到非常高兴对王后的迫害终于结束了。这里邻近地区的欢乐非言语所能形容。在沃顿、特伯里、斯特劳德和汉普明钦，钟声一〔直〕①响个不停，有些地方他们烤了全牛，家家户户灯火通明，没有一个穷人的帽子不缀有飘带、花结或月桂小枝。如果议会在星期二以前不休会，我想我将到城里来。我已写信给休姆，请他告诉我下议院双方领导人的意向。②

我对马尔萨斯的评注（就像现在这样）已经完成。我不想把阅读它的任务强加给您，特别是因为您还必须阅读我所评论的马尔萨斯那些段落。我有时想写信给麦克库洛赫，提议把评论寄给他。他对这个问题很热心，也许他不会不喜欢把马尔萨斯和我的争论点都看一遍。您并没有使我很想读葛德文的书。关于人口的实际问题，竟不是所有把人口问题作为注意和考虑的对象的人都知道的，这真是多么奇怪。

您已经完成了为《百科全书补编》写的"法学"这篇文章，我感

---

① 手稿中漏掉了。
② 休姆于1820年11月16日从伦敦回信说，各种各样的报告在传播着，但什么也没有肯定。

到高兴。我渴望看到它,我从您所说的关于它的话预感到它会成功的。

至于我自己,除了我的才能或知识注定我不宜占有您的过分错爱要把我抬举上去的社会地位以外,我没有什么好说的。为了报答您的美意,至少我能够做的,是力求得到有用的知识,这是我不会忽视的。

我感到遗憾,您的胃和消化器官有病。我希望,坚持饮食有度的养生之道,不久就会使一切都好起来。

现在您将继续研究政治经济学,并将能断定,不给价值下定义,①您能否说明这门科学的一切原理。我希望您成功地把一些难点弄清楚。

您报道了约翰的好消息,使我感到高兴。我希望穆勒夫人和您全家都好,请代我向他们亲切问候。

李嘉图夫人一直身体不好,她现在正在复原中。消化不良是她病痛的原因,但她最近的不适现在已经减轻。她和小女们对您的亲切问候表示感谢,并要我向您转达她们的良好祝愿。

戴维喜欢住在学院里,②并在信中向我保证,他正在刻苦勤奋地学习。

您永远真诚的
大卫·李嘉图

---

① 参阅本书第319页。
② 剑桥三一学院。

401. 李嘉图致麦克库洛赫

〔由 406 回答〕

明钦汉普顿,盖特科姆庄园
1820 年 11 月 23 日

我亲爱的先生:

我已花费了一些时间写对马尔萨斯先生最近著作的评注,这部评注我尚未给任何人看过。的确,我担心只有经过指点的人才看得懂,即使他们也会认为把它看完是一项繁重的任务;因为我每逢遇到一段我想要批评的段落,我就写明页码,并引用这一段开头的几个字,然后写下我简短的评论。如果批评是正确的,我赞成的原理也是正确的,我仍不想出版它。首先,因为我听说,马尔萨斯先生的书没有引起多大兴趣,而这些枯燥无味的、也许没有很清楚的表述的评论就更引不起兴趣了。您有一次要求我[①]把我可能对马尔萨斯先生的著作发表的意见寄给您。如果您愿意看看这些评注的头几页,而不认为我提出了不合理的要求,我愿意现在就这样做。我担心重复太多。我无法避免这个缺陷,因为这是我一直在评论的这部著作的重大错误。我怀疑您是否能阅读它,因为我没有一份誊清的复本,而且很多字是写在字里行间的。

我猜想您已看到萨伊先生的书信集。在我看来,在许多真理中间,有一些很严重的错误。我已经在为此准备的几页纸上评论

---

① 本书第 171 页。

了其中的几封信,但还有几封我没有去搞。①

关于马尔萨斯先生的书的销路,我听到非常矛盾的说法。我最近听他本人说,他正在准备第二版,②但别人告诉我,书的销路很呆滞。③

萨伊先生寄给我一封很亲切的信④和一册他致马尔萨斯的书信集。他在信中满怀信心地谈到,在他的第4版⑤和致马尔萨斯的书信集里,他已消除了对他的价值学说的所有正确的反对意见,并要求我接受这个学说。他想要看看我早期的出版物,以便了解我对这个学说的看法。我不知道您是否熟悉他关于政治经济学的著作。我仔细地看了他的第4版中所有的新内容,没有发现有什么内容促使我改变我对他价值概念的混乱发表的意见。在他看来,效用、财富、价值全都一样。一件商品较有价值,是因为它较有用处。一个人的富有与他拥有的价值——效用⑥成比例,这使商品的价值究竟是低还是高成为没有区别。我认为这些看法是错误的,他没有始终如一地坚持这些看法,因为他时常承认,如果商品的生产成本减少,其价值将下降,虽然它们保持同样的效用。我认为这本书总的来说是好的,但我相信萨伊先生没有把这个问题研究得十分透彻。

---

① 关于李嘉图对萨伊的《致马尔萨斯先生书信集》的评注,见本书286页。
② 第395号信。
③ 李嘉图的弟弟萨姆森报告李嘉图说,他是3月底以前从默里那里听到的。1820年11月15日。(萨姆森·李嘉图的信,手稿在"李嘉图文稿"中。)
④ 第393号信。
⑤ 《政治经济学概论》第4版,1819年。
⑥ "效用"字样是后加的。

让我听听您的意见,您是否愿意看一下我的评论,您此时可能事务繁忙,而我不能向您保证有什么新颖之处,这不过是老调重弹而已。我算了一下我所写的不会超过 150 页。

大臣们对王后的行为没有使您感到惊讶吗?他们可以选择,是要继续通过议案,还是予以放弃。他们选择了后者。根据公正待人和慷慨大度的原则,我认为他们应当停止迫害她。可是,如果我们从他们拒绝给她一座宫殿和适当的固定收入来判断,他们似乎没有这种意愿。

相信我永远怀着极大的敬意,

您非常真诚的

大卫·李嘉图

约·拉·麦克库洛赫先生

402. 李嘉图致马尔萨斯①

〔答 395—由 404 回答〕

明钦汉普顿,盖特科姆庄园,1820 年 11 月 24 日

我亲爱的马尔萨斯:

我一直犹豫不决我是否必须去伦敦。议会将休会看来已经确定,所以我认为,不必仅仅为了去听手持黑杖的领路人用他表示职权的黑杖在下议院的大门上轻叩三下,而起程到城里来。霍布豪斯向我们保证,如果他擅自扰乱经过改革的下议院,他将被黑杖猛

---

① 信封上写着:"赫特福德 东印度学院 托·罗·马尔萨斯牧师"。

击其背。政治地平线似乎还没有晴朗。一个政府与广大人民的舆论对立总是不智的,当争论点本身微不足道并对国家没有实际意义时,尤其是这样。是否应该允许王后有一座宫殿,或者她的名字是否应该列入祈祷仪式,难道让公众在这些问题上处于激动的状态吗?没有什么事情能比这类问题上使公众的安全遭受危险更不正当了,因为在引起这场讨论以后,退让或抵抗都没有安全可言。

你在上一封信里说:"你已得到新论据来清楚地证明,决定把全部产品都用于生产必需品,就绝对不可能有纯收益,因此,如果对奢侈品和便利品或者对非生产性劳动没有足够的爱好,必然产品普遍过剩。"我不想麻烦您把这些论据提出来,因为略加改动,我就会完全同意您的命题,如果我记得不错,这正是我提出的例外,而且您在您的书里提到过它。① 您一定要收集论据,去为比这更难的论点辩护。

我完全可以肯定,你是故意误解对手意见的最后一人,我在你的书里找到一些你提到的意见,你把那些意见说成是我的,其实我并未持有那些意见。我认为,有一两处证明你误解了我,因为你在一个地方以一种方式来表达我的学说,而在另一个地方以另一种方式来表述。我们之间的分歧毕竟不取决于这些论点,它们都是很次要的问题。

我给尊著中我有争议的每个段落都作了评注,想由我自己来为尊著出一个新版本,并擅自在每页下端对有关段落作出评注。实际上,我引用一句话的三四个字,注明页数,然后加上我的评论。

---

① 参见英文版《李嘉图著作和通信集》第二卷,第306页。

我最反对的是尊著的最后部分。你为非生产性消费者的需求的有用性提出的理由,我看不出有什么正确性。我承认我不能发现,在任何可能的情况下,不进行再生产,他们的消费怎么能对一个国家有利。

我为萨伊先生致你的书信集也写了一些评注,①我很不喜欢这些书信。他对我很不公正,而且显然并不理解我的学说;对于我们共同持有的意见,他并未提出我认为他可能提出的令人满意的理由。他只是在某些几乎可以放弃的问题上向你让步,使你得到胜利的喜悦。总的来说,萨伊的著作是深刻的思考和惊人的错误的大杂烩。什么使得他坚持把效用和价值说成是同样的东西呢?他真的相信我们的赋税像他描述的那样起作用吗?他认为,我们应当以他所说的方式清偿我们的国债,来使我们得到解救吗?

我不想争论你来信中的另一个命题。你说:"除非对商品的需求或估价超过生产成本,否则财富就不能存在。"对这一点我从未有过争议。我不想争论需求究竟是影响谷物价格还是所有其他物品的价格,但供给随着需求而来,很快就把调节价格的力量掌握在它自己手里,而在调节价格时,它是由生产成本决定的。我承认你特别重视的间隔时期,但它终究只是间隔时期而已。"50棵橡树每棵价值20镑,与格洛斯特郡一道花费1,000镑的石墙包含的劳动不一样多。"我已经回答了你的问题,让我来问你一个问题。你

---

① 李嘉图对萨伊的评注没有找到。看来(参阅本书第322、325页)这些评注与李嘉图《原理》第3版中所增加的关于萨伊的段落有很多相同的内容。参见英文版《李嘉图著作和通信集》第一卷,第279—287页。

真的相信我认为50棵橡树花费的劳动同石墙一样多吗？我实在不需要为了支持我的理论体系而承认这样的命题。

我认为现在可以肯定，我们将留在这里直到1月。也许你们会到这里来，如果这样，我们将盼望在盖特科姆看到马尔萨斯夫人和你。你们的来访将给李嘉图夫人和我们以莫大的愉快。我们一起衷心问候马尔萨斯夫人。

你永远真诚的

大卫·李嘉图

403. 李嘉图致特罗尔①

〔答397—由410回答〕

盖特科姆，1820年11月26日

我亲爱的特罗尔：

几乎没有一天不发生一些关于王后的异乎寻常的新情况，这使公众的心里继续激动不安。什么事情促使大臣们让议会休会，而没有最后结束他们对这个受迫害的妇女的诉讼呢？如果他们认为这个议案是适宜的，为什么他们不把它送交下议院呢？如果他们认为有必要进行不信任投票，像你的意见那样，为什么现在不向议会提出呢？把公众非常注意的这个问题推持两个月之久，而且用国王不发一言就让议会休会的方式来推迟，这能有什么好处呢？

---

① 信封上写着："戈达尔明 昂斯特德伍德 哈奇斯·特罗尔先生"，李嘉图签字和写上"11月27日"而免费邮寄。

王后除了企求暴民支持以外,还能做什么呢？除了人民的支持以外,她能从敌人的歹心恶意得到完全的希望吗？迄今为止,她一直从人民的支持得到保护;没有这种保护,她已被她的敌人压垮了。在诉讼程序威胁着她的时候,如果她让已经激起的有利于她的情绪低落下去,她将大受谴责。

你对上议院停止诉讼程序感到满意,这使我很高兴。就我来说,我认为他们根本就不应该开始做这件事,我绝不会举手赞同用我知道的曾经用来毁坏她的方法谴责或贬低王后。如果她和贝加米有通奸关系(我认为绝没有得到证明),妇女就绝提不出这样多的正当理由来掩饰她的过错。考虑到所有这些情况,应该忘掉她的行为,而不是用最卑鄙的方法来侦查和证明她的罪行。我内心也怀着对一切迫害王后的人的义愤和对她的同情。虽然她成为心怀不满的人团结的中心令人惋惜,她完全是被迫参加这个同盟的,使她脱离目前这种关系的唯一办法,就是停止对她的迫害。

我很担心大臣们将不会更换。如果他们更换,我也不能希望他们采取你认为对我们的安全和未来的繁荣至为重要的明智的措施。在下议院目前的组成方式下,什么大臣能够成功地扫除我们商业上的许多限制,特别是最大的、对输入谷物的限制呢？什么大臣敢于迎接我们的财政困难,以唯一应有的办法去解决它,或认真地开始紧缩我们开支的工作呢？我们或许可以找到一些人,他们将把无能之辈从罗马天主教徒中清除出去,并对我们的刑法作一些修改,但这将是一切了,我们一定不要指望还有更多的改进。当我们卷入另一场战争时,那将是作出努力的时候了;如果我们聪明的话,我们现在就应该作出那种努力。

我高兴地发现,在我们近来问题的讨论上,你并不认为我们的分歧很大,我完全预料到,当我们充分地相互了解时,我们的意见将会接近。我近来在写对马尔萨斯先生著作的评注,目的在于当我的意见受到攻击时,为之辩护,当它们被无意地误述时,把它们正确地说清楚;目的还在于找出在我看来隐藏在作者论点中的谬误。我的任务现在已经结束,但有什么成就必须留待别人来判断。如果印出来,全部篇幅可能要占150页左右。可是,我不大可能把它们出版,因为它们并不吸引人,因而读者会很少。每逢我遇到一段我有反对意见的段落,我就引用它的头几个字,然后写下我的评论,例如第103页,①"假使我们决定,等等"。〔"〕假使同等的资本提供差不多同等价值的商品,那么这一论证也许还有几分理由。但是,用于价值高昂的机器诸如蒸汽机等的资本所取得的商品,同主要用于供养劳动的等价资本所取得的商品,其价值很不相同。这就立即很清楚,马尔萨斯先生认为比较正确的一个项目,却是所能想象的最不正确的。"这是我抄下作为样本的一条短评,你从它可以判断,一般读者对这样一部作品会感到多么乏味。我还给萨伊先生致马尔萨斯的书信集加上了一些评论,我认为这些信写得有自满情绪,而它们并不值得那样自满。② 我记得你对马尔萨斯著作第128页的一段话作过评论,我完全同意你的评论,我只麻烦你把我写的读一遍。我要把我说的话抄下来,作为我所费劳动的另一个样本,虽然它很长。第128页。"虽然劳动和谷物这两个对

---

① 参见英文版《李嘉图著作和通信集》第二卷,第74页。
② 见本书第286页,注①。

象都不能,等等。"①"在我看来,整个这一论证似乎是完全错误的。马尔萨斯先生说,谷物是易变的商品,劳动也是这样,但它们总是朝着不同的方向变动;因此,假使我在两者之间采取一个中点,我就大可以获得一个近似于不变的价值尺度。现在,这正确吗?谷物和劳动果真朝着不同的方向变动吗?谷物对劳动的相对价值上升时,劳动对谷物的相对价值就下降,这叫做朝不同的方向变动。当衣料的价格上升时,它是同黄金相比之下上升的,黄金同衣料相比下降了。但这并不证明它们是朝着不同的方向变动,因为同时黄金同铁、帽子、皮革以及除衣料以外的一切其他商品相比,也许是上升的。那事实如何呢?它们都朝着同一方向变动;黄金同衣料以外的一切物品相比,其价值也许上升了10%,而相对于黄金只上升了15%。我们会感到奇怪的是,在这种情况下竟说,我们在选择一个价值尺度时,应该在衣料和黄金之间采取了一个中点,因为它们朝着不同的方向变动。可是,关于谷物和劳动,马尔萨斯先生做的就是这样。由于人口不断增加,国家在供应必需的谷物方面感到越来越困难,结果,同一切其他商品相比,谷物上涨了。谷物在劳动者的消费中虽然不是唯一的项目,都是那么重要的项目,因此谷物上涨时,劳动也上涨,不过没有谷物涨得那样多。如果谷物上升20%,劳动可能上升10%。在这种情况下,用谷物估计,劳动似乎下降了;用劳动估计,谷物似乎上升了。但是很明显,两者都上升了,显然上升的程度不同,因为用一切其他商品来估计,两者的价值都提高了。于是在公认为易变的两种商品之间采取了一

---

① 参见英文版《李嘉图著作和通信集》第二卷,第96页。

个中点，而采取的原则却是，一种商品的变动纠正另一种商品的变动的影响。可是，像我已经证明的那样，它们是朝着同一方向变动的，我希望马尔萨斯先生将会看到，对于这样一个不完善的、易变的标准，还是以放弃为是。根据马尔萨斯先生在这里的论证，人们会以为，谷物上升时，劳动会下降，因此以一定量的铁、皮革、衣料等等可以获得较多的劳动。事实正相反，同这些商品相比，劳动和谷物都是上升的。马尔萨斯先生自己在第125页里说，在文明和改良的进程中一般会发生的是，当劳动支配的食物数量最少的时候，它支配的其它商品却数量最多。这是什么意思？这只不过是说，用大量其他商品来换取食物时，也要用其它大量物品来换取劳动；或者换句话说，食物上升时，劳动也上升。"如果这给你加上了〔比〕①读一遍更重要的任务，我就不拿这段话来麻烦您了。

我没有看到葛德文给马尔萨斯的回答。穆勒写信给我说，这是最可鄙的作品。②

我把我论偿债基金的文章寄上。请坦率地告诉我你对它的意见。

我相信，在这里，他们降低了劳动的价格，但我作为一个绅士，总以为是付给同样报酬的。李嘉图夫人同我一起衷心问候特罗尔夫人。请相信我永远是，

我亲爱的特罗尔，
你真诚的
大卫·李嘉图

---

① 手稿破损。
② 本书第276—277页。

我的佣人把灯油灌得太满了,我在第一页上滴了三滴油,请多包涵。

404. 马尔萨斯致李嘉图①

〔答 402—由 405 回答〕

东印度学院,〔1820 年 11 月 27 日〕②

我亲爱的李嘉图:

我正想写信给您时,收到你的信。有一天晚上,我在赫特福德的舞会上看到西姆斯小姐,她说李嘉图夫人身体很不好。你没有提那件事,我相信她现在已经好了。

你对于大臣们愚蠢和无礼地对待王后的行为的意见,我完全同意。如果事情按照目前的顺序继续进行,我将认为这就是议会缺乏改革的我所见过的最大证明。可是,仍有上层阶级的一大批人反对王后。但是,整个诉讼程序的具体害处之一是它趋向于大大增加上层阶级、中层阶级和下层阶级的分离。

你自由自在地逗留在盖特科姆,我不能不向您祝贺,虽然从个人来说,我们在下周开始的整个假期里都不能在城里见到您,使我感到遗憾。我能在城里见到你以前,曾推迟按时答复你的前一封信,③现在我已改变过来。我们曾打算去萨里我的兄弟处,但他的

---

① 信封上写着:"格洛斯特郡 明钦汉普顿 盖特科姆庄园 大卫·李嘉图先生"。
② 伦敦邮戳,1820 年 11 月 27 日。
③ 第 392 号信。

幼子①有病,我们的访问将推迟。由于我很想在我的书重版之前看看你对它的评论,我颇想提议来盖特科姆访问您一周,如果在圣诞节前接待我一些时候对于你和李嘉图夫人都方便和适宜的话。马尔萨斯夫人当然不能离开她的孩子们,而且全体一起旅行对我们不合适,即使我们能够设想这对李嘉图夫人是合适的。所以,请让我知道,你是否能接待我这个单身汉,以及我什么时候来对你最为方便。也许你还能同时告诉我,乘什么马车来,离你那里最近。

你在尊著里提到的情况,已被清楚地说明是暂时的;但这就完全不同了。如果对奢侈品和便利品或者对非生产性劳动的爱好,对于得自土地的纯剩余额的存在是绝对必需的,那就永远不会有比这更清楚的事了,即为了这种纯剩余额,可能会节约过度,而且一般原理显然是要遭到怀疑的。

我可以立刻回答你的问题,我从未相信你认为,50棵橡树会与石墙花费一样多的劳动。但是,正因为我确信你不会这样认为,我才提出这个问题,我把它看作一个最好、最恰当的问题提出来,向你表明,摒弃地租而几乎只考虑劳动的交换价值理论,是站不住脚的。

我日益相信我在拙著后面那一部分所说的关于非生产性劳动的论点是正确的,我还没有完全丧失信心,要在今后五年内看到你同意我的意见。自从我撰写这本书以来,我看到和听到的每件事情都证实了我的原理,虽然我深信我仍然愿意听取意见,并将谦逊

---

① 查尔斯(1807—1821),西德纳姆·马尔萨斯的儿子。

地聆听你的论证。

马夫人和我衷心问候李嘉图夫人。

你永远真诚的

托·罗·马尔萨斯

405. 李嘉图致马尔萨斯[①]

〔答404—由408回答〕

盖特科姆庄园,1820年11月29日

我亲爱的马尔萨斯:

正像西姆斯小姐告诉你的那样,李嘉图夫人一直患着胆病,她这个病不时发作。最近这次侵袭得很厉害,但她现在只是感到这个病引起的虚弱。

听说你拟来这里访问我,我感到非常高兴。我希望这次访问比你提到的时间更长些。李嘉图夫人要我说,见到马尔萨斯夫人和你们的三个孩子将给她以莫大的愉快。她接待她们全体非常方便,所以,除非马尔萨斯夫人离开家确实不方便,否则我们希望她能陪你来盖特科姆。在星期一、三、五傍晚5点钟,有马车驶离伦敦。这种马车直达明钦汉普顿,离我的住宅一英里;它里面可乘4人,行驶速度很快,从大圣马丁的天使旅店出发。还有一种早晨马车,每周三次,早晨5点45分钟从奇普赛德的贝辛巷的杰勒德会

---

① 信封上写着:"赫特福德 东印度学院 托·罗·马尔萨斯牧师"。李嘉图签字和写上"明钦汉普顿1820年11月29日"而免费邮寄。

堂出发。我相信这种马车在星期二、四、六行驶,这是一种斯特劳德马车,行经西伦斯特公路时距离我们的住宅不会少于4英里。如果你喜欢这种马车,我们将派人在公路分岔处接你。当然,这是假定马尔萨斯夫人不陪你来。至于你来的时间,完全由你决定。你来得愈快,愈使我满意。

的确,我书中所说的情况是暂时的,依我看,它只能是暂时的,因为在人口随着对人的需求而增加时,它就不能存在。我们在见面时,一定要对"得自土地纯剩余额"的含义取得一致意见。它可能是指全部物质产品减去养活取得它的人所绝对必需的数量以后剩下的产品,也可能指资本家所有的或归资本家和地主共有的产品的价值。如果第一种是纯剩余额,那么无论给予劳动者、资本家或地主,它都是一样的。如果第二种是纯剩余额,它给予资本家的价值可能没有他为了取得它所花费的价格来得大,因此在他看来没有纯产品。纯产品这个词在尊著里用得含糊不清,并成为评论〔我〕①所说的关于纯产品和总产品的一些话的根据。② 这番评论是否〔正确〕,取决于纯产品这个词的含义;但我们见面时再谈这一点吧。

我知道我们对于一个问题持有某种看法对我们有多大影响,而且要破除我们心中长期以来形成的一系列概念是多么困难,我不想说我关于非生产性需求的作用的看法是对的,因此5年以后我对这个问题的想法与你一样是可能的,但在目前,我丝毫看不到

---

① 在这里和下面,手稿破损。
② 参见英文版《李嘉图著作和通信集》第二卷,第381页。

这种变化的可能性，因为每次重新考虑这个问题都证实了我长期以来一直持有的意见。

你永远真诚的
大卫·李嘉图

406. 麦克库洛赫致李嘉图

〔答401—由407回答〕

爱丁堡，1820年11月28日

我亲爱的先生：

我向您保证，没有什么比细读您对马尔萨斯先生的书的意见更使我感到满意的了。我早已认为，马尔萨斯先生作为政治经济学的功绩被大大夸大了；但他已经获得的声誉使他的错误更危险，我自己庆幸，我肯定会从您对他的原理和结论的评论中获得教益和快乐。不要担心我阅读您的评论有什么困难；我对各种写在字里行间的话和缩写已很习惯，我确信我阅读它们是极为方便的。请把包裹包好，邮寄给我，我急切盼望它的到来。

我不知道马尔萨斯先生的书在伦敦的销路如何，但我知道它在这里销路不好。它是一本教科书，它确实是少数地主的福音书，他们读它，是为了寻找论点，使他们能够为我们人为的制度辩护；但在其他方面，对它就没有很多需求了。

我对萨伊的第四版相当熟悉，我完全同意您的意见，贯穿全书的价值概念，同以前各版里的几乎一样混乱。他仍然坚持他关于地租问题的老意见,令人惊讶;一本如此受人欢迎的①著作竟会在这样重要的问题上犯错误,非常令人痛惜。可是,在我看来,萨伊著作的很大优点,几乎完全在于各个部分的安排明白易懂和文体的清晰流畅。除"销售"这一章外,它没有堪称新颖独到或才华横溢的专题论文。它观察敏锐并写得很好,如此而已。我刚才看了一下他致马尔萨斯的书信集,但还没有读完。在我看来,它们肯定不如他的其他著作。我不能不认为,您特别注意它们,会给它们以不应有的荣誉。也许杰弗里不会反对我评论它们②;如果这样,细读您的评论对我将极为有用。

我正要完成为《英国百科全书补编》的一篇论利息的文章。我说不出里面有什么新东西;但我认为,它将有助于传播关于一个相当重要问题的正确意见。我将送您一册。

请问,您已把注意力转向联合法这一问题了吗?我曾想尽力拼凑一些对它的意见。若不是羞于给您增添无穷无尽的麻烦,我真想知道您对它的看法。就我来说,我把它们看成极为有害的,它根本不能达到什么良好的目的,它使得原可无害的联合成为危险的了,它还势必扩大劳动者和有产阶级之间业已很宽的鸿沟。③

请问,您知道我们的朋友托伦斯上校的情况吗?我很久没有听到他的音讯了。我猜想他不在伦敦。

我认为大臣们对待王后的行为既软弱又卑鄙。现在他们的政

---

① 先写作"重要的"。
② 那些书信没有被评论。
③ 参阅1823年7月26日《苏格兰人报》上麦克库洛赫关于这个问题的文章,和1824年1月《爱丁堡评论》的第三篇文章。

策是尽可能地尊敬她,给她一座宫殿,把她的名字重新列入祈祷仪式,并给她一份优厚的俸禄。他们愈迫害她,她将变得愈受人欢迎。可是,大臣们的更换恐怕连一点影子也没有了。科贝特和所有过激作家的政策,是把所有的官员都看作同样腐败的,或者换句话说,革命是唯一的治疗方法。大臣们知道这一点,他们将利用它。暴民领导人的暴力和过激会很快就使现在同他们联合的大部分中产阶级感到厌恶,大臣们在他的支持下将能像往常那样过得很好。请原谅我发了这些议论,并请相信我怀着始终不渝的尊敬的感情。

您真诚的
约·拉·麦克库洛赫

407. 李嘉图致麦克库洛赫

〔答 406—由 412 回答〕

明钦汉普顿,盖特科姆庄园,1820 年 12 月 14 日

我亲爱的先生:

我上次写信给您以后,收到马尔萨斯先生的一封信。① 那封信是为了通知我,既然议会的会议推迟了,因而我去伦敦也推迟了,如果对我方便的话,他愿意在他的假期中到这里来访问我几天。他说在他另出一个版本之前,很想看到我对他的著作的评论。我并不确切知道马尔萨斯先生什么时候来,但很可能在本周末或

---

① 第 404 号信。

下周初。您惠允我将手稿寄上,而这一安排使我无法立即照办,但可能不会推迟两周以上。我相信,我绝对相信,您读过以后将会给我提出坦率的意见,以及您可能想到的评论。您将会发现文体糟糕透了,但这是我的任何作品都无法摆脱的缺点,我胆敢要求您的就是给我指出您注意到的显眼的错误。

我若没有收到萨伊的信①和书,我不知道关于他我应该说些什么。他在信里邀请我在我将出版的头一部著作中对他的观点发表意见。我希望您在《爱丁堡评论》上评论他的书,现在机会很好,因为我看到一位普林塞普先生刚登出广告,介绍它的译本。② 希望您在我的评论中找到一些新东西。

我离开伦敦之前,默里先生告诉我,他希望不久就为我的书出一个新版本。由于萨伊先生在他的第四版中删去了我以前批评过的一部分内容,并以一种他认为修改过的新形式来发表他关于价值的意见,我认为应该删去我以前的评论,并在原处加入别的意见。这些我也寄给您。③

我高兴地听说,您即将完成为《英国百科全书补编》写的一篇论利息的文章。我确信它会写得很好,我将以极大的兴趣阅读它。

我从未特别注意过联合法。从我对它的极少的知识来看,它

---

① 第393号信。
② 《论政治经济学概论;或财富的生产、分配和消费》,由 C. R. 普林塞普硕士译自法文第四版,附有译者的注释,共2卷,伦敦,朗曼书店,1821年。麦克库洛赫在1821年4月21日在《苏格兰人报》上评论了这个译本;见本书第340页。
③ 参见英文版《李嘉图著作和通信集》第一卷,第279—288页。

对工人阶级是不公正的和压制的,对雇主也没有什么实际用处。尽管有这些法律,雇主们经常受到威胁,不得不同意他们的工人的不正当要求。对联合的真正补救办法是双方都有充分的自由,并受到适当的防止暴力和暴行的保护。工资应当是自由契约的结果,缔约双方应当指望法律保护他们不受对方的武力侵犯;我认为其余的一切都要让竞争去完成。在这个制造业集中的郡(格洛斯特郡)盛行着一种不良的实际做法。服装商们使我确信,他们工人的工资几乎从未变动过。在工作清闲时,他们不能总是雇用他们工人;他们为完成的工作支付的同样的工资,并且全部雇用他们,但也许只雇用一天的 $\frac{3}{4}$ 或 $\frac{1}{2}$,而不是全天。对工人来说,这实际上与工资下降是一回事,但这对雇主或公众都毫无好处,而有使工人留在不能再养活他们的行业中的有害作用,并且妨碍一个行业的多余劳动迅速转移到别的行业中去,像在别的情况下那样。

我已很久没有听到关于托伦斯上校的音讯了。穆勒先生曾于9月间在这里,他告诉我,《旅行家》得到很大的成功。①

我和您一样地担心,我们将不会有大臣们的变动了。我很希望辉格党人作一番尝试,我认为他们会为我们做些事情,虽然我承认我对他们不抱很高的期望。议会改革是我们对滥用职权进行真正改革所能有的唯一保障,我认为我们不会从辉格党人那里得到与改革名副其实的东西。可是,他们可能做一些小小的好事。如

---

① 见本书第180页。

果他们不改革议会,无论如何,他们会使我们相信,这只能靠人民的力量和决心来取得。虽然我很不同意科贝特的大部分意见,我很久以前就相信,我们的良好政治的保证,必须依靠制度本身和对统治我们的人们的影响,而不是依靠我们统治者道德品质的好坏。两批不同的人受过差不多同样方式的教育,在同样的限制下行动,并具有同样的目的,他们在与个人利益有关方面的行为有重大的差别。怀着极大的敬意,我是您最忠诚的

大卫·李嘉图

408. 马尔萨斯致李嘉图

〔答405〕

伦敦,1820年12月7日

我亲爱的李嘉图:

在我能确定我们是否能够接受李嘉图夫人和你盛情邀请来盖特科姆之前,我稽延了为马尔萨斯夫人和我自己向你们道谢。我发现我无论如何要在萨里逗留一个很短时期,而且随时都可能突然有事,马尔萨斯夫人和孩子们的旅行就更谈不到了。但我曾想在今晨出发,来访问你,时间至少一周。可是,我在城里收到一封信,使我不得不在明晨动身去布赖顿。我的一个姐妹在那里病了一些〔时候〕,①现在正要回家去,同她在一起的我的兄弟因为他的儿子而不能陪她去了。她需要我的帮助。我无法说我要在布赖顿

---

① 手稿中漏掉了。

或萨里逗留多久。但我几乎无需多说,如果我在假期里能从更为紧迫的任务中腾出时间,而且你也有空的话,完成我的计划将给我以莫大的愉快。在我对未来的行动知道得更多的时候,我将再写信给你。

马尔萨斯夫人很想接受李嘉图夫人的邀请。她向她竭诚问〔好〕。①

〔托·罗·马尔萨〕斯

409. 李嘉图致麦克库洛赫②

〔由 412 回答〕

我亲爱的先生:

马尔萨斯先生在起程来我处进行他允诺的访问时,听说他的姐妹在布赖顿病了,需要他护送她去伦敦。他是否能来现在尚难预料,所以我不再耽搁,把我们的文稿寄给您。我看看这些文稿,几乎后悔曾向您提起它了,因为我确信,它无足轻重,不值得您花费这么长的时间来把它看一遍。我把它送往伦敦,并吩咐立即邮寄给您。③ 您读过以后,用同样的传递方法把它退还伦敦布鲁克街。

我将于议会开会前一周左右在伦敦,您能吩咐那时把《苏格兰

---

① 在这里和下面手稿破损了。
② 信封上写着:"爱丁堡 巴克留广场 约·拉·麦克库洛赫先生"。
③ 1820 年 12 月 19 日,李嘉图的律师托马斯·克罗斯从伦敦写信给他说,"寄往爱丁堡的包裹已遵嘱吩邮寄出"。

人报》寄往伦敦给我吗？我希望您的代理人将来我处收取我的订阅费。

您永远真诚的
大卫·李嘉图

盖特科姆庄园
1820年12月13日

410.特罗尔致李嘉图①

〔答403 由415回答〕

戈达尔明,昂斯特德伍德
1820年12月11日

我亲爱的李嘉图：

多谢你的关于基金制度的论文。我很喜欢它。历史部分表述得很清楚；对这个问题的看法极为公正，支持它的论据都已很好、很有力地提了出来。我赞同它的全部学说。你清楚地揭露了和公正地指责了亨利。佩蒂勋爵和范西塔特先生不明智地和不正当地背离了皮特先生原来的计划。我相信那位大政治家绝不会同意这种改变。我完全同意你的意见，一笔安排得当和小心保持的偿债基金乃是国家的福利。它悄悄地把岁入转为资本的强大作用，是个重要的考虑。我认为，你没有成功地充分回答普赖斯博士和汉

---

① 信封上写着："明钦汉普顿 盖特科姆庄园 议员大卫·李嘉图先生"。重寄往"赫里福德郡，莱德伯里附近，布罗姆斯伯罗广场"。

密尔顿博士反对按利率3％发行公债的意见。① 我怀疑按利率3％发行公债和按利率5％发行公债在价格利息方面的差别,是否与还本的不同期限大体相当。利率5％的公债业已收缩的市场,会因经常用这种公债筹集资金而很快扩大;而市场的扩大可能使人们与利率3％的公债相比,更喜欢在利率5％的公债上投机。

我喜欢看到你的论文印成小册子;采取这种形式,你可以比你已经做的(也许比你写这篇文章时预定目的)更扩大讨论偿还大部分公债的政策和实际可能性。

你一直在做评论马尔萨斯的工作,使我感到高兴。发现和揭露他书中的谬误和矛盾,是完全必要的。我们大部分政治经济学家对这个问题的看法是凭信任;而马尔萨斯先生在这门科学上的崇高声望使他的学说具有影响,这使那些不愿意自己费心思考的人们赞同他的学说。因此,对他的驳斥应该公之于众。如果我可以冒昧地建议的话,那么我要建议,发表你的评注的最适宜方式,依我看,是将你的《政治经济学原理》出一个新版本,并将你对马尔萨斯的评注列为附录。也许你会同意我的这一想法,即你可以利用对尊著的批评,重新修改你的某些论点,并消除对它们的反对意见;我想,那些反对意见只是针对它们的形式,而不是针对它们的内容。你以这种方式来回答马尔萨斯的书特别适宜,因为他的出版物公开地攻击你对这个问题的重要的新见解。用比正文较小的字体排印附录,并把你对他著作的评论压缩到清楚易懂为度,我认为它就不会占太多的篇幅。在尊著遭到他攻击的那些部分的各页

---

① 参见英文版《李嘉图著作和通信集》第四卷,第184—185页。

上加上旁注,可以引导读者去看附录有关的部分,在那里他们会找到马尔萨斯的反对意见和你对它们的答复。

我完全同意你的想法,你的评注单独出版,它的形式就会不够通俗,因而不能保证它们易为公众所理解。如果你把它们连同你的书一齐出版,就可以使读者看到,在考虑和回答了反面意见以后,你的论点是怎样的,你一定会完全达到你的目的,并确立你的原理的正确性。不要让我听到你提出反对意见说,重新改造你的书是件花费时间和劳动的工作。回想起来,马尔萨斯在攻击尊著时,是不考虑这些的,他精心写作的作品是两年努力的成果。你的书既是为当代经济学家也是为子孙后代写的,你一定不要吝惜花费几个月时间使之更臻完善,并扫除那些企图包围它的蜘蛛网。

我很希望你让我看看这些评注。我在闭门不出期间,做马尔萨斯的书的摘要有些进展,而最近这两个月来我一直未能动手;但我希望圣诞节后恢复这一工作。我乐于把我的评论和你的评论加以比较,用你提供给我的试金石来检验它们,找出和纠正我可能犯的错误。

我担心你以为我变成一个很懒惰的人了,因为你认为,引用了一条你的评注来"麻烦我",就必须向我道歉。你还说,"如果这给我加上了比读一遍更重的任务,你就不会这样做了"!!!你愈是这样麻烦我,就愈好。我喜欢这门学科;我抱怨的是,我所处的环境使我没有研究它的动机,从而听任自己去从事乡间较为闲散的活动。人们会高兴地以为,热爱科学这件事本身就足以引导人们去研究它。但是,我担心事实并非如此。心理的自然偏向是去做闲散的事。我相信,最积极的人也只是勤奋一阵子。我们需要有比研究更强烈的刺激,来推动我们去努力。乡村生活所提供的仅仅是生存的快乐,家庭生活的种种要求,邻里的榜样和请托,自然而然地落在一位乡绅身上的许多微小的义务,所有这些很容易由心理上的自然怠惰引来的工作和打扰,不断干扰我们对科学的爱好,并使我们放弃对一个目标的始终如一的追求,这种追求对于成功的努力是至为重要的。去对抗这些强大的敌人,必须有一些强烈的刺激,其中以同那些一起生活和活动的人追求同一的目标最为重要。我并不享有这种刺激。如果你责备我侈谈这种空想的理论是企图为我个人懒散怠惰辩解,那么,我可以向你提起若干杰出的权威,来证明我意见的正确,但也许这足以使您想起来,智慧的巨人,已故的兰达夫主教以他自己的生活告诉我们,①他受到这些考虑的影响,在他退隐乡村时,觉得不再有足够的动机来做智力上的努力,而把他的藏书出售了。他在一直有动力的时候,他曾经热情地作过那种努力。

你对马尔萨斯的第128页评论,非常令人满意。你完全揭露了他论点的谬误。他可以同样适当地争辩说,当两个人赛跑时,他们是朝相反的方向跑,因为一个人超过了另一个人;或者因为他们跑的速度相同,他们根本就没有跑!

下周我要到萨塞克斯我的内兄斯莱特先生②家去,那是尤克菲尔德附近的纽威克庄园;我将在那里度圣诞节;我再从那里去伦敦几天;我猜想我将没有机会在那里见到你。

我已得到葛德文攻击马尔萨斯先生的书,但我还未看它。这

---

① 参见英文版《李嘉图著作和通信集》第七卷,第258页,注③。
② 詹姆斯·亨利·斯莱特(1793—1864)。

多少有些奇怪,这位作者原先在他的著作中提到马尔萨斯的论文,经过二十多年之后,却企图公开驳斥它。葛德文聪明机智,胆识过人,但他不能为一种正确的判断提供证明。马尔萨斯为之争辩的原理,无疑是不能否认的。但我认为,他进行论证的方式使他自己易受攻击。我将读葛德文的书,虽然穆勒先生推荐它,它并没有很大的吸引力。

我知道,我们那位不知疲倦的休姆先生现在正在一个新的方面努力。他四处奔走,发表受人欢迎的演说,并利用剩下不多的间歇,向布兰德堡邸宅的那位贵妇人热烈致意!王后陛下要永远感激诺埃尔、穆尔和休姆诸位先生。①

再见,我亲爱的李嘉图,特罗尔夫人向你和李嘉图夫人竭诚问好,并请相信我是

你非常诚挚的

哈奇斯·特罗尔

411. 马尔萨斯致李嘉图②

伦敦,1820年12月12日

我亲爱的李嘉图:

我刚才到达城里,及时赶上邮车。我愉快地告诉你,我已把我的姐妹留在萨里的家里,她已好多了,与我们担心的相比,她的状

---

① 杰拉尔德·诺埃尔爵士、彼得·穆尔和约瑟夫·休姆,都是议会议员。
② 信封上写着:"格洛斯特郡　明钦汉普顿　盖特科姆庄园　议员大卫·李嘉图先生"。重寄往"赫里福德郡莱德伯里附近布罗姆斯伯罗广场"。

况确实令人非常满意了。我将乘马车出发,在明天或星期五晚间路过明钦汉普顿,视情况而定,因此希望在星期四或星期六见到你。如果我能在明天动身,将抓住机会登门拜访,但怕你另外有事,请惠我数行,如果我在星期五以前不离开城里,将会收到。请寄往伟人拉塞尔街57号。铃响了。

你永远真诚的
托·罗伯特·马尔萨斯

412. 麦克库洛赫致李嘉图①

〔答407和409——由416回答〕

爱丁堡,1820年12月25日

我亲爱的先生:

我迟迟没有奉告收到您两次来信和装有您对马尔萨斯先生近著的评论的包裹,真是感到惭愧。可是,实际情况是,最近这几天里,我一直非常忙,忙得到现在为止,你的手稿我只读了几页。但几天内我将有较多的空闲,那时我将立即开始研究您的评注,以出自您笔下的一切应该受到的注意来研究它。从我已经拜读的部分来看,我确信我将从阅读中得到教益和快乐。

虽然杰弗里先生不让我评论马尔萨斯先生的书,他却要求

---

① 信封上写着:"格洛斯特郡 明钦汉普顿 盖特科姆庄园 议员大卫·李嘉图先生"。

我写一篇关于积累的文章,我已经接受了。① 我将力求在文章里驳斥马尔萨斯先生在他著作的那一部分宣扬的荒谬和有害的学说。

这个城市和整个苏格兰激起的党派情绪,此刻比我记得的以前任何时期都强烈得多。托利党人独占了权力,但另一方面辉格党人几乎独占了才能,并获得大多数公民的信任。至于我,我非常盼望有一个开明的政府来掌权,这不是因为我认为他们会采取我国的情况似乎迫切需要的许多措施,而是因为他们的行为更有助于安抚人民,并且因为他们肯定会改革苏格兰的自治市制度。您不知道这是一架多么拙劣的机器。我可以肯定,如果实际上了解我们制度的性质,您会对于我们竟有什么自主权感到惊讶。坎宁的辞职将是对大臣们的严重打击。② 可是,在这里,我们中间最了解那些事情的人,依然认为他们仍能保住他们的阵地。

您看到葛德文论人口的著作吗?③ 我已经看过了,我认为我从未看过比这更糟糕的作品。对它稍加注意就是过分抬举它了。

祝愿您在这喜庆佳节万事如意。我怀着最大的敬意,我是

您最忠实的

约·拉·麦克库洛赫

---

① 《爱丁堡评论》,1821年3月,第六篇,"机器和积累的作用"。
② 坎宁为了不参与政府对王后的起诉,辞去了管理委员会主席的职务。
③ 见本书第276页,注①。

413. 穆勒致李嘉图

〔由 414 回答〕

东印度公司,1820 年 12 月 28 日

我亲爱的先生:

　　星期日上午我见过布鲁厄姆,他托我请您办件事,因为他认为,像他的处境,他不写信谈这件事为好。关于提高您借给一位爱尔兰勋爵的钱的可靠性的方法,似乎已向您提出某些建议。如果我了解的不错,那是关于扩大贷款的。① 可是,这不是我要写的事情。要写的事情如下:您的席位还有两年满期,将向您提出建议,立即再加上三年。可是,为此将立即向您借 3,000 镑(也许是几尼)。1,000 镑或几尼按以前每年的利息率。所以,这是额外要求 3,000 镑借两年的利息。

　　我双脚都有痛风的感觉,并不很痛,但走起来一瘸一拐。自从上星期三以来,这是我第一天在这所房子里。即使现在,我也只能走一点点路。

　　在我闭门不出期间,我写作政治经济学教科书大有进展。② 实际上,我已克服了一切难点,并且我认为是很清楚的,所以任何人都可以理解它们。除了货币以外,每个题目都篇幅不大。关于这门学科,需要注意的各种不同情况是如此之多,以致我写时感到

---

① 给波塔林顿勋爵的贷款,与李嘉图在议会的席位有关。
② 《政治经济学纲要》。

单调乏味,而且篇幅相当大。除了消费这个题目(包括赋税学说)以外,我对整个学科考虑得不多。但愿在您看来,它将能容易和有效地教授这门科学。果真如此,我可以肯定,我做了件好事,因为传播知识现在是最重要的工作。

下一期《爱丁堡评论》上,将有辉格党关于议会改革问题的正式声明;这是布鲁厄姆在星期日告诉我时给它起的名称。这篇声明出自麦金托什笔下。① 因此你可以想象,它会是什么货色。布鲁厄姆说,辉格党人太胆怯了,不能做出什么为他们自己或国家效劳的事情来。

可是,他们总是愿意参加反宗教的呼吁和扰乱人民的心情,他们认为这是最适宜的方法去阻挡某一阶级的人们求助于良好政治,并为贵族保持为所欲为的权力;这是继续实行有组织地掠夺广大人民的制度,并尽可能使人民保持愚昧、穷困和邪恶的状态。作为达到这一目的的必要手段。

辉格党的演说②像老妇人般的愚蠢,使我感到有趣。他们希望人民,如果可能的话,叫嚷更换大臣们。他们说,如果我们保持现在的这些大臣,那么除了祸害和苦难以外,我们将一无所得;他们将继续治理不当,像他们已经治理不当那样;他们将激起人民的反叛和内战的恐怖,或者将使我们陷于专制统治之下。另一方面,

---

① 《爱丁堡评论》,1820年11月〔1821年1月底出版〕,第12篇文章,"议会改革"。由穆勒发起,由格罗特执笔的对麦金托什这一篇和较早一篇文章(见英文版《李嘉图著作和通信集》第七卷,第263页)答复匿名出版,书名为《议会改革问题的声明,附有对爱丁堡评论第61期的反对意见的答复》,伦敦,鲍德温书店,1821年。

② 请求国王撤换他的大臣的演说,在全国的公众集会上被通过。

如果我们能把他们撵走,并有一个新内阁,我们将会有我们希望要的一切;我们将会有使人高兴的治理措施和人民的极度繁荣昌盛。所有这些只不过是说,他们称别人为激进分子,只是因为人家说议会一无是处。议会在一个坏的大臣手里,就准备做坏事,而换了一个大臣,就只做好事了吗?这就是说,议会是大臣们手中一个卑劣、邪恶的工具。这就是那些演说的语言!这就是辉格党为达到他们自己目的所采用的语言!政府因为印刷而把伍勒①等人送进监狱。他们非常愿意为此拍手叫好。

卑鄙、肮脏的一伙!

衷心问候李嘉图夫人和年轻的女士们,我渴望见到她们。

您永远真诚的

詹·穆勒

414. 李嘉图致穆勒

〔答413〕

巴思,威德科姆邸宅,1821年1月1日

我亲爱的先生:

接奉尊函以来,我一直活动频繁,因为我曾去格洛斯特参加郡的会议,现在在巴思同小女及克拉特巴克先生在一起,我将在这里逗留到本星期六,我两个已婚的女儿因为已经幸福地分娩,近来各自要求我去探望。西拉在一个多月以前,给我生了一个外孙,亨里

---

① T.J.伍勒,激进的《黑矮人》的编辑。

埃塔在不到15天以前给我生了一个外孙女。所以世界在继续下去,我所希望的一切(我坚信将能实现),就是这些后代可能比现在这一代更聪明,更能够利用这个世界提供幸福手段。

我感谢您把将要向我提出的建议通知我,即我尚未满期的两年任期将再加上三年。由于我不久将去伦敦,在我抵达那里之前,可能对此一无所闻,我不必立即决定我将如何回答。目前,我无意答应此事,除非我将像以前的情况那样,有机会担任更长的任期。虽然不言而喻,按照以前的协议,三年既是最高限度,又是最低限度。我的律师克罗斯先生星期六和我一起在盖特科姆,有一大堆文件要我签字。他已经听到一些希望扩大贷款的风声,但他不鼓励我同意这件事。

我们的格洛斯特郡会议沉闷乏味,但本郡的显要全都出席了,他们中间的许多人常被发现站在大臣的一边。他们的讲话糟糕透了。我一句话也不想说。我坚决拒绝附和那篇演说,但同意提议向杜西勋爵和舍伯恩勋爵对他们在上议院的行为表示感谢。[①] 我利用这个机会说了六句话,赞同议会的改革,力求给会议留下深刻印象,即我们的大部分不满是下议院的不良组成以及这个团体和人民之间缺乏同情心造成的。大家注意地听我讲话,上层阶级以下的听众对我欢呼,我确信甚至在较高阶层中也有许多人同意我的意见,一位可敬的人士向我表示遗憾,说我没有提议通过一项体现我看法的决议。他说他会支持它的,毫无疑问它是会被通过的。

我希望您已坚强地站起来,并以您日常的活动来进行锻炼。我高兴地听到您关于政治经济学的书已大有进展,我毫不怀疑,您

---

① 参见英文版《李嘉图著作和通信集》第五卷,第469页。

将使它成为一本很有用的书,为这门科学奠定正确的基础。

马尔萨斯在我处盘桓了几天,已于一周前回伦敦去。我们进行了充分的讨论。每逢他提出一个他说与您、萨伊及我不同的命题,他实际上是力求证明另一个我们并无争论的命题。在所有那些情况下,依我看,他都是在证明他坚持的命题与一个未经证明的命题完全相同。因此,错误在于他的语言,在我看来,他没有意识到他所用词汇的含义,这些词汇表达的意义,对他和对我来说,完全不同。他的另一个大错误我认为是这样:他说政治经济学不是像数学那样严密的科学,所以他认为他可以用词含糊不清,有时赋予一种意义,有时赋予另一种完全不同的意义。没有比这更荒谬的主张了。

〔最后一页尚付阙如〕。

415. 李嘉图致特罗尔

〔答410—由419回答〕

明钦汉普顿

盖特科姆庄园,1821年1月14日

我亲爱的特罗尔:

我感到抱歉,你上次惠函久未奉复,但自从接到它以来,我不仅在家事务繁忙,而且我去过格洛斯特,去过马尔文附近我的儿子处①,还去过巴思附近我的女儿处②。你给我关于基金制度的论文以好评,使我很愉快。我感到高兴,你同意我对这个问题的看法,

---

① 奥斯曼。
② 亨里埃塔(克拉特巴克夫人)。

你还同我一样地谴责对公债持有人的失信,而我们现在的财政大臣正在伪善地为之辩护。他实际上是要使我们以为,他用1,600万镑的名义偿债基金,完成了预定要做的一切事情,而他却每年要借用1,200万镑,使公债每年增加那一数额和另外二三百万,你所说经常用利率5％的公债筹集巨款,而使这种公债的市场更为扩大,是很正确的,但因上次战争开始时利率3％的公债的本金已经很大,把长期被利率3％的公债占用的同样数量的通货给利率5％的公债,我怀疑这是否一件非常困难的事。或许普赖斯博士和汉密尔顿博士过高估计了这种利益,而我过低估计了它。关于清偿债务的政策和实际可能性问题,也许将来什么时候我可以试试,我是否能够说出一些值得以小册子形式出版的东西。

我对马尔萨斯著作的评论,在麦克库洛赫那里已有一些时候了,①他早就要求我把我可能对马尔萨斯的书提出的意见给他看。我想征求他对评论本身和出版它们是否适宜的意见。我期望不久就能听到他的意见,并把我的文稿还给我。虽然这些文稿很粗糙,如果你对它们有点兴趣,你将看到它们。我知道,你的意见是赞成把它们作为我的《政治经济学原理》新版本的附录发表。这是我最初想把它们公之于众的形式,但我被穆勒大力劝阻,他认为我应该尽量避免使我的书带有过分强烈的论战性质。他确实还劝过我,不要在我的第三版中评论对我进行的任何攻击,我知道在我去伦敦后不久第三版就要付印了。你似乎预料我要提出反对意见说,重新改造我的书是件花费时间和劳动的工作。可是,如果我认为,

---

① 见本书第302页。

我能够在政治经济学家们进行的现在或未来的竞赛中,给它以〔更〕①好的成功机会,我并不吝惜〔我〕应当为它花费的许多时间和劳动。我曾仔细地看过这本书的每一部分,我深信,以我有限的写作能力,我能加以改进的地方是很少了。当穆勒、麦克库洛赫、马尔萨斯和您看过我的这些评注,并把你们的意见提供给我时,我才知道如何决定处理它们的方式。也许把它们付之一炬最为适当。

最近马尔萨斯曾来这里访问我,他来是期望看看我的评注。要是他约好来我处以后不因他的姐妹生病而滞留在城里,使他认为他的来访必须推迟的话,②他已经看到评注了。我知道他要来之前,已经约定把评注寄给麦克库洛赫,而在我有理由期待他来时,我推迟把它们寄出,但当我没有希望见到他时,终于把它们寄出了。他在这里时,同往常一样,性情温和,令人愉快。我们每天花费许多小时进行讨论,讨论的结果只是更清楚地理解我们之间的分歧点。③ 他很了解我对他著作的反对意见,就像他已读过那些评注似的。我相信我没有忘记提出我的每一条反对意见,但他仍然要看那些评注。我已经答应,评注一还给我,我就带着它们去

---

① 手稿破损。
② 见第 408 和 411 号信。
③ 当时正在伊斯顿格雷的史密斯家逗留的本杰明·牛顿牧师听到他们的一次讨论,他在 1820 年 12 月 21 日的日记上写道:"李嘉图先生和马尔萨斯先生到我们这里来,使我们听到两个多小时的争论,他们各自为自己的政治经济学理论辩护。马尔萨斯先生争辩说,目前的萧条是由于资本的使用不足,李嘉图则认为是由于资本的使用不当,而资本不久就会纳入适当的渠道。……我们去切维内奇的费尔普斯饭店用膳,……我们在上午受到的知识上的款待就令人遗憾地中断了。"(摘自 E. A. 克拉奇利先生惠予提供的未发表的手稿。)

拜访他。

我把一段冗长的引文寄给你而向你道歉,你误以为我可能认〔为〕①你是个懒汉。我知道你与一个懒汉很不相同,我坚持认为你没有权利得出这样的结论,因为我在犹豫,想把我的冗长的作品寄给你。如果你根本不去读它,我也不会叫你懒汉,我知道你的许多时间是用得非常有益的。已故的兰达夫主教在退隐乡村时出售了他的藏书,这不是使他声名卓著的行为之一;这一定是出自对于金钱的贪欲,因为他是不会放弃他对书籍的爱好的。

我本星期四离开乡间,预料对即将召开的议会会议会很感兴趣。我听说,大臣们正在略为放宽对王后的严厉措施。有人告诉我,他们将提议每年给她5万镑,并拨出一笔适当的款项。

〔在这页末尾,另一个人的笔迹用红墨水写道:"其余部分尚付阙如。秘书查·阿,43年5月12日"。②〕

416.李嘉图致麦克库洛赫

〔答412—由417回答〕

盖特科姆庄园,1821年1月17日

我亲爱的先生:

我明天离开此地去伦敦,在今后6个月里我很可能留在那里。如果我在议会里看不到许多热烈的辩论,我将很失望;在议会里,与

---

① 手稿破损。
② 查尔斯·C.阿特金森,是大学学院委员会1843—1844年的秘书。

会者的一切才能都将施展出来。我仍希望大臣们会被迫离开他们不配占据的位置。格雷勋爵、霍兰勋爵和几位辉格党人在公众集会上讲了一点改革代议制的话。但我很担心,如果他们拥有权力,他们就不会提议或同意这样一种改革,这种改革能够满足或应该满足通情达理、热爱自由的人的愿望。这个政党拥有若干自治城市,但他们最不愿意放弃的是他们对选民的影响,这种影响是他们由于占有大量土地和其他财产而具有的。他们不会同意让人民或者人民当中被认为与全体利益一致的那一部分,有真正公正的选择。

我把文稿寄上后不久,原已无望在这个季节在这里见到马尔萨斯先生来到,并同我一起过几天了。他没有看到我的评论而感到遗憾。我告诉他我怎样处置了它们,并答应在我到伦敦后,带了这些评论去拜访他。因此,如果我请您把这些评论在下周还给我,我希望我不是向您催得太紧。马尔萨斯先生和我进行了多次讨论,在某些点上比以前更好地理解了彼此的反对意见,但我们之间仍有很大分歧。我认为,他时常提出一个命题,而力求证明另一个命题,随后又把提出来的那一个看作毫无争论地解决了;他再根据这个命题来争辩。我从来没有看到一个人对某门学科比马尔萨斯先生对政治经济学更为热心了。我很仔细地倾听他的意见,然而我们花了许多小时试图使对方信服,看来我们很少有进展。我们中间必定有一个人是非常错误的。

我不知道曾否告诉过您,穆勒先生正在写一本关于政治经济学基础著作。① 您知道,我相信,在我们认为正确的原理上,他是

---

① 《政治经济学纲要》,1821年晚些时候出版。

同意您和我的意见的,因此他将努力阐明的就是这些原理。我上次看见他时,他想,如果可能的话,避开价值这个难懂的词,并有意表明,生产出来的商品在不同情况下分配给地主、资本家和劳动者这三个阶级的不同比例,对地租、利润和工资将会产生的影响。我希望穆勒获得成功。

《苏格兰人》报上有一篇很好的文章,论述农场主对他们自己利益所持有的错误观点,他们力求使我国谷物价格大大高于其他国家的价格水平。① 我希望我能在议会里谈谈对这个问题的这一部分。

关于金银条块问题和政治经济学的其他一些论点的正确观点,在一本篇幅不大的著作中有简练的阐述,这本著作是作者刚寄给我的。但他在给我的信里说,虽然他已经把它印出来,却无意出版。这位作者我完全不认识,但我劝他按通常的办法出版,从我收到他的复信来看,我认为他会出版的。他姓巴西特,他的信是从伊尔弗拉科姆附近发出的。②

---

① "农业萧条的原因和补救办法",1821年1月6日《苏格兰人》报的主要文章。
② 《关于金银条块问题、国债、大不列颠的资源和宪法可能持续的期限的基本思想》,〔匿名〕,巴恩斯特普尔,J.艾弗里印刷,1820年,第144页。麦克库洛赫的那一册是李嘉图给他的,参见英文版《李嘉图著作和通信集》第九卷,第156、164页。

约瑟夫·戴维·巴西特后来用他自己的姓名,出版了一本2先令6便士的小册子《关于通货和财富的原理以及减少人民负担的方法的基本思想》,埃克塞特、特鲁曼公司出版,第75页,iv,I(无日期;这本小册子的大部分很可能写于1820年,但第66页有一处提到1828年;英国博物馆目录上有"1830年?"字样)。

巴西特曾是巴恩斯特普尔自治市的候选人(《星报》,1819年6月30日)。参阅一位欧文主义者和财政方面的作者威廉·邓恩致李嘉图信中一段奇怪的话:"我看到巴西特先生在巴恩斯特普尔开始高谈阔论反对派的一些题目。这种意见盛行于那些地方。如果萧条扩大,我认为您跻身于唐宁街比我预料的更快。"(无日期,但显然是1819年夏;手稿在"李嘉图文稿"中,未发表。)

我希望不久就听到您的音讯。知道您的笔用于传播政治学和政治经济学的正确原理,我总是感到高兴的。我希望您论积累的文章有进展。您还在写一篇论利息和另一篇论联合法的文章,① 这是应该的。相信我是

您最诚挚的
大卫·李嘉图

417. 麦克库洛赫致李嘉图②

〔答 416 由 418 回答〕

爱丁堡,1821 年 1 月 22 日

我亲爱的先生:

随信附还您的手稿,我已尽可能注意地阅读了它,并获得了同样多的教益和快乐。如果马尔萨斯先生读了您对他著作的评论,而不放弃他非常强调的许多论点,他就只能有很少的权利得到正直的论证者或真理的真诚爱好者这样的名声。我知道,没有比您关于积累和关于改进机器的言论更完整和更令人满意的了。③ 您在这方面的论证是完全无懈可击的。实际上,您没有留下您的对手可以逃遁的任何漏洞或缝隙。除无条件投降外,什么也没有给他留下。可是,关于价值的论述,我认为您表达的不很清楚,也不

---

① 关于这三篇文章,见本书第 296、308 页。
② 信封上写着,"李嘉图先生"未经邮递,附在李嘉图的《马尔萨斯评注》的手稿里。
③ 对马尔萨斯的第七章第 3 节和第 5 节的评注。

很成功。依我愚见,这在您的评注中是价值最小的部分。您说,马尔萨斯先生"指出,主要由劳动构成并可迅速投入市场的许多商品,将随着劳动价值上升而上升,是完全正确的"。① 我猜想,您是指实际工资上升,也就是劳动者努力生产的产品中给予他的比例增大。我承认,我没有为这个命题作好准备,我乐于看到您用三四页来说明它。我确信您的意思并不是说,工资的上升可以提高任何种类商品的实际价值。它只能提高他们的相对价值。它做到这一点,不是由于它们的绝对价值上升,而是由于别的商品以更大的比率下降。假定生产中使用的不同资本的耐久性是 1、2、3、4、5、6、7、8、9、10,等等,1 最不耐久,10 最耐久。当工资上升时,它们全都受到同样影响,但程度不同。10 比 9 少受影响,9 比 8 少受影响,其余依此类推。因此,除 1 外,它们的相对值一定全都下降,2 下降的很少,3 多一点,其余依此类推。由于任何可以同它们比较的标准,本身必须用可以在一定时期内收回的资本来生产,当工资上升时,那些由较不耐久的资本生产的商品看来将上涨,而那些由较为耐久的资本生产的商品看来将下跌。可是,实际上,全部商品都会下跌。如果这种标准是由耐久性等于 1 的资本生产的,在与这种标准比较时,差不多所有的商品都会下跌,同时很清楚,没有一种商品能够上涨。如果我的这种推论是对的,它对马尔萨斯先生的反对意见来说是结论性的,它表明任何商品,无论它们生产中使用的资本可以多么快地收回,都不能由于劳动工资的上升而上涨。我希望您愿意向我说明您对这个论点的意见,因为在所有的论点中,我最希望获得关于这个论点的正确意见。

---

① 评注 25,参见英文版《李嘉图著作和通信集》第二卷,第 64 页。

可是,如果这个论点确实有点含糊不清,您是很容易澄清的,但您用目前这种形式来出版您的评注,我还有别的反对意见。它们非常容易引起争论,您采用的计划必然使您陷入许多在我看来令人厌烦和不必要的重复。依我愚见,较好的办法是简述马尔萨斯先生对您理论的主要反对意见,然后加以驳斥,而不必像个评论员那样跟着他逐页评论。这同您答复博赞克特先生时采用的计划差不多,它是能使读者满意的唯一计划。您的评注非常巨大的价值和它们的出版将给这门科学带来的好处,确实使我感到满意。您若把它们以目前的状态公之于世,仍将使我深感遗憾。您若认为把它们改成对命题的答案的形式是一种很大的牺牲,您至少可以把它们前面的部分——积累以前的全部——缩短,这有很大好处。当代第一流的经济学家不应该浪费时间去驳斥另一个经济学家也可能犯的错误,而只是纠正那些影响这门科学的基础的重大原理。

请您原谅我直言。我这样说只是出于为您这位经济学家的声誉担心。要是我对您的尊敬和深情不真诚,我肯定不会拿上面那番话来麻烦您的。

您对萨伊的评注好极了,但是,这本著作的第一部分与另一本著作的第一部分不是有一点重复吗?①

看到尊著第三版刊登了广告,我由衷地感到高兴,虽然依我看它差不多已臻于完善,我仍然认为它可以作一些改进。我认为您可以改写论积累那一章,使它更完整得多;还有一两个别的论点,我认为您作些修改是有好处的。我看到马尔萨斯正在施展他编书

---

① 李嘉图把对萨伊的《致马尔萨斯先生书信集》的评注,和《原理》中修订过的批评萨伊《概论》的段落,都寄给了麦克库洛赫。见本书第299、325页。

的故伎。① 他的书应该压缩三分之一,而不是拉长。②

我把我论利息的文章的一份复本附寄给您。③ 我怕您会认为它简直不值得寄。这个问题大家已经谈得很多,我提不出什么新见解。

您赞同《苏格兰人》报上关于谷物法的文章,使我感到欣喜。当议会讨论这个问题时,我衷心希望您发表讲话,表明谷物法对农场主的有害影响。这将是一件有实际作用的大好事。怀着最大的敬意,我是

您最忠实的
约·拉·麦克库洛赫

418.李嘉图致麦克库洛赫④

〔答417—由421回答〕

伦敦,1821年1月25日

我亲爱的先生:

今晚下议院无事,我把时间用于向您表示真诚的感谢是再好不过的了,感谢您以非常坦率友好的态度给我的文稿提出意见。

---

① 参见英文版《李嘉图著作和通信集》第七卷,第383页。
② 默里的"即将出版的著作"目录(《书籍广告月刊》,1821年1月10日)包括李嘉图的《原理》,"修订第三版,8开本",和马尔萨斯的《政治经济学原理》,"修订和扩大的新版,共2卷,8开本",它被描述为"与《人口论》的最近版本相似"。可是,马尔萨斯的第2版在他去世前并未出版。
③ 《英国百科全书补编》;这篇文章大部分是关于高利贷法这个问题。
④ 信封上写着:"爱丁堡巴克留广场 约·拉·麦克库洛赫先生"。李嘉图签字和写上"1821年11月26日"而免费邮寄。

您可以放心,您的意见对我非常重要,并且证实我自己的看法,即出版我对马尔萨斯先生著作的评注是不适宜的。① 目前,我不会为评注做什么事情。我不能腾出时间来尝试把评注中最有用的内容摘出来,并以您指点的形式来表述它们。我担心同样的原因会妨碍我重新改写我从前著作中关于积累的那一章,它现在正在印刷工人手中,准备印第3版。可是,如果在他排印这一章之前,我觉得我有足够的时间和才能来改进它,我不会不尝试的。② 我已经在第1章"论价值"中作了一些修改,从您信中的意见来看,我担心它不会得到您的赞同,那一章现在正在印刷,我希望我曾把它和其他文稿寄给您,那么在我把它出版之前,我可以从您对它的意见得到益处。关于商品相对价值中发生的变化,您说的一切,我都同意。假定它们是用耐久程度为1、2、3、4、5、6、7、8、9、10不等的资本生产的,"由于任何可以同它们比较的标准,本身必须用可以在一定时期内收回的资本生产的商品看来将上涨,而那些由较为耐久的资本生产的商品看来将下跌。可是,实际上,全部商品都不会下跌。如果这种标准是由耐久性等于1的资本生产的,在与这种标准比较时,差不多所有的商品都会下跌,同时,很清楚,没有一种商品能够上涨"。这些都是我的意见,只是在语言上比我能够表述的要清楚10倍。但我认为,困难就在这里。您说:"如果这种标准是由耐久性等于1的资本生产的,在与这种标准比较时,差不多所有的商品都会下跌,同时,很清楚,没有一种商品能够上涨。"如果

---

① 先写作"适宜"。
② 《原理》,第21章,第3版没有改动。

这种标准是这样生产的,您说的是正确的。但马尔萨斯先生和我们的论敌说,这种标准将用劳动来生产,根本不用任何资本,或者至多用只维持一个人一日生计所必需的资本。按照这种标准,您的第 1 号商品将随着食物和必需品的上涨而下跌,而劳动则根本不能上涨。马尔萨斯假设了一个例子,一个人凭一天的劳动就能在海边拣到一定数量的金粒或银粒;①假定他能拣到同我们铸成一个先令一样多的白银,劳动就绝不会下跌到低于一先令一天。如果谷物以白银计算上涨了,劳动并不能上涨。一切用资本生产的而不能在一年、一月甚或两天内运往市场的商品,以这种标准来衡量,会随着食物和必需品价格的上涨而下跌。如果我们能够站在第 1 号商品的立场上,我们就会做得很好,但我们离开了它。用 10 个人 1 天的劳动生产和运往市场的一件物品,已被证明不如用 1 个人 10 天的劳动生产和运往市场的另一件商品那么有价值,您准备采用日常劳动这种标准吗？它可能是个正确的标准,但它的生产情况与大部分其他商品的生产情况很少一致,我们采用这种标准就引进来一种使价格变化的原因。如果我们选择的标准是在其他商品的一般生产情况下生产出来,我们就可以避免这个原因。如我时常告诉您的那样,我对价值所作的阐述,我自己也不满意,因为我并不确切地知道把我的标准定在哪里。我完全相信,把现在商品中的劳动量定为支配它们相对价值的尺度,我们的方向是对的,但当我要定一个绝对值的标准时,我不能决定究竟要选择一年、一月、一周还是一天的劳动。我今天上午接到尊函和包裹。如

---

① 参见英文版《李嘉图著作和通信集》第二卷,第 81 页。

果我自以为经过更多的思考我就能得出更为令人满意的结论,我不应该这样快就向您提出我关于这个难题的想法。但我确信我不能得出这样的结论,因为我对它已反复考虑得很多,我没有信心靠我独自努力而变得更有智慧。

在对萨伊的两部分评论中,有许多重复,不应该把两部分都寄给您。一部分是为拙著第3版写的,另一部分是为对马尔萨斯的评论写的。如果我出版了一部分,就不应该再出版内容相同的另一部分。

如果下议院将听我讲话,而我的勇气又没有消失,我将利用这大好机会,谈谈谷物法对农场主的有害影响。

谢谢您的论利息的文章,我将读它而得到很大的满足。怀着极大的敬意,我是,

我亲爱的先生,
您非常真诚的
大卫·李嘉图

419. 特罗尔致李嘉图

〔答415—由420回答〕

昂斯特德伍德,1821年2月16日

我亲爱的李嘉图:

我们上周在伦敦的几天期间,未能见到您,使我深感失望。我很想在一个早晨的早餐时,①使您感到意外,但我在伦敦得的剧烈

---

① 李嘉图的早餐时间是9点半;见本书第23页。

419.特罗尔致李嘉图

的咳嗽和感冒仍在折磨着我,使我未能在很早的钟点来看你,还因为我们的孩子们都留在这里,特罗尔夫人急于尽快回家。你惠允给我看一下对马尔萨斯的评论,我将非常感谢。这些评注若不以某种形式公之于众,我是片刻也不能允许的。有些人对政治经济学谈论多于思考,马尔萨斯的声望和对他们的影响,都要求有人来回答他对尊著的攻击,而那个人要向你本人这样有能力来回答他,在许多论点上,他的著作易受攻击。如果适当地指出他经常陷入的矛盾,就会有加强他的书主要攻击的那些意见的效果。你的坦率大度,使马尔萨斯先生占了你的上风。你在任何时候总是毫无保留地把你对你们之间有争议的问题的看法告诉他,这使他能在他自己的出版物中,预先考虑你的反对意见,并在你的出版物准备付印之前,准备他自己的反对意见。我并不责备这种宽容大度,相反我对它是赞赏的。这是探索真理应该具有的正确精神。但是,与此同时,我们不应该闭上眼睛看不到你因此而使对手占了上风。我相信马尔萨斯本人也是个开明的人,不会过分利用你的坦率。很明显,这种利益是不能稳妥地给予每个争论者的。

我尊敬地赞同穆勒先生的更好的判断。但我承认,我不明白你怎么能出版尊著的一个新版本,而不注意政治经济学教授已经出版的对它的回答!你若稍加注意,那么采取最好方式的问题就发生了。毫无疑问,如果你决议分开出版,你的新版本就可以对此保持沉默。但你可以用具体的形式发表你的反对意见,给他们一个好机会公之于众,或者同你的对手竭力搏斗,而不把你原著的主要内容包括在你的出版物中。如果这样,把它们合在一起不是更好吗?

有一天晚上你答复巴林先生时所说的话,我很同意。① 通货的两种本位,由于许多原因,是会引起反对的。商品价格下降过多,不能单独归因于近来通货价值的上升。可是,巴林先生的意见(当然也涉及大部分商业方面的论点),由于他广博的实际经验,在工商业者中间很受重视。我听到的对那天晚上的事的看法是:巴林先生的讲话注重实际,而你的讲话注重理论。现在,你的理论是以同他一样多的实践作为基础的。如果你在意见中加进一些你的看法所根据的主要事实,就会有非常好的效果。这次会议期间,可能要大肆讨论这些问题,我高兴地看到你努力地和能干地为正确原理而斗争。

感谢上帝,公众对王后问题的兴趣正在迅速消失;再要掀起存在了这样久的热情已非易事,即使有人狂热地想尝试也不行。我认为,大臣们没有把她的名字列入祈祷仪式是做错了,但我相信,她是个我不愿意说出来玷污了我纸张的人,她可以庆幸自己很好地逃脱了她轻率地招来的危险。

27日,我将把我的职务②移交给斯派塞先生,那天他要在伊谢尔广场设宴。我发现科伯格亲王也被邀请赴宴。

我感到遗憾,大臣们竟批准设立农业委员会。它做不出什么好事来。全部事实真相都已呈现在公众面前。进行一次调查将会有唤起它永远满足不了的希望和期待的作用。我们对于已经提出

---

① 在2月8日;参见英文版《李嘉图著作和通信集》第五卷,第71—78页。
② 萨里的司法行政官职务。

来的证据应该感到高兴,而不是悲叹!现在事情正在自然地发展,我相信不久就会把问题摆到它们的适当位置上。没有很大的压力,是不可能恢复我们的恰当地位的。地主们都在大声叫嚷,要掠夺公共债权人。但他们小心谨慎地决不承认唯一正确的补救办法,即减低地租,减低什一税,减低耕作费用。可是,尽管这些吵吵嚷嚷的地主的诚意令人怀疑,这些补救办法是会到来的。多年来,他们不声不响地靠领取年金者和消费者的困苦而发财致富;现在他们被迫吐出一部分不自然的所得时,却拼命地叫嚷!

〔结尾尚付阙如〕

420.李嘉图致特罗尔

〔答419〕

伦敦,1821年3月2日

我亲爱的特罗尔:

在同你谈别的问题之前,我必须先表示我感到莫大的愉快,因为我从各方面和各政党都听到对你主持萨里郡会议时表现的公正和才能的颂扬。① 会前我就确信,你扮演的角色会给你带来声誉,但我承认,我没有料到这个机会竟会如此有利于显示你肯定具有的善良性情、克制态度和才能。

---

① 1821年2月2日,在埃普索姆举行了萨里郡地产自由持有者会议,并通过了决议,反对对王后起诉和教促节约公共支出。特罗尔作为郡的司法行政官,主持了会议。(《泰晤士报》1821年2月3日。)

349 　你最近短期访问伦敦,我没有看见你,感到失望。我希望你不久愿意再旅行一次,莅临这个繁忙的场所,那时不要忘记在你方便的时候来和我做伴,使我感到满足。

　　马尔萨斯先生收到我的评注现在已有五周了。由于他在林肯郡的朋友多尔顿先生去世,他不得不去参加葬礼,把他对评注的审阅打断了。① 我预期下周在伦敦见到他,那时他将无疑把我的手稿还给我。你赞扬我同马尔萨斯先生争论的精神,使我感到高兴。我总希望,在出版我对他们的意见之前,让他先看到它们,使我确信我没有误解他,因而没有歪曲他。他当然没有对我做同样的事情,我确信他无意中在许多重要论点上歪曲了我。

　　今晨《泰晤士报》上有作者②采纳了马尔萨斯的一些原理,他从中得出的结论那么狂妄放肆,如果我们没有别的理由来怀疑那些原理的谬误,那么这些结论却提供了理由。这位作者建议,我们现在应当以借款来代替我们负担的赋税,而这是为了这样一种有远见的理由:这将促进支出和消除我们的生产过剩。

　　在我同巴林争论时,下议院很注意地听我讲话。复本位问题将再次引起讨论,我准备用巴林的证词表明,对他建议的改变有着难以克服的反对意见。③ 我确信,他过分归因于货币价值的上升

350 了。我准备表明,即使以白银来衡量,也就是说,即使以同法国或汉堡的汇兑来衡量,我国通货的上升在五年内也没有超过 10%。

---

① 参见英文版《李嘉图著作和通信集》第六卷,第 35 页,注①。
② "关于岁入和赋税"的一系列书信的第四封,署名"亚伯拉罕·塔德拉"。
③ 参见英文版《李嘉图著作和通信集》第五卷,第 93 页,注③和第 106 页。

他可能回答说,白银本身的价值已经上升。这是可能的,但这是那时所有用白银作为本位的国家所共有的现象。

我乐于知道,在我们用白银作为我们有什么保障来使我们免除这种不方便,他又有什么办法来使我们免除这种不方便。他要再给我们一种不受固定本位约束的纸币制度吗?

我感到遗憾,找不到一种保障办法来防止伪造银行券。取消一镑的钞票一定会抬高通货的价值。①

你谈到土地所有者,你说得很正确:他是个有私心的人,不正当地谋求把公共负担中他承担的份额加到社会其他各阶级身上去。可是,我愿意承认,如果我们限制外国谷物进口,最适宜的方式是课以固定的关税;因为我认为,与其让谷物价格时而从低到高,时而从高到低,不如让谷物价格稳定为好。按照现在的计划,我们或者被国外谷物所淹没,或者完全不进口外国谷物。

有一天晚上,普伦基特先生的讲话很好。② 我认为皮尔是软弱的。当然,没有一个通情达理的人会把爱尔兰天主教的要求看作联合王国的危险。我相信爱尔兰的国教会比较安全。但是,如果爱尔兰有个天主教组织,就像苏格兰有个长老会组织那样,我觉

---

① 2月20日,下议院声称,被任命调查防止伪造银行券办法的委员们,迄未发现一种生产无法仿造银行券的方法。3月19日,范西塔特指出,这些令人失望的结果证明,预期银行恢复发行金币的时期将要到来是正确的。(《英国议会议事录》,新系列,第4卷,第804、1,316页。)

② 关于他的设立爱尔兰罗马天主教徒的要求委员会的动议,2月28日;《英国议会议事录》,新系列,第4卷,第961页及以下各页。皮尔反对这项动议,而它被227票对221票通过了;因此,在3月2日产生了一个议案。《英国议会议事录》提供了多数和少数的名单,奇怪的是,名单上竟没有李嘉图的名字,虽然从这封信来看他曾出席下议院的会议。参见英文版《李嘉图著作和通信集》第五卷,第22—23页。

得没有什么可遗憾的。要是有个国教,那就应当是组织数量最多的宗教。在这一点上,我不指望你同我意见一致。再见,我亲爱的特罗尔,相信我永远是你的

大卫·李嘉图

李嘉图夫人同我一起向特罗尔夫人竭诚问好。

421. 麦克库洛赫致李嘉图①

〔答418—由422回答〕

爱丁堡,1821年3月13日

我亲爱的先生:

您1月25日充满了友情和写得极好的来信,我久未奉复,深感惭愧。实际情况是,我早就想写信给您,但因杰弗里先生想很快离开此地去伦敦,而且我希望把我论机器和积累的文章②在他起程之前付印,这使我推迟以我的信来麻烦您了。当您读完谈到的这篇文章时,您会发现我的大部分原理是从哪里借来的。这次同另外几次一样,我对您十分感激。您历次惠寄给我的信和细读您对马尔萨斯先生著作的评注,为我提供了足够的关于解决这个问题的原理的知识。如果我没有很好地利用这些原理,那一定是我自己的过错。

我忙于许多别的事务,还没有时间按照您在来信中提出的看法来考虑价值问题。可是,我将及早这样做。我是很不愿意被迫放弃关于1号耐久性资本的立场的。但是,虽然这种主张站不住

---

① 信封上写着:"伦敦 上布鲁克街 议员大卫·李嘉图先生"。
② 见本书第346页,注③。

421. 麦克库洛赫致李嘉图

脚,经过对这个问题非常仓促的考虑,在我看来,对资本在生产工作中使用的不同时间予以按比例的考虑,这个困难仍有可能被排除。当我对这个问题考虑得更成熟时,我将不揣冒昧地向您提出我对它的看法。

我以极大的兴趣阅读了《信使报》上报道的您关于农业问题的讲话。① 可是,我承认,报道上所说的您提出的一些主张,使我非常惊愕。例如,对谷物贸易加以若干束缚是绝对必要的,②国家差不多已克服了它的一切困难。③ 要准确地报道您关于谷物贸易的讲话是不可能的,所以您纠正错误就非常重要。如果您承认,对谷物贸易的束缚程度应该大于征收一种进口税,这种税等于全部落在农业经营者身上的负担,那么您就放弃了关于这个问题的整个原理。要说出应该在哪里停止干预是不可能的;建议把进口价格提高到100先令,同建议把价格降低到60先令完全一样合乎情理。无论什么时候您放弃了自由贸易原理,您就完全不知所措,一种关税可能同另一种关税恰正一样好。自从您的讲话发表以来,垄断者兴高采烈,因此我请您采取一些有效方法,消除《信使报》上的报道很可能会造成的错误印象。

如果您在说国家差不多已克服了它的一切困难时,您是指将来工业品的供给几乎更能根据有效需求来调节,资本将被更好地分配,我完全同意您的意见。但资本分配不当并没有造成我国重大的实际困难的十分之一。我们的赋税和我们的谷物法已经降

---

① 在3月7日,参见英文版《李嘉图著作和通信集》第五卷,第81页及以下数页。
② 同上书,第102页及以下数页。
③ 同上书,第106页。

低,并且一定会继续降低我国资本的利润。它们要使我们处于雪球在炉子里迅速融化的境地。除非我们被伯克利主教的铜墙围住,①否则我们的资本将逐渐转移到别国去。我认为这是国家必须与之作斗争的实际困难,我还要知道一点说这种困难几乎已经过去的根据。我承认,进行慎重的管理,可以容易地减少负担,这些负担使利润率下降,并促使资本转移到别国去;但我们还没有这样的管理。在争论这个问题时,我们必须按照事物的本来面目接受它们:治理不善,苛刻的赋税制度,以及谷物的平均价格比别国的平均价格高出一倍。暂时把水或资本挡住,使它达到较高的水平,这也许是可能的,但最后尽管有种种障碍,它一定会下降到一般的水平。此外,在坚持谷物法制度时,我们将继续经受价格的过分波动,这不是绝对肯定无疑的吗?为什么我要求知道今后五年在这方面将与过去五年不同呢?我认为您已经承认,价格波动时而给消费者带来饥馑,时而给农场主带来毁灭。我作这种假设可能有错。我猜想我是这样。但如果我是对的,依我愚见,没有比您在《信使报》上表示的意见与这种原理完全一致的了。如果政治经济学作为一门科学有一点价值,如果有一项原理可以说是确定了的,如果它不仅仅是节日的小玩意儿,我们就有权大胆自信的断言,只要目前的赋税和谷物法制度保持下去,国家就绝不能克服困难。维护相反的东西就是支持和传播最危险的幻想。如果我们已差不多克服了我们的一切困难,并将进入繁荣的避风港,为什么要

---

① "如果有一道 1,000 腕尺〔由肘至中指尖的长度,约 18 至 22 吋。——译者〕高的铜墙把这个王国围起来,我们本地人是否就不能清洁舒服地生活,耕种土地,并收获它的果实呢?"《询问者》,〔第 1 篇〕,问题 140。

求大臣取消赋税,或放宽对贸易的野蛮的约束呢?

您会原谅我这样说的,但我真诚恳切地相信,您的讲话很可能造成无限的危害。那些在下议院发言的人当中,许多人的意见根本不值得尊重。但是,当我们发现当代第一流的政治经济学家竟说,谷物贸易应该受到束缚,尽管还有农业经营者的困苦,还有济贫税和赋税的压力,我们已差不多克服了我们的一切困难,那时我们会怎么想呢?

就我自己来说,我无法向您表达我对此所感到的关切。我并不自以为您的讲话完全被歪曲了,我觉得好像我已经失去了我最坚定的支持,我的意见同我认为它们来源于他的那个人之间竟很少有共同之处。怀着极大的敬意,我是

您最忠实的
约·拉·麦克库洛赫

422. 李嘉图致麦克库洛赫①

〔答421—由424回答〕

伦敦,1821年3月23日

我亲爱的先生:

自接尊函以来,我急于有机会奉复,但我不断忙于参加农业委员会,②或出席下议院,而一直没有机会,直到现在。

---

① 信封上写着:"爱丁堡 巴克留广场 约·拉·麦克库洛赫先生"。
② 联合王国农业萧条特别委员会于1821年3月7日被任命,李嘉图是该委员会的委员。

我必须首先感谢您坦率地表示您对我的一些看法的意见,您认为我在任命农业委员会的辩论中发表了那些看法,如果您没有自由地批评我的公共事务中您认为有问题的部分,尤其是在您看来会损害政治经济学某些原理的部分,为了维护那些原理,我首先引起了您的注意,那么我对尊函的评价就不会那样高了。如果我要改变我的意见,我会勇敢地承认的,并且相信我能为这种改变提供理由,至少可以使一切正直的人们了解,我这样做是因为我相信自己有错误。在目前这个例子里,并没有发生这种改变,我在尊函提到的那次讲话里,大胆地、毫不含糊地为我在拙著中提出的所有关于谷物贸易的原理辩护。我的目的是要①表明柯温先生的对谷物进口征收保护性或抵消性关税的看法是多么荒谬。我认为,我提到法国在战争期间用甜菜制糖,②我成功地做到了这一点。我表明,按照他的制度,在实现和平以后,法国政府应该向西印度的糖征收等于西印度群岛和法国制糖成本差额的进口税。我的论点似乎给那些甚至荒谬到受柯温先生的学说迷惑的人也留下了深刻印象。我确立了我关于抵消性关税的原理,而所有的报纸都歪曲了它。③我坚决主张,它不应当高于农业经营者所持有的赋税,并且根据同样的原理,他应当获得等于谷物出口税的补助金,这样,国内外的价格总是差不多相同,如果我们获得丰收,农场主可以出口,而不会有价格大幅度的和毁灭性的下跌。我当然承认,我们不

---

① 这里删去了"嘲笑"字样。
② 参见英文版《李嘉图著作和通信集》第五卷,第 87 页。
③ 同上书,第 90—91 页。

422.李嘉图致麦克库洛赫

能立即采取这一计划,但坚决主张我们的一切措施都应当考虑到这个目标。这是我经常说的,您也经常这样。

我们都同意,我们不应当立即从一个坏制度一下子跳到一个好制度。我们坚决主张的是,好制度绝不应该在我们的视野中消失,我们的一切措施都应该使我们逐渐接近它。报纸经常歪曲我,我想这在很大程度上是我的过错,因为我说得很糟糕,而且总是说得太快。我的讲话的许多部分以《英国新闻》报道得最好,我力求弄到一份寄给您,但未能成功。关于我对我国形势的意见,我没有被歪曲报道。我说了我想说的话。我是在回答惠特莫尔先生,他把我国的形势说成,由于我们的赋税苛重,以及我们通货的改变的影响,而几乎令人绝望。当我发表意见说,我们不久就可以看到我国情况有显著改进时,我只是说了我想说的话。我没有把农业的萧条归于赋税,我相信,在现行的谷物法的影响下,即使我们一种税也不用缴纳,农业的情况也可能同样不好。丰收而没有出路,就一定会产生萧条,但它一定会持久吗?我认为不会。您的想法不同,因为您认为,在谷物法有效时,资本将不断从我国外流。我承认资本有外流的趋势,但我认为您把它估计过高了。我常说,要把资本留在我们国内的愿望是个有待克服的重大障碍。我认为您过甚其词的推论说,国外的利润超过这里的利润,等于谷物货币价格全部差额。我的意见是,如果让我们靠进口而尽可能便宜地获得谷物,利润会比现在高很多;但这同说这里的利润比国外低很多是件很不相同的事。这里的利润可能比国外高,这是很可能的,虽然我不相信真是这样,如果贸易是自由和开放的,这里谷物的劳动价格比我们从那里进口谷物的那些国家低廉,这也是可能的。我曾在拙著中假设了一个例子:一个国家生产谷物比它的邻国只占很小的优势,但生产工业品却有很大的优势。① 在这样一个国家里,尽管有个谷物法,利润会比邻国高,因此,虽然它应该拒绝输入廉价谷物,资本却不会外流。我请您注意,我并没有说这是我国的情况,我只是说这可能是我国的情况,提到它是要向您表明,这里和其他地方的利润率可能不像您认为的那样有很大的不同。我承认谷物法有使我国资本外流的趋势。我承认我们的巨额赋税有产生同样作用的趋势,而且我真心相信,没有措施能像谷物法和清偿我们的债务那样有助于我们的富庶和繁荣。但是,虽然这是我的意见,我却绝不准备承认,尽管我们的谷物法在继续发挥作用,我们的债务也继续存在,我们可能不会有更加限制繁荣的措施了。我丝毫没有意识到,我现在说的话是在维护某种意见,它与我拥护的并感到自豪的那些原理不一致。我可以向您保证,我正极力支持那些原理,去反对一批论敌,他们采取农业委员会的证人和委员的形式。我请您不要根据报纸来判断我。它们详细报道的我最近关于通货的讲话,②与我所讲的那么不同,我简直认不出这是我发表的意见。对此我感到遗憾,但我知道没有补救的办法。

我在关于谷物法的讲话中,根据我已经阐述的原理,建议进行开放的贸易。我还说,只要有谷物法存在,贸易就不应该建立在现有立足点上,它交替地产生谷物过剩和谷物匮乏及高价的作用;有

---

① 参见英文版《李嘉图著作和通信集》第一卷,第 136 页。
② 3 月 19 日的讲话;参见英文版《李嘉图著作和通信集》第五卷,第 91 页。

了开放的贸易以后,接着需要有一种固定的和永久性的关税,倘若它比我指出的程度略高一点。这种规定至少会给我们带来稳定的价格,但采取这种规定时,我们绝不要忽视这种原理,即自由贸易是我们正确的政策。如果像我这样卑微的人的意见对别人有什么重要性,我完全同意您有权在您的报纸上声明,我已经表示的看法都是我力求使议会相信是正确的看法。① 对谷物出口给予补助金的想法可能使您感到吃惊,现在我没有时间向您提供我持这一意见的理由,我只想说,在任何时候都不能说保护性关税是正确的,除非允许在出口时收回已付的关税,实际上贸易自由需要这样数额的补助金。您问:"如果我们已差不多克服了我们的一切困难并将进入繁荣的避风港,〔为什么〕②要求大臣取消赋税,或放宽对贸易的野蛮的约束呢?"我回答,如果我们为我国获得极大繁荣,我是不满足于一点点繁荣的。我的意见还③涉及通货问题,我们的一切不幸常与它有关,而且我被认为负有责任,仿佛我是那项措施的唯一作者。④

关于一项为维持开支而征收的赋税和一项为支付债务利息而征收的赋税所产生的不同作用,我有许多话要说,但我不能现在写。我希望在我做了这番说明以后,您会放弃这种想法,即您的意见和我的意见很少有共同之处。我将总是在我的岗位上倡导有益的事业,我从来没有,将来也绝不会损害它的。我总觉得,大多数

---

① 《苏格兰人报》没有发表这种声明。
② 手稿破损。
③ "还"字是后加的。
④ 1819年的皮尔议案。

人大大低估了一个伟大国家的富源。如果下议院里的反对派的语言是真诚的,他们是低估了那些富源。我认为他们把景象描绘得比现实更为暗淡是不好的。

我亲爱的先生,我永远是您真诚的
大卫·李嘉图

423. 特罗尔致李嘉图

〔由 426 回答〕

昂斯特德伍德
1821 年 4 月 1 日

我亲爱的猎人:①

我自从愉快地看到你以来,遇到了意外事故,终日困坐在沙发上,并且几乎丧失生命。三周前的今天,我去马厩看一匹正在生病的拉车的马。当我在分隔栏内时,它的狂烈的晕眩病突然发作,它扯断了笼头,暴跳起来;在我能逃出马栏之前,它摔倒了,摔倒时,它的头猛撞在我的腿上。伤处在腿腱部,虽然很痛,最后不至于有什么严重后果。要是我再靠近马一二英尺,我一定会粉身碎骨。为我的谨慎说句公道话,我必须告诉你,我走进马栏时,马是平静的,马车夫和它在一起。我已能拄根拐杖蹒跚而行,希望不久就能

---

① 尽管有这一奇怪的笔误,是不是特罗尔因为李嘉图讨厌打猎而戏弄他?参见英文版《李嘉图著作和通信集》第七卷,第 308—309、318—319 页,这封信的内容和结束语表明,它是写给和寄给李嘉图的。

恢复我平常的锻炼。

我很高兴地看到,在有一天晚上的辩论中,"李嘉图方案"得到了公正的对待。① 总的说来,巴林先生的讲话似乎很有才华;其中有缺点的部分,我认为你回答得很成功。没有什么理论比你教导的学说更为完全地以事实为根据,这已为近几年来的事实所证明。我们现在走在正确的道路上,所需要的一切就是耐心,给正在发挥作用的事业的自然发展以时间。我一直在读葛德文对马尔萨斯的攻击。② 它不是用真正哲学研究的精神写的。它言辞过激,肆意谩骂;在系统调查研究的幌子下,这是一部杂乱无章,没有条理的作品。它对马尔萨斯的体系有严重的误解,并对他的意见恶意中伤歪曲。作为对《人口论》中所谆谆教导的重大原理的攻击,它是根本不行的。就这项原理来说,人口是否将在 25 年或 50 年内翻一番并不重要;葛德文本人也不得不承认人口增加的趋势。我总认为马尔萨斯没有把他的学说放在适当的基础上。不是动物比植物增殖得快,而是土地的限度和土地能够增加的比率,也就是说,新土地能被耕种的比率,使得人口超出食物。只要植物比植物③增加得无限地快,在适当的指导下,每个人的勤劳都可以生产出比他自己的生存所必需的更多许多的食物。但是,能够获得那些产品的土地的数量是有限的,而人口的增长不受这一限度影响,因此,这种增长有继续进行的趋势,当然,这是马尔萨斯的意思,但不

---

① 参见英文版《李嘉图著作和通信集》第五卷,第 92 页。
② 见本书第 276 页,注②。
③ 这里应该是动物。

是他说的话;所以,他使自己受到一些人的攻击,他们反对他用来表述他学说的名词术语。

请让我知道你对葛德文的书的意见,因为我记得,我在伦敦时你说过,你正在读那本书。

穆勒先生的著作①何时问世?它的目的是什么?一种新的提纲挈领的体系?还是对马尔萨斯的回答?或者是对该体系某一部分的新看法?我很急于看到它。当然,他的意见与你自己的意见是一致的吧?

我开始希望天主教问题将在两院获得成功。在我看来,卡斯尔雷勋爵②的语言在上议院不会遇到什么困难。情况是这样吗?反对这项措施的人对它表示担心,而我不知道怎样去尊重严重地感到担心的人的意见。但是,实际上,我不相信他们真是感到担心。真正的担心乃是该项措施所由产生的让步精神的最终后果。检验法案、公司法案、什一税、国教,这些都是"巴比伦的老娼妇"所引起的惊恐的真实基础!不要忘记让我得到你对马尔萨斯的评注。你们的农业委员会是怎么来的呢?要干什么呢?你们收集什么重要证据吗?你作为委员会的委员,也许能为我弄到一份你的报告吗?我很想看到它。

意大利的大灾难③使我大失所望。我曾希望的人民做出更好的事情来。但是,他们果真像所描述的那样怯懦地采取了行动,这

---

① 《政治经济学纲要》。
② 卡斯尔雷曾在下议院发言,并投票赞成普伦基特为天主教徒提出的动议,见本书第331页,注②。
③ 奥地利军队在那不勒斯和皮埃德蒙特镇压革命,恢复了专制政体。

就证明他们不配有较好的状况；或者这样说也许对他们更公正些：他们还不成熟。当然，从已经发生的结果中可以产生一件好事来；它将阻止欧洲一场全面战争的爆发，意大利人方面的成功的抵抗本来有可能终于引起这场战争的。还有，我认为毫无疑问，欧洲的普遍繁荣，也许甚至意大利本身的繁荣，在任何情况下都将因和平的保持而得到极大的促进，这比战争灾祸所妨碍的比较开明的政府带来的益处有更大的促进作用。休息，我们所需要的是休息；让自然界自行其是吧，她会自己治愈的。

让我们不久就听到你的音讯。特罗尔夫人同我一起向你和李嘉图夫人竭诚问好，相信我是

你非常真诚的
哈奇斯·特罗尔

424. 麦克库洛赫致李嘉图

〔答 422—由 428 回答〕

爱丁堡,1821年4月2日

我亲爱的先生：

上月23日大札予我以很大满足。我从未怀疑过，在谷物法这个问题上，您被严重地歪曲了。可是，我冒昧地要求您注意这个问题，我并不感到遗憾。我知道您不是那种因为他们的公共事物遭到正当的批评就会生气的人，而且您愿意答复我仓促的评论的坦率态度，足以使您在我的评价中占有较高的地位，要是我可以作这种评价的话。

可是，我仍然必须承认，我不是您关于我国前途的意见的信徒。我承认，工业品价格相对降低很多，可以保持谷物价格高昂的国家利润率。但是，事实上，我们绝不可能有这种情况。我国的谷物是工资的主要调节者，它在别国的价格可能是两三倍，但我国工业品，由于运输便利和体积小、价值大，而能便宜15％到20％，几乎是不可能的。所以，对立的力量不会相互平衡，一定会有资本因利润低而流出我国。在我看来，您过多地强调对国家的爱了。我相信，在社会的低级状态，这种热情是最强烈的。为什么英国资本家比荷兰资本家更愿意满足于较小的利润，这是没有理由的。我的确坚信，而不是任何其他情况，主要是由于欧洲大陆的不安定状况和同美国的距离，极大数量的英国资本才没有转移到别的国家去。要是美国就像我们离法国那样近，对于想把资本送过海峡去获得较大利润的欲望来说，对国家的爱恐怕实际上只有很小的约束力。

我时常想，得到诸如阿姆斯特丹、但泽、阿尔汉格尔、巴黎、西班牙梅迪纳德里奥西科、纽约等市场上尽可能长时期的别国谷物价格的准确报道，是非常重要的。把英国的价格同这些价格比较，可以得出许多奇妙的结论，并可以有助于理解自然界为调节气候和季节的差别而作的规定。所以，请允许我建议您在下议院或农业委员会动议，指示我国驻外国的领事在这些地方或认为合适的其他地方取得准确可靠的价目表。我猜想这样一项动议会立即得到同意的；并且我确信，它提供的信息，特别是阿姆斯特丹的价格，是会非常有用的。必须发出明确的指示，每个地方的价格都要用同样的尺度来计算，并仔细地换算成多少格令①黄金，或换算成已

---

① 英国重量单位等于0.0648克。——译者

知重量和成色的铸币。也许能在巴黎得到200年间的这些价格。请允许我,既出于私心,也出于公心,要求您向下议院提出能做到这一点的提议。我国有关谷物贸易的资料就很不完整。没有这些价目表,在冬季,我为几位能在这里上大学的年轻绅士开了一门讲授政治经济学的课程。① 他们大部分是外国人。我希望我对他们有些用处。如果他们不大理解您的伟大著作中阐述的原理,至少那不是由于我们这方面注意得不够。

我将在几天内寄上我论机器和积累的文章的校样。我很知道,它不会给您传递什么信息;但我希望它将起良好的作用来抵消西斯蒙第先生和马尔萨斯先生的有毒秘方的影响,他们的学说只能称为秘方,没有别的名称可叫了。② 相信我是怀着最大敬意的

您最忠实的

约·拉·麦克库洛赫

425. 图克致李嘉图

拉塞尔广场,星期四上午〔1821年4月19日〕

我亲爱的先生:

如果您已使我上星期五③的证词印出来,请把它封好寄给我,

---

① 参见英文版《李嘉图著作和通信集》第九卷,第134页,注①。
② 《爱丁堡评论》,1821年3月〔5月末出版〕,第6篇,"机器和积累的作用"。麦克库洛赫信服李嘉图的论据改变了他以前的意见(见本书第157页,注①),现在认为"机器的改进不可能减少对劳动的需求或降低工资率"(第115页)。可是,现在李嘉图却改变了他自己的看法(见本书第339页)。
③ 1821年4月13日;见"联合王国农业委员会报告"(《议会文件》,第9卷,1821年)第287—294页。

我看过以后就奉还。

我把上星期一我的证词寄还,①我作了许多改动,虽然这些改动仍有许多不完善之处。可是,只有一处改动有问题,那就是我对与收成和岁入之间的联系有关的问题的回答的补充,同时,我认为我的补充对于我对这个问题的看法是如此重要,②这种改动除了使回答明白易懂以外,它是否恰当,是有疑问的。您若能使它印成我的回答的一部分,则不胜感激。

我感到遗憾,昨天晚餐时没有见到您,但我去之前,已经知道下议院正在进行的事情的重要性,③所以我并没有期待你。在相当有利的赞助之下,大家决定成立一个普及政治经济学知识的学会;我猜想,您将在适当的时候,从托伦斯上校那里知道详细情况。④

您最真诚的

托马斯·图克

----

① 4月9日;见"联合王国农业委员会报告"(《议会文件》,第9卷,1821年),第233—240页。

② 在已公布的图克证词的记录中,没有找到问题和回答。

③ 拉姆顿关于议会改革的动议;1821年4月18日在下议院因反对的票数多12票而未被通过。

④ 创办政治经济学俱乐部的预备会议,于1821年4月18日,星期三,在拉塞尔广场13号斯温顿·霍兰的家里举行,霍兰、图克、托伦斯、拉彭特、诺曼、穆勒、马利特、穆歇特和考埃尔都出席了会议。决定4月30日在共济会酒家举行俱乐部的第一次会议;要求穆勒起草章程,同时委托霍兰和托伦斯筹备这次会议。(《政治经济学俱乐部1821—1882年会议记录》,伦敦,1882年,第35页)。

426. 李嘉图致特罗尔

〔答423〕

上布鲁克街，1821年4月21日

我亲爱的特罗尔：

听说你遇到了意外的事故，我至为关切。可是，考虑到你几乎遭受严重得多的后果，我与其因为你受了轻伤而向你慰问，不如因为你幸免于难而向你祝贺。自从接奉尊函以来，我听说过你两次：一次是从特纳先生那里，那时你在城里过了一天；另一次是从你兄弟那里，我是偶然在街上遇见他的。我高兴地获悉你正在好转。

我们在下议院关于通货问题的讨论，我希望现在已经结束了。我相信我们将不再有建议偏离经过适当考虑以后才决定的方针。

你对葛德文的书的看法与我的完全一致。真正有争论的问题，不是在有利的情况下人口是否将在25年或50年内翻一番，而是人口是否有比雇用它的资本增长得更快的趋势，以及如果是这样，应当采取什么立法措施。这一点必须很明确：人口原理对于人类幸福是有强烈影响的，它即不需要济贫法，也不需要任何其他法律来支持它。

穆勒先生的书还没有全部完成，虽然已大有进展。他的目的是清楚地阐述人们目前所理解的政治经济学一切基本原理。他并不打算评论任何其他作者，也不试图反驳他认为他们已经陷入的错误。他的书可能一两个月以后才会出版。

天主教议案失败了。① 我对此表示惋惜，虽然我不能不认为它只是被推迟了。毫无疑问你是对的，"真正的担心乃是该项措施所产生的让步精神的最终后果。检验法案、公司法案、什一税、国教会，这些都是引起惊恐的真实基础"。如果由于良好的立法，爱尔兰的资源得到很好的开发，它们会对联合王国的富庶作出巨大贡献的。如果在一个这么混乱的地区，资本的安全不用担心，有多么大量的资本可以有利地用于该国啊，毫无疑问，资本是这样使用的。可是，这种资源在等待着我们。我们的土地所有者有该国的土地所有者作为可怕的竞争对手。波兰、俄国和美国的竞争引起了我们的惊恐，但我们从未认为爱尔兰是它们中间最为可怕的。爱尔兰的耕地始终在继续增加，我毫不怀疑还有许多年可以增加。为英国卓有成效的耕作上的改进引入该国时，一定会对谷物价格和英国地主的利益发生非常显著的影响。

　　我在农业委员会工作得很辛苦，我希望对于纠正错误的原理不无效果。许多农场主在我们面前描绘了一幅悲惨的、但我相信是真实的大萧条的情景。曾问过这些农场主有什么补救办法，他们全都赞成几乎等于禁止外国谷物输入的保护关税。我的职责是揭露他们对于指导我们作出判断的首要原理的无知，表明他们在这个重大问题上充当顾问是多么不够资格。

　　发表过很多关于通货的论文的阿特伍德先生被召到我们面前来，如果可以相信他的话，那么除了货币价值上升以外，价格下跌就没有其他原因了。他自称一贯正确，赫斯基森和我仔细考察了

---

① 这个议案于4月17日在上议院遭到失败。见本书第331页，注②。

他,我认为他看来并非这门科学的大师。① 霍奇森先生和图克先生是我们最有知识的证人。霍奇森先生是利物浦的富人和谷物经销商,他每年在谷物收割前都花一大笔钱,派人去乡间考察谷物的状况。他们每隔两三英里考察一块田地,实际计算一平方英尺或一平方码的谷穗数目,并称谷粒重量;他们用这种方法而能把它同前几年的谷物比较。② 去年的收成似乎是一次异乎寻常的丰收。比以前许多年的都多。不止一个土地测量员证实了这一证词。图克先生是一位好政治经济学家,他给了我们一些宝贵的信息,那是关于丰收对价格的影响,特别是在现在已制定谷物法的情况下,在我们已失去了其他国家市场的时候,直到我们的价格低于那些国家的为止。

实际上这就是目前谷价大大低落的原因。通货可能有一点影响;但丰收是主要起作用的原因。

您将会看到,在木材税问题上我们支持了好的原理,目前未获成功,但我希望不至于不会给人们留下一些印象。③ 辩论很简短,报道得很不恰当。

---

① 伯明翰的银行家和通货改革者托马斯·阿特伍德在被查问之后,于4月11日写信给他的妻子:"我相信,我非常完整和明白地回答了李嘉图和赫斯基森的所有反对意见,使他们深感羞耻。"4月13日,他又写道:"愚蠢的土地所有者就像屠夫刀下的绵羊……。不幸的是他们全都像甲虫那样呆笨,而赫斯基森和李嘉图却像针那么尖锐,像蜜蜂那么活跃。"(C. M. 韦克菲尔德:《托马斯·阿特伍德的生平》,伦敦私人印行,1885年,第81页。)

② 戴维·霍奇森(关于他,参见英文版《李嘉图著作和通信集》第九卷,第182页,注①)透露这种方法的细节,仅供委员会之用,他要求不要把它们公开;因此,这些细节没有刊载在证词的记录里,第263页。

③ 参见英文版《李嘉图著作和通信集》第五卷,第102、110页。

李嘉图夫人同我一起向特罗尔夫人竭诚问好。

> 永远属于你的
>
> 大卫·李嘉图

427. 图克致李嘉图

拉塞尔广场，星期日〔? 1821 年 4 月 22 日〕①

我亲爱的先生：

我把文件附还，并致谢忱。

阿特伍德先生的证词，在荒谬这一点上，大大出乎我意料之外。

霍奇森先生提供的信息，在许多方面是有价值的。

他所证明的牛羊屠宰数的下降，似乎局限于上两年同 1817 年和 1818 年比较，因为把 1819 年和 1820 年同 1817 年以前的任何年份比较，没有一个减少的数字值得一提。我认为，屠宰数普遍增加是因为列举的地方②都增加了，而 1817 年和 1818 年的屠宰数特别多，可能是由于下列原因。

1. 那些年小麦的价格很高。

2. 动物脂肪的价格很高，1818 年的价格几乎是现在价格的两倍。

---

① 日期有疑问：这是假定图克归还的文稿是他于 1821 年 4 月 13 日向农业委员会提供的证词的记录，他在 4 月 19 日信中曾要求得到这份记录；并假定李嘉图把记录同托马斯·阿特伍德在 4 月 10 日和 11 日以及戴维·霍奇森在 4 月 12 日和 13 日提供的证词一并寄去。

② 利物浦，曼彻斯特，利兹，谢菲尔德和伯明翰，见霍奇森的证词，载于《联合王国农业委员会报告》，1821 年，第 266 页。

3. 特别干旱,因而饲料普遍不足和价格高昂,直到1818年晚秋为止,再加上其他原因,使得甚至半肥的牛也被送上市场。

4. 1817年和1818年羊肝蛭病蔓延,使得人们愿意屠宰比平常更大比例的羊,以防止它们毁于这场灾难。

5. 我们的港口都对谷物进口开放,从而对工业品的需求增加,自然地容许扩大消费比较昂贵的物品——肉类。

与所有那些情况几乎完全相反的情况,可以说明最近这两年减少的原因,但这种减少是否证明了霍奇森先生的推论,①我还不十分清楚。

相信我总是

您最真诚的

托马斯·图克

大卫·李嘉图先生

428. 李嘉图致麦克库洛赫②

〔答424—由431回答〕

伦敦,1821年4月25日

我亲爱的先生:

托伦斯上校寄给我您论积累和使用机器的作用的文章,③我

---

① "您的推论是否这样:由于牲畜缺乏(您认为,在消费减少的情况下,它的高价就是证明),以前用作牧场的相当大的一部分土地必须改作耕地?是的"。(霍奇森的证词,"联合王国农业委员会报告",第267页。)

② 收到麦克库洛赫的第429号信之前写的。

③ 见本书第345页,注②。

认为它很好,虽然文章中有些部分同我现在的意见不完全一致。我认为我在前一封信中告诉过您,我对机器好处的看法有了改变,我想在拙著的新版中写一章,论述这个问题。① 可能这时您已经看到这一章,因为我曾请默里先生于上周寄一册给您,我不必在这里阐明我的观点了。可是,我高兴听到您说,我大胆提出的意见是否使您感到满意。在新版中,您不会发现许多新颖之处;卷首的广告中已指出了所有新颖的地方。

马尔萨斯先生的第二版现在不会问世,自从您把我的《评注》还我以后,他已经得到了它们,但我担心这些评注不会给他留下什么印象。

我们农业委员会的工作在假期中暂停。我召来两位商人,他们的证词我认为是有价值的,图克先生是其中之一,我从他那里得到刊载在我们记录中的正确意见。我并不完全同意他的意见,您也不会同意他。他认为谷物法对于提高谷物的平均价格没有什么作用,因此谷物法对于地主的利益没有用处。他还认为,如果不存在谷物法,联合王国将生产它每年消费的平均数量的谷物,因为据他的看法,在生产谷物方面,我们可以同其他国家竞争。② 我不相信这种看法。如果我们的港口在任何时候都经常开放,我深信我们将成为一个进口国。您会有兴趣阅读他的证词的。我召来的另一个商人索利先生,提供了一些有价值的信息,关于波兰和普鲁士

---

① 第31章,"论机器"。从麦克库洛赫对这封信的答复中可以清楚地看到,实际上李嘉图没有把他对机器看法的改变告诉麦克库洛赫。可是,从后面所载马尔萨斯致西斯蒙第的来信看,他告诉过马尔萨斯。

② 见图克4月6日的证词,"联合王国农业委员会报告",1821年,第229—230页。

港口的谷物价格,以及谷物从内地到装船的港口和从那些港口到伦敦的运费。①

证词一般来说不大好;农场主都是不高明的立法者,不应该征询他们对法律政策的意见。可是,既然已经问了他们,我认为竭力去表明他们对这个问题的无知是对的。

让他们作无稽之谈,并把它记录下来,在这方面,我自以为还有一点用处。

赫斯基森先生告诉我,卡斯尔雷勋爵写信给我们所有驻外领事和大使,要他们报告多年来外国谷物的价格,报告一寄到就呈递给议会②。

最近一期《苏格兰人报》上对萨伊的批评我认为很公正,③他的知识肯定是远远落后于这门科学的现状。

穆勒关于政治经济学的书差不多完成了。他承认您认为正确的所有原理,我毫不怀疑,您将认为他的著作是特意为了传播有用的知识而写的。

星期二我的工作重新开始了。我希望不久我们就可以写成报告。我知道我们对谷物法的意见略有分歧,但我觉得我丝毫没有偏离我在拙著中表示的意见。

您永远真诚的

大卫·李嘉图

---

① 见伦敦商人、前但泽商人爱德华·索利4月17日的证词,"联合王国农业委员会报告"1821年,第319页及以下数页。

② 这些报告直到1824年才发表;见《议会文件》,1824年,第18卷,第103页。

③ 对普林塞普翻译的《概论》的评论;见本书第299页,注②。

下面这封是我们拥有的最早叙述李嘉图改变了他对机器作用的看法的信件。

马尔萨斯致西斯蒙第①

东印度学院，1821年3月12日

亲爱的先生：

如果您知道我根深蒂固的懒惰习惯时常使我不想给我的通信者写信，以致我欠下了在巴黎、美国和东印度群岛的朋友们的许多信债，此刻我也许有希望要求您原谅我稽延答复尊函。正因为如此，在您看来，我一定不可原谅，我唯有请您宽恕。最初我等待机会托一位朋友带封信到日内瓦来，而且我常看到，当这种机会不容易遇到时，为懒惰的辩解就不知道要持续多久了。

我可以最诚恳地向您保证，尊函使我高兴。我非常欣慰地发现，您认为我在同李嘉图先生的论战中，整个来说是成功的，而且您同我有分歧的论点比我设想的要少。可是，从我有幸同您在詹姆斯·麦金托什爵士处的谈话中，我意识到，在这个问题的许多点上我们不应该不一致，因此，我在尊著中看到一些对人口问题的意见也许使我更为惊异。但您已经说明了它们的出处。关于我在论人口的拙著中所说的话，流传着许多误解，不提到拙著，很容易使人得到这样的印象，即它竟含有它所没有的意见和学说。

迟延了20年之后，我最近受到我的老对手葛德文先生的攻

---

① 信封上写着："瑞士 日内瓦 西蒙德·西斯蒙第先生"。

击；但这是篇很贫乏虚弱的作品，其中，唯一似乎言之成理的地方，是以错误的计算作为根据的。

《爱丁堡评论》完全采纳了李嘉图先生的政治经济学体系，它可能既不会提到您，也不会提到我。我确实知道有一篇对尊著的评论已经写好和送去，但它似乎因为一位绅士①的影响而被拒绝了，他是政治经济学专栏的主要作家，以完全采纳李嘉图先生的观点著称。可是，您在惠寄给我的校样里如此精辟的予以反驳的那篇文章，是另一位名叫托伦斯的信徒写的。② 不管怎样，总的看来，我应当说，虽然李嘉图先生的学说肯定是迷住了一些很能干的人，这些学说并未在大部分政治经济学家当中③广为〔？流传〕。④ 我倾向于认为，这些学说中有许多经受不起审查和经验的检验。

---

① 麦克库洛赫。

② 《爱丁堡评论》上一篇关于欧文的文章（见本书第156页，注②），也包含了一长段对西斯蒙第观点的批评。西斯蒙第在一篇题为"对这个问题的考察：在社会里，消费能力总是以生产能力一同增长吗？"的文章里作了回答，载《立法和司法编年史》，第1卷，1820年，第111—114页。他把《爱丁堡评论》那篇文章的作者说成"李嘉图先生的学生"，并评论道："据说这篇文章是经老师亲自批阅同意的，而其他学生们也承认这是他们最明确的主张"。（第112页）从马尔萨斯的这番叙述来看，使人感到奇怪的是，西斯蒙第把他的文章换了新标题"关于李嘉图先生的一个学生在'爱丁堡评论'上发表的《驳政治经济学新原理》的探讨"，于1827年重新刊载在他的《新原理》第2版里，他加了一个脚注，竟把作者说成是麦克库洛赫。（"后来我听说，他就是麦克库洛赫先生，今后人们可以把他看作李嘉图先生创立的学派的首领。"第2卷，第376页。）

③ 在上面注②里提到的《编年史》的那篇文章里，西斯蒙第写道："据说，新学派的首领李嘉图先生曾亲口说过，在英国，理解他著作的不超过25人。可能由于他那种暧昧不明的言论，使那些理解或自以为理解他著作的人，已经被视为信徒，他们以一种最坚决的宗派精神，几乎完全用他本人的语言来支持他的整个体系。"（第112页。）

④ 被火漆盖住了。

您听说他改变了他关于机器对社会上劳动阶级的影响的意见,将会颇为高兴。我相信,在即将出版的他著作的新版中,他将会说,虽然机器可以增加纯产品,它可能不仅暂时地而且永久地损害劳动者。这正好同我走得一样远,也许更远一点,但他对这个问题的看法已略有不同。

我高兴地听说,您正在准备一个新版本。① 我也在从事类似的工作。

关于在子女中平均分配地产的影响,我希望您的意见是正确的,这似乎已成为现在欧洲的趋势。一个英国人怀有成见地赞同不同的财产制度是可以原谅的,这种制度长期以来似乎产生了有利的后果。意大利的经济有一部分我不能理解。怎么会有这么多的农场处于半生产状态,它们的肥力的差别一定很大。我认为,可以容易地从富饶的土壤获得的那一类产品,是可以从贫瘠的土壤里获得的。

我感到遗憾,您似乎不会在巴黎定居,那我就得找更合适的机会来看您了。

亲爱的先生,相信我是
怀着极大敬意的
您真诚的
托·罗·马尔萨斯

---

① 《新原理》的新版;第二版直到1827年才出版。

429. 麦克库洛赫致李嘉图①

爱丁堡,1821年4月23日

我亲爱的先生:

自从我把我论机器的文章②一份副本寄给托伦斯上校以来,已有8天或10天了。我曾请他把那份副本转交给您。我希望我阐述那一论点的方式会使您感到满意。您知道马尔萨斯先生打算在他的新版中改变他的什么结论吗?③ 如果他不想改变,他将受到比他迄今所曾受到的更严厉得多的批评,他关于积累所说的话是绝对不光彩的。他说得那么混淆、纠缠和空洞,一个普通读者不容易知道他要说什么,但细加考察,它的无聊乏味就十分明显了。最近这里出现了一本非常愚蠢的书,书中攻击了您伟大著作的某些部分。④ 要是我没有想到这也许会妨碍这本著作悄悄地转移到糕点铺和鼻烟铺去,我是要回答它的。我希望您赞同《苏格兰人报》

---

① 信封上写着:"伦敦 上布鲁克街 议员大卫·李嘉图先生"。伦敦邮戳,1821年4月26日。
② 见本书第345页,注②。
③ 见本书第352页。
④ 可能是约翰·克雷格的《对政治经济学若干基本原理的评论;以1815年以来英国商业状况的简短调查为例来说明》,爱丁堡,康斯特布尔书店,1821年。出版商在1821年4月21日的《苏格兰人报》上刊登了广告。在"李嘉图文稿"中有一张书商乔治·格林兰的账单,要李嘉图于1821年6月11日为"克雷格的政治经济学"支付7先令。

379 关于降低标准的那篇文章的大部分内容。① 请您原谅我擅自把附件②寄上,并请相信我怀着最大的敬意。

您最忠实的
约·拉·麦克库洛赫

430. 李嘉图致萨伊

〔答 393—由 446 回答〕

伦敦,1821 年 5 月 28 日

亲爱的先生:

收到您惠赠的您致马尔萨斯先生的《书信集》以后,我应该立即写信给您,可是我预料,我短时期推迟写信,我将能寄上一册拙著的第三版。由于书商和印刷商的耽搁,时间拖延得远远超过我的预料,但我终于能够把最近这一版最先出版的几册之一随函附上。我在书中指出了我们之间在"价值"一词的含义方面存在的那一分歧。您把这个词作为"财富"和"效用"的意义来使用,我渴望您进一步考虑的正是您宝贵著作的这一部分。

我差不多完全同意您关于生产性服务的学说,但我要向您提出,由于地租是高价的结果而不是原因,我们在估计商品的相对价

---

① 在这篇文章里,《苏格兰人报》,1821 年 4 月 14 日"提议降低通货标准作为解除公众困苦的方法"。麦克库洛赫攻击巴林是"降低通货标准的方案的重要赞助人",并驳斥这一建议涉及"掠夺……私人债权人";但他仍主张他自己的减低国债利息的计划(参见英文版《李嘉图著作和通信集》第七卷,第 93 页,注②)。

② 可能是一封要免费邮寄的信。

值时,这一学说是否应该被抛弃。我面前有两个面包,一个是我国最好的土地出产的,可能每英亩要缴纳 3 镑或 4 镑地租;一个是每英亩不需要缴纳那么多先令地租的土地出产的。可是,这两个面包的价值完全相同,而且同样的好。您会说,一个面包的土地的生产性服务得到很高的报酬,而资本和劳动的生产性服务得到的报酬,而土地的报酬则很少。这无疑是正确的,但这种信息没有用,不能得出可以指导我们将来实践的推论。我们希望知道的是,与其他物品的价值比较时,调节面包价值的一般规律是什么。我认为,我们发现一种面包,即缴纳很少地租或不缴纳地租的土地出产的面包,调节所有面包的价值;它相对于其他物品的价值,取决于它的生产所花费的相对劳动量,以及那些其他物品的生产所花费的劳动量。

请允许我再说,如果您更充分地论述调节地租和利润的规律,尊著就会更有价值得多。亚当·斯密认为,利润取决于资本积累的程度,而他不谈人口问题和供养人口的手段,这肯定是他一个重大错误。

我以很大的兴趣阅读了您致马尔萨斯先生的信。您在信中说的话,有许多我完全同意,但我不能同意信中所倡导的全部学说,特别是我已经讲过的那些学说,它们实质上同您的重要著作中所包含的学说是相同的。马尔萨斯先生和我经常互相看望,我们不断地谈论我们有分歧的观点,但谁也说服不了谁。我高兴地告诉您,我国青年人学习政治经济学这门科学的越来越多了。我们最近组成了一个学会,或者不如说,政治经济学家的一个俱乐部。①

---

① 见本书第 346 页,注④。

我们可以因托伦斯,马尔萨斯和穆勒这些名字而自豪。

我们还有许多其他人,他们渴望确立关于自由贸易政策的原理,但他们的名字不像我提到的那些人那样众所周知。

我知道,您总是致力于有益的事业,除了传播知识和使真理获得胜利以外,您没有其他目的。

亲爱的先生,请相信我是
您非常诚挚的
大卫·李嘉图

431. 麦克库洛赫致李嘉图[①]

〔答 428—由 433 回答〕

爱丁堡,1821年6月5日

我亲爱的先生:

承蒙惠赠您的伟大著作第三版这一宝贵礼物,我这样久才向您表示衷心感谢,我必须道歉。我向您祝贺它的成功。现在对这门重要科学的关注日益增长,它就是能够提供的最好证明。它在进一步传播正确的原理方面,一定能起到有力的影响。

同时,我必须说(我这样说,我总是感到遗憾,我竟同我素来景仰的老师有重大分歧)依我愚见,这一版中论机器那一章,使这部著作的价值大为降低。在读了您对马尔萨斯先生的论点的成功的回答以后,我没有料到您竟这样快就同他握手言和,并放弃了一两

---

① 信封上写着:"伦敦 上布鲁克街 议员大卫·李嘉图先生"。

个月以前您坚决主张的一切,您确实这样做了。① 在这种场合过于坦率,使您给您特别喜爱的科学造成了非常严重的损害。当您知道你以前的意见有错误时,您放弃它们,这当然是恰当的;但可以有各种各样的做法,我认为您根本不必正式改变自己的意见。除了努力促进这门科学的真正的利益以外,您从来没有,也永远不会有其他目的。但我理解您会同意我的这一想法,即没有什么事情比看到一位声誉最高的经济学家,在某一天竭力为一套主张辩护,而在第二天又无条件地予以放弃,更有损于这些利益的了。以前存在于您和马尔萨斯及西斯蒙第先生之间的根本分歧(因为我遗憾地认为,它们现在已经几乎消失了),使许多人相信政治经济学是胡编乱造的东西,是没有根据的虚构。我当然认为,那些以前持有这种意见的人,现在更有理由持有这种意见了。

可是,您发表您意见变化的方式,是无关紧要的。我认为您不小心地用您的名义加以支持的那些原理的极端错误,引起了我的最大遗憾。用各种条件把您的论点包围起来,把它浪费掉是不可能的。即使它对某种事物有好处,它也是断然反对机器的一切使用的。在考虑这个问题时,我们所关心的不是总产品或纯产品②的多些或少些,而只是机器生产商品是否比较便宜?如果机器生产商品并不比较便宜,就不会安装机器。如果机器生产商品比较便宜,安装它一定对各阶级的人们都有利。就我所能理解的来说,您提供的例子绝不能证明,您从中得出的惊人结论中有一个是正

---

① 在《马尔萨斯评注》中。
② 先写作"利润",后改为"产品"。

确的。您没有说价值7,500镑的机器究竟持续使用1年、10年还是100年。① 但是,这同几何学中任何命题一样清楚,如果机器只持续使用一年,制造商的资本就不会减少,因为机器生产的货物在该年底就售得8,250镑;资本家可以把这笔资本用于建造另一架机器,或用于雇用某种劳动。如果这架机器持续使用一年以上,则它生产的商品的价格必定下降。虽然机器的所有者那时没有一笔同样大的资本来雇佣劳动,但增加的收益或货物的买主的资本将会充分补偿他资本的不足。您的例子与我在上一期《评论》②中分析的西斯蒙第的例子毫无不同。据我的理解,怀疑使用机器能带来经常的利益,您的例子远没有提出一点理由来。我应当援引您的例子来证明这一点。

您在第472页末说③,这架机器生产的衣料将会减少,我不承认这一点。这种假设是全然不可能的。如果这架机器只持续使用一年,它一定生产更多的衣料;这是由于这一充分的理由:如果它不这样,就没有安装它的动机了。但是,赋予机器更大的耐久性并不会减少它的生产力;这只会使机器生产的商品的价格下降,并使它的安装极为有利。

我承认,如果机器随着耐久性的增加而变得生产力更小了,您的论证可能有些力量。但在这里,您完全保持沉默。④ 您忽略了

---

① 参见英文版《李嘉图著作和通信集》第一卷,第389页。
② 《爱丁堡评论》,1821年3月,第6篇,第113—115页;参阅西斯蒙第:《新原理》,1819年,第2卷,第324—326页。
③ 参见英文版《李嘉图著作和通信集》第一卷,第390—391页。
④ 先写成"您完全停顿了"。

确立①这种基本立场；没有提出片言只语来表明，为什么情况应该是这样，而与之相反的情况却似乎是显而易见的。例如，一架铁犁并不减少总产品，或者说得更明白些，它并不比木制的犁完成的工作少。一个花岗石建造的船坞并不比砖建造的船坞容纳的船舶少。即使上帝赋予构成蒸汽机的物质以不灭性，蒸汽机的生产力也完全不会减少。您在开始向读者描述采用机器使总产品减少的坏处之前，若先调查一下这种减少是否事实上确曾发生过，或者是否完全可能发生，那就好了。您的论点肯定是假设性的；但这种假设将被抛在一边。有些人叫嚷着反对机器的推广，并把赋税的苛重和商业上的限制②必然造成的苦难归咎于机器的推广，他们将依仗您的权威来加强他们自己！如果您和马尔萨斯先生的论证都有很好的根据，反对卢德派③的法律就是法令全书的一种耻辱。

让我要求您重新考虑这个问题。仅仅在一个学说性的论点上成为异端是无关紧要的。但是，如果我相信降低商品价格究竟是有利还是不利还有待于解决，那我确实不能建议我的任何友人对这门科学的研究稍加注意了。的确，如果我们做不到这一点，我们关于利润的争论和我们其他模糊的结论就要给嘲笑者提供无穷的笑料了。但是，至少我没有处于这一困境。我将赞同写美国战争的伯克先生，而不赞成写法国革命的伯克先生，赞同第一版的李嘉图

---

① 先写成"加强"。
② 这里删去了"公正地"字样。
③ 19世纪初叶，英国工人因为害怕机器排挤工人，造成失业，而用捣毁机器等手段反对企业主。这种自发的工人运动，因为带头人名叫卢德，而被称为卢德运动。参加者被称为卢德分子。——译者

先生,而不赞同第三版的李嘉图先生。要是在这个问题上提不出别的论点来,只好满足于我所有提出来反对机器的论点中原来就包含的谬误了。强调商品价格的降低在任何情况下都是不利的,在我看来,同财富性质的各种观念都有矛盾,因而实际上是荒谬的。此外,这种意见同人类普遍同意的看法完全矛盾。每个人的目的是,力求用尽可能少的费用来进行生产,上帝植入他心中的规律迫使他这样做。当我承认这一普遍原理偶尔可能产生不良后果这种仅有的一点可能性时,我进行得很顺利。但是,只有最清楚和最有说服力的论证,才足以树立一个与一切先有的见解很不相同的范例,而且我还要把政治经济学的一切正确概念也都称作先有的见解。

要是我没有意识到,在您的全部思考中,都是一心一意要为改进这门科学作出贡献,我就不会冒昧地给您写这封草率而杂乱无章的信了。但我相信,既出自对这门科学的关心,又出自一个衷心钦佩您的人的一些意见,虽然可能看起来有错误,您会仔细阅读它们的。我是怀着最大敬意的。

您永远忠实的

约·拉·麦克库洛赫

432. 李嘉图致辛克莱

上布鲁克街56号,1821年6月15日

亲爱的先生:

您的计划简直就是提议把通货贬值20%。如果我能同意这一措施,我将公开提议这样做,而毫不掩饰。但我并不认为这一计划是必要的或适宜的。我满怀信心地期望,不久我们将克服我们的一切困难。我永远是您顺从的仆人。

大卫·李嘉图

433. 李嘉图致麦克库洛赫

〔答431—由434回答〕

伦敦,1821年6月18日

我亲爱的先生:

我在拙著第三版中改变了我对机器问题的看法。虽然我无意为我承认这一改变的方式作辩护,但我不能同意您的这一意见,即它将为那些主张政治经济学是没有根据的虚构的人,提供更多的有利于那种看法的论据。我的意见的全部改变不过是这样:我以前认为机器能使一个国家每年①增加商品的总产量,而现在我认为使用机器反而会减少总产量,我已经阐述了我这样想的理由。如果能够证明我错了,我愿意再度承认我的错误。既然我的书已有那么多论述方式上的缺点我不能为之辩护,那么就再加上这个缺点吧。

在这个问题的一部分,老实说,您的一种说法使我感到惊异,在我看来,这是对我现在的意见的很大的误解,因而我不能不认为,在我更加清楚地向您说明那种意见时,您将会把它作为正确的学说来接受。您说:"在读了您对马尔萨斯先生的论点的成功的回

---

① "每年"字样是后加的。

答以后,我没有料到您竟这样快就同他握手言和,并放弃了一切。"马尔萨斯先生并不认为我已向他放弃了什么,读过这一章的人都并不认为我比以前更向马尔萨斯先生的学说靠近了一步。谅必您忘记了,马尔萨斯先生反对机器的理由是,它使我国的总产品增加得太多,以致生产出来的商品消费不掉,也就是,对它们没有需求。我的意见正相反,使用机器往往减少总产品的数量,虽然消费倾向是不受限制的,但由于缺乏购买手段,需求将会减少。还能有更为不同的两种学说吗? 可是,您竟说他们完全相同。

现在我要来考虑学说本身。我希望我将使您相信,它是正确的,它同政治经济学这门科学中的任何其他学说一样,也是可以论证的。我承认,如果机器生产的商品并不比安装机器以前生产的商品便宜,人们就不会安装它。但我不承认,"如果机器生产商品比较便宜,它安装一定对各阶级的人们都有利"。安装机器一定对作为买者①的各个买者阶级有利,但我们之间的问题在于,它是否将减少买者阶级的人数。我说它将减少,因为它将减少总产品的数量。因此,您信中的看法——我们所关心的不是总产品或纯产品的多些或少些——不是很有根据的,因为整个问题取决于这个命题的真实性。减少可交换的物品的数量,就是减少对商品的需求,也就是减少某一个人或社会诸阶级的享受手段。如果我没有说机器究竟持续使用1年、10年还是100年,那就是我没有说得像我应该说的那样清楚。我还承认,这同几何学的任何命题一样明白,如果它只持续使用一年,对劳动的需求就不会减少。但我不

---

① "作为买者"字样是后加的。

承认,如果机器持续使用10年,必然会产生同样的结果。如果机器只持续使用1年,生产的衣料的价值必定至少①同以前一样大。但如果它持续使用10年,提供给资本作为普通利润的价值就要比那个价值少得多,因为虽然使用同样数额的资本,那个资本中用于供养劳动的就要减少,因此从生产的商品的总价值中每年所作的扣除也要减少。作了这种扣除以后剩余的部分。构成利润的总是一个衣料制造商生产1万码衣料,每码2镑,也就是2万镑,其中他为劳动支付9,000码,或18,000镑。依靠机器的帮助,用同样数额的资本,他每年只能生产3,000码,但在这3,000码中他能够保留1,500码作为他利润的份额。由于生产资料的节约,我们假定衣料将下跌到每码1镑10先令。制造商不是可以同样数额的资本获得2,250镑,而不是他以前获得的2,000镑吗?没有足够的动机使他用固定资本代替流动资本吗?他能够这样做而不排挤劳动吗?于是,在这里,我们有了一个商品变得比较便宜的例子,因为它的生产成本降低了,虽然它的总数量也减少了。使机器具有更大的耐久性,则少于3,000码的报酬将足以使制造商得到补偿,因为为了使他的固定资本保持原来的有效状态,他必须牺牲的码数较少。如果耐久性较大,您假定这架机器仍然产生3,000码衣料,衣料的价格将下降,因为它的生产成本还将进一步降低。只有在机器提供1万码衣料的情况下,您才能使用同样数量的劳动,因为只有在这种情况下,您才会每年②用同样数量的食物、衣料和

---

① "至少"字样是后加的。
② "每年"字样是后加的。

一切其他商品。您说，即使上帝赋予构成蒸汽机的物质以不灭性，蒸汽机的生产力也不会减少。不错，但蒸汽机的价值将会较小，因为自然界为它提供的价值较多，劳动为它提供的价值较少。现在要获得一架不灭的蒸汽机，我们不得不每年在它上面花费一定量的劳动，因此，它具有很大的价值。我没有说过，如果上帝给我们现成蒸汽机，它能够为我们工作而无需人类劳动的帮助，这样的礼物对任何阶级都有害。它绝不是这样。但我说过，当一个制造商拥有一笔流动资本时，他可以用它雇用许多人，如果以一笔同等价值的固定资本代替这笔流动资本适合他的目的，那就不可避免地必须解雇他的一部分工人，因为固定资本不能雇用它要取代的全部劳动。我承认，在我看来，这些真理同几何学的任何真理一样，是可以论证的。唯一使我们惊讶的是，我竟这样久未能了解它们。我也请您不带偏见地注意它们；如果您这样做了。我认为您会同我意见一致的。

农业委员会的报告将于明天提交下议院。考虑到该委员会的构成，报告比预料的好些。对于我们不能从报告中除去的谬误，我自以为把它们揭露出来是有好处的。报告由赫斯基森先生起草，说他是为了把贸易建立在非常自由的基础之上是公正的。

我相信穆歇特的希望，他的表①将在《苏格兰人报》上得到评介。我没有很准确地检查它们，但我注意到他把全部债务都算作

---

① 《一系列的表，显示公债持有人因 1800 至 1821 年通货价值波动而引起的损益》，罗伯特·穆歇特著，伦敦，鲍德温书店，1821 年。内容摘要见本书第 373—375 页，并参见英文版《李嘉图著作和通信集》第九卷，第 39 页。

一笔利息5％的资本,而一大部分债务只有3％的利息。我不知道这一主要错误是否已由以同样方式计算1800年贬值以来举借的债务予以纠正。如果是这样,结果可能是正确的。我认为,他必须按复利进行他的全部计算,而他是按单利计算的。

我请求您吩咐把《苏格兰人报》给我寄到盖特科姆去,我将于下星期二去那里。　　　　　　　　　　　您永远忠实的

大卫·李嘉图

434.麦克库洛赫致李嘉图

〔答433—由436回答〕

爱丁堡,1821年6月21日

我亲爱的先生:

今天上午我愉快地接到您18日宝贵的来信。我误说了您已同马尔萨斯联合起来,谨致歉意。我要说的是,"我没有料到您会这样快就同他一样地认为,在某些情况下,使用机器可能是不利的"。

您在信里说,您承认,"如果机器生产的商品并不比安装机器以前生产的商品便宜,人们就不会安装它"。现在,要持这一正确意见而又同时得出您的另一结论,老实说,在我看来,这是完全不可能的。假定一个制造商雇用的劳动者为他生产了10万码棉布,其中他的利润占1万码,他用他的资本造了一架机器,这架机器将永远持续使用,并为他产生同样的利润,即1万码。总产品将会减少。但是,这种减少能够发生,而棉布价格并不上涨,这可能吗?

我认为不可能。尊著(第473页)①关于这个问题的论证不能使我满意。您陷入了一个机械师忽视摩擦而陷入的同样性质的错误。人们更换职业,不像他们从客厅步入餐室那么容易。农场主们肯定会为他们需要的棉织品出较高的价格,而不去生产它们。所以,在我看来,减少总产品而不提高价格,不做您承认一架机器从来不做的事情,是不可能的。因此,结果必定是您的论证所根据的假设实际上是绝不可能发生的。

可是,我写这封信的目的不是要详细讨论这个问题,而是要告诉您,我想寄一篇文章给下一期的《评论》,强烈反对某些人力图使政府再次干预我们的通货标准。② 在这篇文章里,我将评介穆歇特的表。但因为我对这个问题很不熟悉,你若寄给我您对它们的准确性和它们据以建立的原理的评论,而使普通读者能够判断它们的价值,我将把这看作您的特殊恩惠。希望您原谅我冒昧地提出这个请求。由于我已没有多少时间,我还请求您让我尽快接到您的来信。

希望您今夏争取到苏格兰来。我想您对于这样做不会感到遗憾,虽然我意识到这里对您没有吸引力。请允许我说,我的一生能够有点成就要归功于学习一个人的著作,没有什么事能比见到他给我以更大愉快的了。

您最诚挚的
约·拉·麦克库洛赫

---

① 参见英文版《李嘉图著作和通信集》第一卷,第391页。
② 《爱丁堡评论》,1821年7月,第11篇,"降低货币标准的有害影响"。

435.特罗尔致李嘉图

〔由437回答〕

昂斯特德伍德,1821年6月24日

我亲爱的李嘉图:

非常感谢你给我寄来农业报告;我注意到其中很有趣的部分,即证词,没有包括在内。

我想今天高兴地写信告诉你,你将从明天的马车收到你精心写作的对马尔萨斯的评注,我已经以很大的兴趣非常注意地拜读过它们了。

我认为你已成功地充分证明,他对尊著的指责是错误的,并且揭露了他的许多错误和矛盾。在我看来,当这个问题去掉了他混杂在里面的含糊和误解之处以后,至少在原理方面,你们之间终究没有非常本质的分歧,关于他的许多结论,它们是非常错误的,而且非常有害;你已经有力地揭露了它们的谬误和矛盾。他不断地以没有明确定义的价值概念使他自己困惑和苦恼。我不能完全同意你关于交换价值的定义。毫无疑问,商品所耗费的劳动是确定和最后调节它交换价值的准确性的尺度,但我承认,我认为商品所能支配的劳动,就是实际上构成商品交换价值的东西。

价值这个词是用来表示商品的相对价值;在商品互相交换时,必须确定它们的相对价值。它是指交换价值,而不是实在价值。它是要表示一件物品值多少或能够获得多少另一件物品。如果没有商品交换,它们就没有价值。当然,它们会保留它们的用处,但不能说它们具有价值；价值意味着一件物品值多少件其他物品。没有办法来估计商品在使用方面的价值。如果它们没有用处，它们就不会具有价值，因为它们不会通过交换，因而也就没有能够与它们比较的物品。所以我认为，价值这个词只有用于交换才是适当的。交换价值表示两件互相交换的商品的相对价值或比较价值。如果是这样，我怀疑交换价值这个词是否能用来表示获得或生产一件商品所必需的劳动量，但它能用来表示商品在交换时能够支配的劳动量，获得或生产一件商品所必需的劳动量，是获得商品的费用，而且很恰当地被称为商品的成本。但这种成本可能与商品在交换时能够支配的价值很不同，而且很难得与这种价值恰好相同。然而，成本是交换价值不断向它趋近的中心，远离中心的情况既不常有，也不持久。你对马尔萨斯的批评若不公之于众，将是一大憾事。但我承认，我认为它们目前的样子并不符合这一目的。很少人对政治经济学这门科学，特别是对比较深奥的论点的争论，有足够的兴趣，而愿意花费劳动不断从阅读原文转向阅读评论，并审查支持相反意见的论据。如果要有效地回答马尔萨斯，必须把评论同他著作的摘要结合起来，让读者掌握被批判的论点，使他能够明白论证的过程，而不必花费劳动而经常去查阅原著。但是，这种工作也许不必要的；你可以有把握地相信，你在尊著中充分发挥的原理将静悄悄地顺利前进，并使某些人信服，他们对这门学科的正确理解可能会对公众产生实际的影响。

我还希望从穆勒先生的书①中获得很大的帮助。毫无疑问，

---

① 《政治经济学纲要》。

他一定会给这门学科增添一些新内容,或以他认为更有可能使读者接受他的学说的方式来论述它。我急于看到这部著作。

我已经把我的信写得这样长,而没有留出地方来谈其他问题。你对大陆上的事情看法如何?政治地平线上乌云密布,风雨飘摇。但是,不管可怕的人民群众的倾向如何,所有国家的人民都是准备进行战争的。我希望和相信,仅仅这种情况的各种需要,混乱的财政金融,欧洲各国的困难情况,将阻止敌对行动重新恢复。

你在议会的工作何时结束,何时展翅飞来乡间呢?请代我们向李嘉图夫人致意,并相信我是

你最真诚的
哈奇斯·特罗尔

436. 李嘉图致麦克库洛赫①

〔答434—由474回答〕

明钦汉普顿,盖特科姆庄园
1821年6月30日

我亲爱的先生:

您将为《评论》写一篇文章,论述坚持1819年确定的通货标准的重要性,使我感到高兴,真奇怪,在这个重要问题上,通常坚持正确原理的人竟是,或者不如说,已经是最强烈要求②修改这一标

---

① 信封上写着:"爱丁堡 巴克留广场 约·拉·麦克库洛赫先生"。
② 先写成"承认",后改为"要求"。

准,乃至相当于改变这一标准的人①,而最后才真正领会这个问题的大臣们,现在却成为固定不变的标准的最坚定支持者。我希望废除1819年法律的一切机会现在已经过去,我们将从过去的经验中获益,而绝不冒险再度采取1797年那样的危险措施。

您想知道我对穆歇特先生发表的意见,我将最坦率地提供给您,只希望我说得足够清楚,易为您所理解。他的计划是要借方和贷方账户来表明,由于接连采取措施,先使通货贬值,然后使它恢复旧时的标准,公债持有人总的来说是赢利还是亏损。在这期间,通货贬值,公债持有人在贬值前存在的那部分债务上损失了他每年的一部分公债利息。但在同一时期,他以贬值的通货贷给国家,他本来应该收到以同样价值的媒介支付的公债利息,现在以价值提高媒介来支付,他是一个赢利者了。穆歇特是要比较这些赢利和亏损,并确定总的来看那一方面占优势,但他犯了一些很严重的错误。在第一表中,他是按资本471,335,923镑计算的,他假定这就是未清偿债务的金额。事实上,在1800年,这是全部债务的金额,包括已清偿的和未清偿的在内,他应当局限于未清偿债务。其次,在同一表中,他按照名义资本的5%来计算利息,所以他假定公众债权人有获得2,300万公债利息的权利,但因为绝大部分资本由利率3%的公债组成,实际的公债利息大约不会多于②。同样的意见适用于最后一栏,它包括公债的发行额,而不是公债的货币价值。穆歇特先生自己认为,这不是一件多么重要的事,因为他这

---

① 这是指亚历山大·巴林;参阅本书第358页,注①,以及英文版《李嘉图著作和通信集》第五卷,第106页及以下数页和第117页及以下数页。

② 手稿中空白。按照穆歇特的《一系列的表》第二版,应该是15,611,864镑。

样说也行,那样说也行。它当然是这样做了,但我很怀疑,它这样说同那样说是否一样。第三,在第一表中,他从货币的票面值出发,所以,如果他的公债利息金额是正确的,结果如他所说,公债持有人损失 40,099,891 镑我们现行标准的货币。但在表 3 和大部分其他表中,黄金的市场价格与标准价格不一致。所以,实际上 69,457 镑的赢利,只是按贬值的货币,即按一盎司黄金 4 镑 5 先令这一标准定值的货币,计算的赢利而按我们的标准货币计算就不是赢利。为使这一金额正确起见,他应作进一步的计算,并说明,因为 4 镑 5 先令比 3 镑 17 先令 10 $\frac{1}{2}$ 便士,所以 69,457 镑比 X,这才是正确的金额。在表 4 中,标准是 4 镑 4 先令 5 便士,4 镑 16 先令,5 镑 4 先令,等等。他的结果是最后加在一起的,没有一个共同的标准,几乎每一个金额各有一个标准,这必然导致最错误的结论。从表 21 到表 22,在他所有的利息计算中,他满足于单利,而我坚决主张,他应该采取复利。如果我是一个年老的公债持有人,如果在 20 年里,由于通货贬值,我每年丧失 100 镑,我的损失就有 3,300 镑;因为每年 100 镑,按复利累计 20 年,就是这个金额。按照穆歇特先生的算法,我的损失只有 2,950 镑,或者公债利息损失为 2,000 镑,它们的单利为 950 镑,在我看来,这些是错误的,我已向穆歇特先生本人指出,我相信他想在再版中重新编排他的表,使它们更为正确。①

---

① 在穆歇特的《一系列的表》1821 年"修正第 2 版"中,大部分已经改正。见英文版《李嘉图著作和通信集》第九卷,第 7 页。

我认为我已经比必须做的更详细地讨论了这些表的细节。我这样做,是为了向您表明,关于公债持有人在20年期间因通货一再贬损而有实际损益,那些表完全不能使我们感到满意。

现在说几句关于机器的话。您讲了一个制造商从10万码棉布中得到1万码的非常清楚的例子。如果他的1万码全部由机器生产,机器可以永远持续使用,并且与以前使用劳动生产10万码的资本的价值相同,您说棉纺织品会上涨,因为资本从一种使用转向另一种使用不能像一种相反的假定所需要的那样快。在这一点上我承认您所主张的一切,但我要问,由于这个行业采用机器,劳动者的状况将会怎样。无论棉织品的价格如何,生产的数量将会减少,而且不会生产出更多的任何其他商品来,设想生产这样大量减少,而社会的某些阶级并不遭受损害,是可能的吗?对棉织品的有效需求不可能像以前那样大,因为这种需求取决于对谷物和衣料的需求,这些都是劳动者消费的商品,他们的工资实际上是用棉织品支付的。劳动将下跌,因为对劳动的需求将会减少。谷物和衣料将下跌,因为对它们的需求取决于对劳动的需求。棉织品可能上涨一点,但高价只能持续到追加的资本被高利润吸引到那个行业去为止。为了从事收益多于普通利润的行业,将有各种动机离开不提供普通利润的行业,我不要求比这更大的让步。在承认使用机器将使我国工业每年①的总产品减少时,您就放弃了您的论点,因为除了减少雇佣勤劳的阶级以外,年总产品是不能以任何其他方式减少的。如果机器能做现在劳动所做的一切工作,对劳

---

① "每年"字样是后加的。

动就不会有需求,一个人不是资本家,不能购买或租用一架机器,他就没有权利消费任何物品。

　　我很希望能在今夏访问苏格兰,但我担心我同家人的约定使我不能成行。我有三个孩子已经结婚,他们都在距离我的乡间住宅28英里的范围之内。① 此外,李嘉图夫人不会同意我不同她一起去,而她没有我两个最年幼的女儿陪同又不能去。如果她们都去,女教师就必须去;她又必须带别的人去。这样,这个任务就艰巨了。我向您保证,同您相识将给我以莫大的愉快,我仍希望将来有机会克服现在使我们不能见面的障碍。如果您愿意稍作跋涉,我将非常高兴在这里见到您。也许您能从百忙中抽出一点时间来,如果这样,请您大驾光临。

您最真诚的
大卫·李嘉图

---

　　① 奥斯曼,在莱德伯里的布鲁姆斯贝多广场;亨里埃塔(克拉特巴克夫人),在巴恩的威德科姆;普里西拉(安东尼·奥斯汀夫人),在伍顿恩德里奇的布雷德利。

通信者索引

（每条前面的序号为书信的编号）

1819 年—1821 年 6 月

耶利米·边沁
340　边致李　1819 年 10 月 28 日
367　李致边　1820 年 5 月 18 日
369　边致李　1820 年 6 月 17 日

詹姆斯·布朗
334　布致李　1819 年 9 月 25 日
335　布致李　1819 年 9 月 28 日—29 日
336　李致布　1819 年 10 月 13 日

帕斯科·格伦费尔
396　格致李　1820 年 11 月 10 日

格伦维尔勋爵
353　格致李　1820 年 1 月 11 日

理查德·希思菲尔德
350　李致希　1819 年 12 月 19 日

约翰·拉姆齐·麦克库洛赫
300　李致麦　1819 年 1 月 3 日
308　李致麦　1819 年 4 月 7 日
309　麦致李　1819 年 4 月 18 日
310　李致麦　1819 年 5 月 8 日
314　麦致李　1819 年 5 月 30 日
315　李致麦　1819 年 6 月 22 日
331　麦致李　1819 年 9 月 25 日
333　麦致李　1819 年 10 月 2 日
344　麦致李　1819 年 11 月 2 日
348　麦致李　1819 年 12 月 5 日
349　李致麦　1819 年 12 月 18 日
355　李致麦　1820 年 2 月 28 日
358　麦致李　1820 年 3 月 19 日
359　李致麦　1820 年 3 月 29 日
360　麦致李　1820 年 4 月 2 日
361　李致麦　1820 年 4 月 8 日
362　李致麦　1820 年 5 月 2 日
366　麦致李　1820 年 5 月 15 日
368　麦致李　1820 年 6 月 13 日
372　麦致李　1820 年 7 月 16 日
375　李致麦　1820 年 8 月 2 日
377　麦致李　1820 年 8 月 24 日
381　李致麦　1820 年 9 月 15 日
401　李致麦　1820 年 11 月 23 日

406	麦致李	1820年11月28日			**詹姆斯·穆勒**	
407	李致麦	1820年12月4日		302	李致穆	1819年1月13日
409	李致麦	1820年12月13日		303	穆致李	1819年1月14日
412	麦致李	1820年12月25日		318	李致穆	1819年8月10日
416	李致麦	1821年1月17日		319	穆致李	1819年8月14日
417	麦致李	1821年1月22日		320	穆致李	1819年8月24日
418	李致麦	1821年1月25日		321	李致穆	1819年9月6日
421	麦致李	1821年3月13日		322	穆致李	1819年9月7日
422	麦致李	1821年3月23日		323	李致穆	1819年9月9日
424	麦致李	1821年4月2日		325	穆致李	1819年9月11日
428	麦致李	1821年4月25日		329	李致穆	1819年9月23日
429	麦致李	1821年4月23日		332	穆致李	1819年9月28日
431	麦致李	1821年6月5日		337	穆致李	1819年10月13日
433	李致麦	1821年6月18日		370	李致穆	1820年7月3日
434	麦致李	1821年6月21日		374	李致穆	1820年7月27日
436	李致麦	1821年6月30日		382	穆致李	1820年9月16日
	托马斯·罗伯特·马尔萨斯			383	李致穆	1820年9月18日
324	马致李	1819年9月10日		385	穆致李	1820年9月23日
328	李致马	1819年9月21日		386	李致穆	1820年9月25日
338	马致李	1819年10月14日		389	穆致李	1820年9月26—27日
345	李致马	1819年11月9日		394	李致穆	1820年10月14日
363	李致马	1820年5月4日		398	穆致李	1820年11月13日
378	马致李	1820年8月28日		399	穆致李	1820年11月14日
379	李致马	1820年9月4日		400	李致穆	1820年11月16日
388	马致李	1820年9月25日		413	穆致李	1820年12月28日
392	李致马	1820年10月9日		414	李致穆	1821年1月1日
395	马致李	1820年10月26日			**约翰·默里**	
402	李致马	1820年11月29日		301	李致默	1819年1月3日
404	马致李	1820年11月27日			**麦克维伊·内皮尔**	
405	李致马	1820年11月29日		365	李致内	1820年5月15日
408	马致李	1820年12月7日			**弗朗西斯·普莱斯**	
411	马致李	1820年12月12日		305	李致普	1819年2月17日
	马致西斯蒙第	1821年3月12日		326	李致普	1819年9月18日

341	李致普	1819年11月1日
342	普致李	1819年11月1日
343	李致普	1819年11月3日

让-巴蒂斯特·萨伊

347	萨致李	1819年10月10日
352	李致萨	1820年1月11日
356	萨致李	1820年3月2日
393	萨致李	1820年8月10日
430	李致萨	1821年5月8日

理查德·夏普

306	夏致李	1819年2月25日

约翰·辛克莱爵士

364	李致辛	1820年5月11日
432	李致辛	1821年6月15日

托马维·图克

425	图致李	1821年4月19日
427	图致李	1821年4月22日

哈奇斯·特罗尔

304	特致李	1819年1月17日
307	李致特	1819年2月28日
311	特致李	1819年5月28日
312	李致特	1819年5月28日
313	李致特	1819年6月1日
316	特致李	1819年7月4日
317	李致特	1819年7月8日
327	特致李	1819年9月19日
330	李致特	1819年9月25日
339	特致李	1819年10月26日
346	李致特	1819年11月12日
351	李致特	1819年12月18日
354	李致特	1820年1月28日
357	李致特	1820年3月13日
371	特致李	1820年7月5日
373	李致特	1820年7月21日
376	李致特	1820年8月13日
380	李致特	1820年9月15日
384	特致李	1820年9月20日
387	李致特	1820年9月26日
390	李致特	1820年9月29日
391	李致特	1820年10月
397	特致李	1820年11月12日
403	李致特	1820年11月26日
410	李致特	1820年12月11日
415	李致特	1821年1月14日
419	特致李	1821年2月16日
420	李致特	1821年3月2日
423	特致李	1821年4月1日
426	李致特	1821年4月21日
435	特致李	1821年6月24日

人名译名对照表

三画

马尔萨斯,托马斯·罗伯特　Malthus, Thomas Robert
马利特,J. L.　Mallet, J. L.
马林,莫迪凯　Mul lion, Mordecai
马洛里　Mallory
马塞特　Marcet

四画

贝尔沙姆　Belsham
贝尔斯　Bayles
贝利　Bayley
贝恩,A.　Bain, A.
巴林,亚历山大　Baring, Alexander
巴罗　Barrow
巴特勒,H. L.　Butler, H. L.
韦尔斯利　Wellesley
韦克菲尔德　Wekefield
韦弗利　Waverley
内皮尔,麦克维伊　Napier, Macvey
瓦特　Watt
戈登　Gordon

五画

布朗,詹姆斯　Brown, James
布鲁克斯　Brooks
布鲁厄姆　Brougham
布罗格利　Broglie
皮尔,罗伯特　Peel, Robert
皮特　Pitt
史密斯,约翰　Smith, John
史米斯,威廉　Smyth, William
边沁,耶利米　Bentham, Jeremy
边沁,塞缪尔　Bentham, Samuel
兰格,A.　Lang, A.
兰斯多恩　Lansdown
艾伦,杰西　Allen, Jessie
艾劳德,J. P.　Aillaud, J. P.
加尼埃,热尔曼　Garnier, Germain
卡罗琳　Caroline
卡斯尔雷　Castlereagh
司各脱,沃尔特　Scott, Walter
刘易斯,F.　Lewis, F.
弗朗西斯　Francis
汉密尔顿,罗伯特　Hamilton, Robert
尼维特　Khyvett

六画

西斯尔伍德　Thistlewood
西斯蒙第,西蒙德　Sismondi, Simonde
伍勒,T. J.　Wooler, T. J.
伍斯特　Worcester
米切尔　Mitchell

坎宁　Canning
托伦斯　Torrens
乔治三世　George III
休姆,约瑟夫　Hume,Joseph
考埃尔　Cowell
吉斯,B.W.　Guise,B.W.

　　　　七画
伯克贝克　Birkbeck
伯纳尔,拉尔夫　Bernal,Ralph
伯恩,斯特奇斯　Bourne,Sturges
伯瑟　Bath
伯德特,F.　Burdett,F.
沃克,亚历山大　Walker,Alexander
沃伯顿　Warburton
沃拉斯　Wallas
沃森,詹姆斯　Watson,James
沃德　Ward
克拉特巴克,埃德蒙　Clutterbuck, Edmund
克拉特巴克,詹姆斯　Clutterbuck, James
克雷格　Craig
克雷斯皮尼,威廉·德　Crespigny, William de
麦克库洛赫,约翰·拉姆齐　McCulloch,John Ramsay
麦克唐奈,亚历山大　McDonnell, Alexander
麦金托什,詹姆斯　Mackintosh, James
亨里埃塔　Henrietta
亨利二世　Henry II
亨特,亨利　Hunt,Henry

李嘉图,拉尔夫　Ricardo,Ralph
李嘉图,奥斯曼　Ricardo,Osman
李嘉图,摩西　Ricardo,Moses
阿特伍德,托马斯　Attwood, Thomas
库尔森,沃尔特　Coulson,Walter
辛克莱,约翰　Sinclair,John
希思菲尔德,理查德　Heathfield, Richard
里斯,亚伯拉罕　Rees,Abraham
杜蒙　Dumont
劳德戴尔　Lauderdale

　　　　八画
拉尔夫　Ralph
拉克斯顿　Ruxton
拉彭特　Larpent
拉塞尔,约翰　Russell John
拉默穆尔　Lammermoor
帕内尔,亨利　Parnell,Henry
帕尔　Parr
帕尔默,查尔斯　Palmer,Charles
罗斯柴尔德　Rothschild
罗斯伯里　Rosebery
罗塞,亨利　Rosser,Henry
范西塔特　Vansittart
范妮　Fanny
彼得　Peter
金　King
杰弗里,弗朗西斯　Jeffrey,Francis
图克,托马斯　Tooke,Thomas
佩奇,理查德　Page,Richard
肯特　Kent
奈穆尔,杜邦·德　Nemours,Dupont de

林赛,詹姆斯　Lindsay,James
欧文,罗伯特　Owen,Robert

九画

威尔伯福斯　Wilberforce
威尔金森,J. H.　Wilkinson,J. H.
威尔逊,约翰　Wilson,John
威廉三世　William III
威廉斯,约翰　Williams,John
哈尔迪曼德,威廉　Haldimand, William
哈耶克　Hayek
哈德卡斯,丹尼尔　Hardcastle, Daniel
洛布,夏洛特　Lobb,Charlotte
洛克哈特,J. G.　Lockhart,J. G.
珀西瓦尔　Perceval
珀维斯,乔治　Purves,George
科贝特　Cobbett
科贝恩,H.　Cockburn,H.
费伦,H. B.　Fearon,H. B.
费里尔　Ferrier
查塔姆　Chatham
柯蒂斯,威廉　Curtis,William

十画

格伦维尔　Grenville
格伦费尔,帕斯科　Grenfell,Pascoe
格里诺,G. B.　Greenough,G. B.
格林兰,乔治　Greenland,George
格雷,西蒙　Gray,Simon
埃尔温　Elwin
埃克索尔　Eckersall
埃奇沃思,玛丽亚　Edgeworth, Maria

埃塞克斯　Essex
特纳,萨缪尔　Turner,Samuel
特罗尔,哈奇斯　Trower,Hutches
诺思,克里斯托弗　North,Christopher
诺曼　Norman
索利,爱德华　Solly,Edward
莫里斯　Morris
泰特斯　Titus
夏普,理查德　Sharp,Richard
海姆斯,N. E.　Himes,N. E.
莱斯利,约翰　Lelie,John
翁斯洛　Onslow
钱德勒　Chandler

十一画

萨伊,让-巴蒂斯特　Say,Jean-Baptiste
萨默塞特,R. E. H.　Somerset, R. E. H.
菲利普斯　Philips
菲茨威廉　Fitzwilliam
康斯坦西奥,F. S.　Constancio,F. S.

十二画

普洛登,弗朗西斯　Plowden,Francis
普林塞普　Prinsep
普莱恩,A. T.　Playne A. T.
普莱恩,威廉　Playne,William
普莱费尔　Playfair
普莱斯,弗朗西斯　Place,Francis
普赖斯,理查德　Price,Richard
普雷斯顿　Preston
博丁顿　Boddington
博内　Bonar
博福特　Beaufort
博赞克特　Bosanquet

奥斯汀,汉弗莱　Austin, Humphry
奥斯汀,爱德华　Austin, Edward
奥斯曼　Osman
谢泼德,亨利·约翰　Shepherd, Henry John
谢泼德,玛丽　Shepherd, Mary
斯图尔特,杜格尔德　Stewart, Dugald
斯密,亚当　Smith, Adam
蒂尔尼　Tierney
惠肖　Whishaw
登曼,托马斯　Denman, Thomas

十三画
蒙特罗斯　Montrose
雷切尔　Rachel
福克斯通　Folkestone
鲍林　Bowring
葛德文,威廉　Godwin, William

十四画
赫斯基森　Huskisson

十五画
潘多拉　Pandora

十六画
霍兰,斯温顿　Holland, Swinton
霍兰德　Hollander
霍布豪斯,约翰·卡姆　Hobhouse, John Cam
霍纳,弗朗西斯　Horner, Francis
霍纳,伦纳德　Horner, Leonard
霍奇森,戴维　Hodgson, David
穆勒,詹姆斯　Mill, James
穆歇特,罗伯特　Mushet, Robert
默里,约翰　Murray, John

十七画
戴维　David
戴维斯,T. H.　Davies, T. H.

图书在版编目(CIP)数据

大卫·李嘉图全集.第8卷,通信集.1819年—1821年6月/(英)斯拉法(Sraffa,P.)主编;寿进文译.—北京:商务印书馆,2013
 ISBN 978-7-100-09161-9

Ⅰ.①大… Ⅱ.①斯… ②寿… Ⅲ.①李嘉图,D.(1772~1823)—全集 ②李嘉图,D.(1772~1823)—书信集 Ⅳ.①F091.33-52

中国版本图书馆 CIP 数据核字(2012)第 093159 号

所有权利保留。
未经许可,不得以任何方式使用。

大卫·李嘉图全集

第 8 卷
通信集(1819年—1821年6月)

〔英〕彼罗·斯拉法　主编
M. H. 多布　助编
寿进文　译
胡世凯　校

商 务 印 书 馆 出 版
(北京王府井大街36号　邮政编码 100710)
商 务 印 书 馆 发 行
北京瑞古冠中印刷厂印刷
ISBN 978-7-100-09161-9

2013年3月第1版　　开本 787×960　1/16
2013年3月北京第1次印刷　印张 25¼
定价:109.00 元